权威·前沿·原创

皮书系列为
"十二五"国家重点图书出版规划项目

中国社会科学院创新工程学术出版项目

北京蓝皮书

BLUE BOOK OF BEIJING

北京市社会科学院／编　谭维克／总　编　许传玺　赵　弘／副总编

北京社会发展报告
（2014~2015）

ANNUAL REPORT ON SOCIAL DEVELOPMENT OF BEIJING
(2014-2015)

主　编／李伟东

副主编／马　丹　李　洋

社会科学文献出版社

SOCIAL SCIENCES ACADEMIC PRESS（CHINA）

图书在版编目（CIP）数据

北京社会发展报告.2014~2015/李伟东主编.—北京：社会科学文献出版社，2015.7

（北京蓝皮书）

ISBN 978 - 7 - 5097 - 7592 - 9

Ⅰ.①北… Ⅱ.①李… Ⅲ.①社会发展 - 研究报告 - 北京市 - 2014~2015 Ⅳ.①D671

中国版本图书馆 CIP 数据核字（2015）第 124306 号

北京蓝皮书

北京社会发展报告（2014~2015）

主　　编 / 李伟东

副主编 / 马　丹　李　洋

出 版 人 / 谢寿光

项目统筹 / 周映希

责任编辑 / 周映希

出　　版 / 社会科学文献出版社·皮书出版分社（010）59367127
　　　　　　地址：北京市北三环中路甲29号院华龙大厦　邮编：100029
　　　　　　网址：www.ssap.com.cn

发　　行 / 市场营销中心（010）59367081　59367090
　　　　　　读者服务中心（010）59367028

印　　装 / 北京季蜂印刷有限公司

规　　格 / 开　本：787mm×1092mm　1/16
　　　　　　印　张：22.75　字　数：381千字

版　　次 / 2015年7月第1版　2015年7月第1次印刷

书　　号 / ISBN 978 - 7 - 5097 - 7592 - 9

定　　价 / 79.00元

皮书序列号 / B - 2006 - 043

主要编撰者简介

李伟东 博士。北京市社会科学院副研究员、社会学研究所副所长。中国社会学会理事、北京市社会学会理事、北京社会建设研究会副会长。主要研究领域：社区研究、移民与城市化、社会记忆。主要著作有《清华附中高631班（1963~1968）》；主要论文有《新生代农民工的城市适应研究》《特大城市社会治理反思》《北京市外来工权利保障状况调查》等。主持课题有社区治理机制研究、社区治理国际比较研究、北京市社会建设研究、城市化过程中的民生问题研究等。

晋 军 博士，清华大学社会学系副教授、系副主任，研究领域包括转型社会学、环境社会学、政治社会学与社会运动，主持课题包括"Comparing Climate Change Policy Network-China Case"（美国国家科学基金）、"中国气候变化政策网络模型：构成、作用与前景"（国家社科基金）、"社会生态的基本维度与核心变量"（北京市社科基金）等，近期发表论文：《单位动员的效力与限度：对我国城市居民"希望工程"捐款行为的社会学分析》《两种环保小世界：社会转型期中的民间环保组织》《碎片化中的底层表达：云南水电开发争论中的民间环保组织》"Institutionalized Official Hostility and Protest Leader Logic：A case study of a long-term Chinese peasants' collective protest at Dahe Dam"等。

李雪红 硕士。共青团北京市委员会研究室主任，中国青少年研究会副秘书长、常务理事，《北京年鉴》编辑部特约编辑，《北京青年工作研究》主编。主要研究领域：共青团及青少年工作、社会分层与社会流动、青少年社会结构变迁等。主持"北京市青少年发展状况调研""新生代农民工社会融入""北京市农民工二代发展状况研究"等课题。

摘　要

本报告是以北京市社会科学院研究人员为主，并在北京市党政机关和大学的学者参与下，集体撰写而成。

本报告共分"总报告""社会结构篇""社会建设篇""社会治理篇""城市问题篇"五个部分。

在社会建设领域，北京市"十二五"社会建设规划大部分指标都得到落实；社会治理创新也不断提出新举措，其中社区治理成为重中之重，对大城市病的治理也提上政府工作日程，清洁空气计划渐次落实，对经济结构的转型和调整也初见成效。本报告在总结近年来社会建设的成绩基础上，分析未来几年社会建设和治理领域面对的相关议题，并尝试提出社会建设和治理应该重点关注的几个领域，既总结"十二五"以来的治理成就，也展望"十三五"社会发展的前景和治理任务。

2014年北京市劳动关系总体稳定：新增就业、职工工资平稳增长，社会保险覆盖面进一步扩大，城镇登记失业率、安全生产事故在控制指标以内，劳动争议总量略有下降，劳动合同、集体合同签订率稳步提高。

北京市人口压力依然很大。有效疏解北京城市人口，一是宏观战略谋划；二是中观域内策划；三是顶层设计要强化依法治理人口、大人口地理数据和促进人口流出"三大理念"；四是要有若干实施思路。

社区治理是社会治理的基础。研究显示，北京市社区居民自治已经形成自己的经验，但仍存在若干突出问题，要加强居民自治，需要从转变认识、完善法律规章、理顺政府部门与自治组织的关系、扩大社区居民参与、加强居委会与其他社区组织的合作等方面进行适当的政策调整。对城乡不同类型社区的治理，需要在把握社区资源的基础上，通过理解社区居民的需求，对不同类型的社区进行具体分析，从而提出针对性的解决措施。

北京有大量的流动人口，从来源地上看，既有来自国内各地，也有来自国

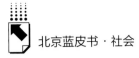
外。朝阳区针对外籍人服管工作进行了有益的探索，初步形成了外籍人居民化管理的经验，实现了从"部门分治"到"属地共治"的机制转变，从"单线管理"到"复线管理"的手段转变，以及从"外籍人员"到"外籍居民"的观念转变。从移民管理经验上香港作为一个国际都市的做法值得借鉴。

北京市城市发展已经到了瓶颈期，正处于城市病高发的历史关口。从社会治理转轨和文明转型的角度来看，对城市病，尤其是特大城市的城市病进行治理，焦点在于两个维度：一个是政府治理，另一个是民众行为。

目　录

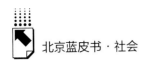

B Ⅲ 社会建设篇

B Ⅳ 社会治理篇

B Ⅴ 城市问题篇

皮书数据库阅读 **使用指南**

总 报 告

General Report

B.1

提升社会治理水平与质量，走入
社会建设新阶段

李伟东 *

摘　要：　"十二五"以来，北京市以民生为基础的社会建设已经取得
了有目共睹的成绩，下一步任务是提升社会治理质量。本文
所说的社会治理质量，包括治理维度和治理水平两个方面：
治理维度包括民生、参与和公平；治理水平是指在每个维度
上有程度高低的区分；两者的结合就是评价社会治理质量的
标准。在"十三五"期间，社会治理具体表现为三个方面的
任务：在万众创新的氛围下，首都社会治理领域应该积极关
注社区类型和组织的多样性，探索新型合作型社会组织培育

* 李伟东，北京市社会科学院，副研究员，研究方向为社区治理、社会记忆。感谢沈原教授、
刘世定教授、谢寿光教授的修改建议；总报告中引用了李洋、刘阳、汪琳岚、李金娟、胡玉
萍等人分报告成果，深表感谢！

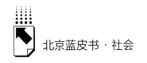

渠道，推动社会企业机制创新。同时，在协调京津冀区域治理背景下，关注首都功能疏解过程中可能引发的社会问题，力求获得更平稳、可持续的治理效果。

关键词： 北京　社会治理　公平　参与

十八届三中全会决议提出社会治理创新，十八届四中全会号召依法治国，北京市政府也相应做出了政策安排，为社会建设和治理指明了方向。在社会建设领域，北京市"十二五"社会建设规划大部分指标都得到落实；社会治理创新也不断提出新举措，其中社区治理成为重中之重，对大城市病的治理也提上政府工作日程，清洁空气计划渐次落实，对经济结构的转型和调整也初见成效。本报告在总结近年来社会建设成绩的基础上，分析未来几年社会建设和治理领域面对的相关议题，并尝试提出社会建设和治理应该重点关注的几个领域，既总结"十二五"以来的治理成就，也展望"十三五"社会发展的前景和治理任务。

本报告认为，"十二五"以来，以民生为基础的社会建设已经取得了有目共睹的成绩，但是北京也面临着提高社会治理水平、扩展社会治理维度、提升社会治理质量的挑战。

本文所说的社会治理质量，包括治理维度和治理水平，在本文中，治理维度包括民生、参与和公平；治理水平是指在每个维度上有程度高低的区分；两者的结合就是评价社会治理质量的标准。扩展维度、提升水平、提高质量构成了本文中所说社会建设新阶段的基本内核。在"十三五"期间，具体表现为三个方面的任务：在万众创新的氛围下，首都社会治理领域应该积极关注社区类型和组织的多样性，探索新型合作社会组织培育渠道，推动社会企业机制创新。同时，在协调京津冀区域治理背景下，关注首都功能疏解过程中可能引发的社会问题，力求获得更平稳、可持续的治理效果。

一　"十二五"以来社会建设的成绩：民生基础

"十二五"以来，北京市社会建设取得了相当的成果。据报道，截止到

2014 年，全市网格化服务管理体系覆盖 302 个街道（乡镇）和 6190 个社区（村），覆盖率达 90% 以上；全年新建成 207 个"一刻钟服务圈"示范点，总量达 1029 个，覆盖 68% 的城市社区；新认定 9 家市级"枢纽型"社会组织，总数达到 36 家；社会建设专项资金购买社会组织服务项目 708 个，支持资金达 9418 万元①。

在民生服务方面，"十二五"以来北京市的民生服务领域不断取得新的成绩，截止到 2014 年，民生领域的成就如下。

（一）收入

北京市居民收入保持高速增长。在"十二五"期间，全市将增加城乡居民收入放在重要的战略地位，提出了城镇居民人均可支配收入、农村居民人均纯收入年均增长 8% 的目标，并首次提出城乡居民收入与经济发展同步增长的科学发展理念。面对国内外严峻的经济形势，全市以经济结构优化和产业结构调整为契机，在"保增长、促就业"的政策引导下，实现了经济发展和人民增收的发展目标，并通过收入分配调整的一系列政策和制度设计，进一步提高了居民收入水平。"十二五"以来，北京市居民收入持续稳定增长，城镇居民的人均可支配收入和农村居民的人均纯收入均保持了较高的增长速度。从城镇居民家庭总收入和人均可支配收入的增长情况看，2012 年和 2013 年实际增长为近五年最快，均在 10% 以上，2010～2013 年，平均增速也在 8.7% 左右。2010 年以来农村居民人均纯收入年平均实际增长 9.7%，略高于同时期城市居民人均可支配收入平均增速。2014 年前三季度城镇居民人均可支配收入和农村居民人均纯收入分别比上年同期增加了 9.4% 和 10.1%②，初步实现了年度发展目标（参见李洋分报告）。

（二）就业

就业保持较高的水平，城镇人口登记失业率一直保持在 2% 以下。尤其是

---

① 《2015 年全市社会建设工作会召开》，《首都之窗》，http：//zhengwu. beijing. gov. cn/gzdt/ldhd/t1382724. htm。

② 《2014 年 11 月份北京市主要经济社会指标》，北京市统计局。

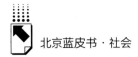

通过注册资本登记制度改革等措施，鼓励青年创业效果显著。北京市工商局的数据显示，注册资本登记制度改革一经推出，2014 年 3 月份，全市共登记企业名称 3.62 万个，新设企业 1.56 万户，同比增长 67.75%。新设公司注册资本集中分布在 10 万至 500 万元的传统区间，可见制度改革对中小微企业发展的促进效果尤其显著。从 2014 年全年的数据来看，北京市企业总数和新设企业的增长速度都大幅上升。北京市工商局 2014 年 12 月 25 日公布的数据显示①，截至当日，本市企业户数突破百万，达 1000056 户，同比增长 20%；企业创业时间较改革前减少 10 天。新设企业的增长速度比起以往有显著提升。2014 年以来北京市新设企业 17.67 万户，同比增长 56%，远高于以往几年 10% 左右的增长水平（参见汪琳岚分报告）。

（三）医疗

医疗改革取得初步成效。2013 年北京市医疗资源投入量在继续增长，人均资源占有也稳中有升；社区、村卫生投入增长速度超过全市总体水平，体现出医疗资源投入结构的优化；此外，财政投入在医疗总支出中的比重下降，体现出医疗改革的初步效果。以上趋势在 2014 年继续保持②。2014 年末，全市医疗卫生机构数达 10264 家，较 2013 年增加 123 家；卫生技术人员 24.6 万人，较 2013 年增长 6.9%，每千人常住人口卫生技术人员增长 5.2%；医疗机构实有床位总数达 127827 张，较 2013 年增长 4.1%，每千人实有床位数增长 2.4%。2014 年，全市医疗机构（含驻京部队医院）诊疗人次预计 23251 万人次，出院人数预计 322 万人次，较 2013 年分别增长 6.3% 和 10.4%（参见刘阳分报告）。

（四）教育

教育事业继续发展，尤其是经过多年努力，外来人口子女教育问题得到初步解决。近年来外来人口的增长速度虽然有所放缓，但是绝对数量一直呈现增

---

① 北京市工商局网站：http://www.hd315.gov.cn/xxgk/jqdt/sjdt/201412/t20141226_ 1201636.html，2014 年 12 月 25 日。
② 有关数据引自《关于 2014 年北京市卫生计生工作情况及 2015 年工作思路的通报》，市卫计委官网。

加态势，总量占实有人口的 1/3 以上。为解决外来人口子女教育问题，2001年、2003 年、2006 年、2008 年国家层面针对流动儿童教育问题的四个文件陆续出台，清楚地表明流动儿童教育政策变化的脉络是从限制到支持，责任主体则从流出地政府转到流入地政府。越来越多的流动儿童进入公立学校学习生活。调研显示，在京接受义务教育的流动人口随迁子女已由 2000 年的 9 万人增长到 2013 年的 47.3 万人，其中 82.5% 在公办中小学就读。随着"两个为主"原则的贯彻落实，流动人口随迁子女义务教育阶段的"入学难"问题基本得到解决（参见胡玉萍分报告）。

（五）养老

养老保险制度覆盖面继续扩大，居家养老服务体系建设成效显著。北京市政府于 2008 年、2009 年分别出台了《关于加强老年人优待工作办法》与《北京市市民居家养老助残服务"九养"办法》，并于 2010 年通过实施养老（助残）券服务制度，逐渐改变了传统福利供给和递送的模式，一定程度上满足了北京市老年人的居家养老需求。为不断提高社会化养老服务能力，在全面贯彻《中国老龄事业发展"十二五"规划》、深入实施新修订的《老年人权益保障法》及"九养"政策的基础上，北京 2014 年围绕"9064"养老服务模式，继续积极推动养老福利由补缺型向适度普惠型转变，居家养老服务体系的建设与发展取得了一定成就。截至 2013 年底，从城镇职工基本养老保险制度的参保情况来看，北京市参加城镇职工基本养老保险人数为 1311.3 万，参保率为97.6%；从城乡居民养老保险制度的参保情况来看，北京市一方面通过创立"个人账户＋基础养老金"的新型农村社会养老保险制度模式每月为参保农民支付基础养老金；另一方面则通过统筹城乡居民养老保险制度的实施实现了城乡全体居民养老保险制度全覆盖，目前全市参加城乡居民养老保险人数为180.05 万，参保率为 95%；从城乡居民福利养老保障情况来看，全市有 52.09万名城乡居民享受福利养老金待遇（参见李金娟分报告）。

（六）社会治理创新

十八届四中全会提出社会治理创新，更提出以社区为基础，完善治理机制。北京市在基层社会治理创新上不断做出新的探索和尝试。例如东城区经过

10 余年的探索，在"以网格化为基础、以民生改善为根本、以文化为灵魂、以危旧房改造为前提、以信息化为手段、以综合执法为保障、以一流为标准"的城市管理"东城模式"基础上，初步探索形成了以"社会服务、社会管理、社区参与"三条主线为核心内容的具有东城特色的网格化社会服务管理新模式。到 2014 年，东城区实现网格化社会服务管理体系与网格化城市管理体系的融合，摸索出北京市完善网格化社会管理的重要经验。朝阳区以街道社会治理创新为基础，在社区治理、社会动员和社会领域党建等领域积极探索，涌现出亚运村商务楼宇"五化工作法"、呼家楼"嵌入式"工作法、安贞党政群共商共治三级议事平台、朝外社区"三分"治理模式、团结湖智慧型社会治理、建外社区治理"深耕"计划、堡头双合保障房地区"三社联动"、八里庄公益反哺等一批优秀社会治理创新项目。

二 "十三五"时期社会治理背景： 社会问题现状

北京作为超大城市和国家首都，社会经济发展已经达到较高的水平，人均 GDP 达到 1.63 万美元，已超过中上等国家收入的上限。目前经济增长速度变缓，社会治理问题处于高发期。从完善社会治理的角度，"十三五"时期面临的社会治理形势仍比较严峻，当前的社会发展态势可以简单概括为以下"五多一少"。

（一）流动人口多

根据北京市统计局发布的数据①，2014 年年度人口抽样调查结果显示，2014 年末，全市常住人口 2151.6 万人，比 2013 年末增加 36.8 万人，增长 1.7%，增量比上年减少 8.7 万人，增速也比 2013 年回落 0.5 个百分点。至此北京人口增速连续四年出现放缓。其中，常住外来人口 818.7 万人，比 2013 年末增加 16 万人，增长 2%，增量比 2013 年减少 12.9 万人，增速比上年回落 1.7 个百分点。

---

① 首都之窗：http://zhengwu.beijing.gov.cn/tjxx/tjsj/t1378375.htm。

外来人口增速持续四年放缓。2010 年常住人口增速为 5.5%，2011 年为 2.9%，2012 年为 2.5%，2013 年为 2.2%，2014 年为 2%。人口增速连年放缓主要受到以下因素的影响，一个是经济增长速度放缓。2011 年以来，随着 GDP 增速变缓，人口增速也随之下降。另一个原因是就业结构的变化，流动人口就业比较集中的劳动密集型行业就业人员数量在 2013 年出现下降，如住宿、餐饮业、居民服务业、制造业等行业都表现出就业人数减少趋势。

治理难点：①流动人口总量大，占比高，流动人口占实有人口的比例超过 1/3；②流动人口构成复杂，社会经济地位差异较大，存在不同的发展需求；③居住形态复杂，既有家庭租房，也有合租、群租、工作空间居住等，增加了定向治理的难度；④各流动人口群体的利益诉求多元，增加了治理难度。

（二）外籍人口多

根据第六次人口普查结果，接受调查的外籍人口有 10 余万，约有一半在朝阳区。调研显示，21 世纪以来，朝阳区的对外交流出现爆炸式增长，外籍人群也呈现出新的趋势。第一，在住外籍人数量庞大，占全市外籍人总量的四成，散居外籍人数量则接近全市总量的六成。第二，外籍人类型多样，来自 170 个国家和地区，涵盖外交、商务、求学、务工、就业、旅游等多种类型，成分相当复杂。第三，外籍人已出现集中居住的趋势，近三成居住在望京、东湖、麦子店等几个街道，初步形成了特色鲜明、功能较全的聚居区[①]。第四，涉外案件逐年上升，2012 年接报涉外案件 3600 余起，超过全市涉外案件总量的 2/3。第五，境外社团组织数量增多，宗教活动日益活跃。这些中外交流的新趋势，给外管工作和社会治理带来了巨大的挑战（见晋军分报告）。

治理难点：①外籍人口总量大，不考虑流动性因素，第六次人口普查数据接受调查的就有十万之众，成为北京市人口构成中的重要因素；②常住外籍人口虽然有集中居住的趋势，但总体仍很分散，与国人杂居为主，服务和管理定位难度大；③对外籍人口的管理牵涉到国家交流层面、国际文化差异，具有一定的敏感性。

---

① 宛霞、郭静：《北京望京三分之一为韩国人社区引入涉韩管理》，《竞报》2005 年 10 月 8 日。

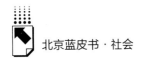

（三）老年人口多

根据 2014 年 9 月 29 日发布的《北京 2013 年老年人口信息和老龄事业发展状况报告》的数据，全市户籍总人口为 1316.3 万，北京市 60 岁及以上户籍老年人口为 279.3 万[1]，在 2012 年的基础上增加了 16.4 万人，老年人口占户籍总人口的 21.2%，占实有人口的 13.1%；80 岁及以上户籍老年人口为 47.4 万，比 2012 年增加 4.8 万人，占户籍总人口的 3.6%[2]。预计到 2020 年，全市老年人口将达到 450 万，将会占到实有总人口的 20%，人口老龄化形势将更为严峻。与此同时，人口老龄化的急剧发展也导致了老年人口抚养比的上升。截至 2013 年底，"按 15 ~ 59 岁劳动年龄户籍人口抚养 60 岁及以上户籍人口计算，北京市总抚养系数为 46.5%，其中老年抚养系数为 31.5%，较之 2012 年增加了 2.1 个百分点，北京的老年人口抚养系数首次突破 30%"[3]（参见李金娟分报告）。

治理难点：①老年人口总量大，占人口比例高；②抚养系数高，家庭抚养养老压力大；③空巢老人多，老年人口中有一半左右为空巢老人，社会风险高；④服务机构不足，目前仅有 400 家左右，10 余万床位；且空间分布不合理，存在结构性空置现象；⑤专业服务人才不足，注册机构专业服务人员仅 5000 多人，远不能满足社会需求。

（四）城乡、阶层差距仍不小，社会矛盾风险点多

城乡差距。北京市统计局发布的数据显示，2014 年，全市城镇居民人均可支配收入 43910 元，同比增长 8.9%，扣除价格因素后，实际增长 7.2%；农村居民人均纯收入 20226 元，同比增长 10.3%，扣除价格因素后，实际增长 8.6%。北京农村居民收入增速连续六年高于城镇，这也使得

---

① 据媒体报道，根据 2015 年人代会消息，截至 2014 年底，北京全市老年人口规模已经超过 300 万，而且目前正在以每天 400 人、每年 15 万人左右的规模增加。人民网，http://society. people. com. cn/n/2015/0126/c136657 – 26451011. html.

② 北京市老龄工作委员会办公室：《北京市 2013 年老年人口信息和老龄事业发展状况报告》，2014 年 9 月 29 日。

③ 北京市老龄工作委员会办公室：《北京市 2013 年老年人口信息和老龄事业发展状况报告》，2014 年 9 月 29 日。

本市城镇居民和农村居民间的收入差距已经由 2008 年的 2.3∶1 收窄至 2014 年的 2.17∶1。虽然城乡差距在逐步缩小，但从绝对数量上看，城乡差距仍很突出。

阶层收入差距。国家统计局公布的数据，2013 年基尼系数 0.473。2003 年以来基尼系数一直在 0.47 左右徘徊，高过国际公认的警戒线 0.4。北工大 2010 年的调查结果表明，北京中产阶层占 40%，月均收入的标准差为 7083.96 元，超出个人月收入平均值。但是，中产阶层 20% 最低收入组与 20% 最高收入组的收入差距为 9.09 倍。其上的财富阶层与其下的中下层差距更大。

治理难点：无论是城乡收入还是阶层收入差距，都是长期的社会历史原因造成的，与长期城乡不均衡发展、行业发展不均衡、收入分配格局有关，很难一时一地治理。

（五）城市病严重，公共安全风险点多

北京市城市环境恶化，城市病严重。以空气污染为例，根据环保部的统计，京津冀地区 13 个地级及以上城市空气质量平均达标天数为 156 天，比平均水平少 85 天；重度及以上污染天数比例为 17.0%，较 74 个城市的平均值高出 11.4 个百分点。全国污染最重的前 20 位中有 11 个城市、前 10 位中有 8 个城市在京津冀地区，区域内 PM2.5 年均浓度平均超标 1.6 倍以上[①]。从全年达标天数来看，京津冀地区达标的 156 天，远低于长三角的 254 天和珠三角的 298 天。

治理难点：环境问题涉及区域协调，属于基础性社会问题，解决需要投放资金多、牵涉面广、治理难度大。

（六）社会组织数量少

2013 年，北京市社会组织登记 8580 个。按此数据推算，户籍人口万人拥有社会组织数量是 6.5 个。高于全国万人拥有 4.1 个左右的水平。但是从横向

---

① 《环保部公布 2014 年空气最差十城，京津冀占八席》，新华网，http：//www.sh.xinhuanet.com/2015－02/03/c_ 133966628.htm。

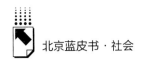

比较来看，与国外相关城市和地区相比落后很多；从活力上看就更加不如。

治理难点：社会组织发育受到国家政策制约；社会资源供给不足。

从完善治理的角度看，上文虽然提到"一少"，但实际上"少"的不仅是社会组织，社会企业数量也很少，居民参与公共治理的渠道也有待挖掘。居民和社会组织参与社会治理是现代治理的主要特征，相关主体的缺位必然导致治理效果大打折扣，这是完善社会治理必须要面对的问题。

以上所述各种因素共同构成了当前完善社会治理需要面对的社会问题，也成为"十三五"时期完善社会建设和社会治理首先要面对的社会问题。

当前社会问题对社会治理的影响主要体现在治理问题的长期性、艰巨性和系统性。从外来人口问题、老龄化问题、社会差距问题到环境问题等一系列社会问题都很难依靠某一个单项政策立竿见影地解决，对其治理需要通过长期的探索和实践，以期找到适合国情、市情的解决办法；这些社会问题都涉及北京市社会发展的方方面面，都是基础性、老大难问题，解决过程必定充满艰难和挑战，需要通过各种制度创新来逐步实现。在社会转型过程中，北京作为社会系统整体上的发展，需要调动各种治理主体、采用综合政策和社会手段协调解决。只有充分发挥政府资源供给和制度创新能力，发挥其主导功能，同时积极探索培育社会组织、社会企业等多元治理主体，调动公民参与共同谋划，才是未来解决发展和治理问题的最佳思路。

三 "十三五"时期展望：走入社会建设新阶段

2015 年是"十二五"的最后一年，即将迎来"十三五"时期。社会建设在改善民生领域取得既有成绩的基础上，应该积极推行"依法治国"，扩展社会治理维度、提高社会治理水平、提升社会治理质量，着力探索解决完善社会创新、扩大社会参与、健全法制体系等一系列新治理问题，从而进入社会建设新阶段。

具体而言，"十三五"时期的社会建设与治理重点在于：①关注社区类型和组织的多样性，形成多类型治理机制；②积极探索新型合作型社会组织培育渠道；③大力推动社会企业机制创新。

（一）提高水平、拓宽维度，提升社会治理质量

1. 社会治理维度拓展：社会参与与社会公平

"十二五"以来，北京市社会建设在民生领域取得了很好的成绩，目前的治理重点在于以民生事项的治理成绩为基础，进一步拓宽参与渠道，确保社会公平。民生事项的治理关系到千家万户的切实生活需要和利益，理论上讲，应该有广泛的社会关注度和参与热情。目前在社区事务管理上，存在的一个重要问题是民众参与热情缺乏。根据调研中各居委会反映，目前社区层面的活动往往只对极少数老弱边缘群体有相对吸引力，广大的中青年群体则很少有参与。这除了不同年龄群体在工作节奏、时间安排上有差别外，更重要的原因则在于很多社区组织的活动缺乏实质性内容，往往以配合上级工作为主、文体活动居多，这自然很难吸引到中坚群体的关注。如果能够把涉及民生服务的事项都拿到社区层面进行广泛的讨论，逐渐培养居民在社区当家做主意识，对培育参与热情、扩大社会动员会有帮助。朝阳区在"社区治理和服务创新实验区"建设过程中，积极探索基层协商共治，以关切群众切身利益问题调动居民的参与热情，如小关街道某社区在解决停车问题时就充分调动居民参与进来，收费标准、管理办法、收取费用的使用方式等问题都经过民主讨论决定，群众真正感到社区事务与自身利益相关，自己的意见也有机会被听取、考虑，自然有参与动机，事实证明这种群众参与也确实取得了很好的治理效果。所以比之空洞的参与号召，社会参与议题设置是提高参与度的关键，参与机制建设则是重要的制度保障。

充分的社会参与也能保障社会公平。现代社会的一个特征是利益分化。即便居住在一个共同的社区，不同年龄、性别、职业、收入、社会身份的群体利益也大有不同。就此而言，社会参与和讨论在社区社会事务的解决中是公平公正的真正保障。只有每个群体都在涉及自身利益的公共事务中充分表达了自己的意见，参与了讨论，他们的需求才会被感知，要求才会被理解，诉求也才有可能被关注。充分参与讨论是社会公平机制的重要组成部分。

2. 在民生建设成就基础上继续提升社会治理水平

作为发展经验的总结，城市治理中的参与受到城市理论家的重视。卡斯泰尔指出："加强人们参与是政治与法律发展领域及其迫切的需求，是实现整体

效率的前提。参与的公正本质上即是控制强者，帮助弱者"（博尔哈、卡斯泰尔：2008）。参与的目的在于："加强项目与计划制定、执行及市政服务管理中的公共参与""通过一些专业化活动计划培育开创性、自愿性工作""通过建立一些支援机构这一政策，使其提高自身的技术与行政管理能力，在意见表达、活动实施、更广义的服务管理或成员服务方面更具竞争力，进而加强各协会间的网络联系"（博尔哈、卡斯泰尔：2008）。

现代治理理论一方面强调政府在治理活动中的作用，另一方面也同样重视民众参与对治理效果和质量的影响。在一定意义上，社会的参与是治理合法性的重要支持和保障。社会建设包括大量的民生内容，涉及教育、医疗、就业、收入、社会保障等多种民生事项，解决这些民生需求依赖政府的资源投入，但是在效度评判上，广大公民却有更大的发言权。只有群众满意才算有效治理，政府的服务才是真正落到实处。从这个角度来看，民众的参与是治理成功的真正关键。从政府实践来看，社会参与也不断在各种政策文本中得到强调，实际情况却不容乐观。在未来几年的社会建设和治理实践中，能否真正做到动员广大民众参与将是政策的试金石，也是需要努力的大方向。

3. 提升社会治理质量，进一步拓宽参与渠道

社会参与有行动参与和言论参与等，个体市民通过自己的实际行动参与到相关社会事务中是一种参与形式，通过网络留言、参加会议、提意见等方式对某种社会议题表达意见或不满也是一种参与形式。两者都具有各自的社会价值。改变世界的不仅是行动，有时候思想可能有更大的建设力量。社会参与也可以区分为主动参与和被动参与。主动参与是更积极的力量，往往被重视。其实，在某种程度上，被动参与也一样重要，甚至不参与也表明某种社会心态。如上文所说的参与缺乏，实际上表达的是对议题、参与方式等的不满，应该引起研究界和实务界的重视。明确了社会参与是改善社会治理的重要因素，在未来的社会建设和管理中，如何积极拓宽民众的参与渠道就成为需要考虑的问题。积极扩大居民行动参与、言论参与的渠道，保障其对相关社会事务的参与权利，是社会治理效果的重要保障。

为了打造出生动活泼的群言群治局面，应该积极拓宽参与渠道。除了传统的征询意见、会议、市民热线之外，网络渠道应该有更大发挥作用的空间。首先尽可能降低对网络言论的限制，鼓励通过网络渠道建言献策，同时也要建立

积极的甄别、回复、督办机制，保障对群众关心的事项有积极热情的回应态度；其次通过相关的制度建设，保障落实，对热点事件有明确的督办、问责机制。

参与的前提是知情权。经过多年的政府信息公开建设，现在政府在信息披露上进步很大，但是情况也不容过于乐观。据媒体报道，北京多家政府网站长期不更新，这一情况与积极的政务公开原则不符，对保障群众的知情权不利，实际上限制了民众对相关政府事务的了解和参与。类似的信息披露非日常化现象应该还不少，这种情况对调动社会参与极其不利。所以，在创造多元参与渠道之时，还要考虑加强政府在各项事务上的公开机制，若能依照依法治国的要求，切实落实政府阳光法案，则必然极大地调动群众参与的积极性。

（二）坚持依法治理，完善基层社会建设

1. 基层自治问题突出

《中华人民共和国城市居民委员会组织法》明确规定"居民委员会是居民自我管理、自我教育、自我服务的基层群众性自治组织。"党的十八届三中全会也提出"促进群众在城乡社区治理、基层公共事务和公共事业中依法自我管理、自我服务、自我教育、自我监督"。在法律意义上，社区居委会的自治地位明确；但是在实践层面，社区居委会因为与街道的关系千丝万缕，实际上承担的政府下沉功能较多，社区自治事务方面的投入有限。

就北京市来说，社区自治体系完备，但居委会功能定位和能力建设有待改进。目前北京市的社区都成立了居委会，财政拨款也都有保障，居委会的组织建设渐趋完善。但是存在问题也很多，如自身功能定位、能力建设、社会认同度、居民满意度等，这些问题都严重影响了社区居委会作为自治组织发挥相应的自治功能。在未来几年的社会建设中，为完善社会基层治理，加强社区居委会的自治能力建设应该是重要的议题。而且在依法治国的理念下，也应该让居民委员会恢复其法定地位，承担起法定的自治功能。

2. 针对不同类型社区积极创新治理机制

社区治理是社会治理的基础和重要组成部分。城市社区治理涉及方方面面的利益，尤其在大城市复杂的城市生态中，这种复杂性更加显著。北京市目前的社区治理体制以社区党委、居委会、社区工作站为三个主体，居委会一般下

设社会福利、综合治理、人民调解、公共卫生、人口计生、文化共建等六个委员会，共同服务每个社区少则 1000 户，多则数千户的居民需要。鉴于社区层面社会资源、人才资源配备情况与社区事务需要之间长期存在差距的现实，多数社区存在治理能力不足、人员疲于应对现象。尤其在社区服务方面，与居民需要存在明显差距。以养老为例，目前北京市社区养老压力大，并且在可预见的将来，这种压力会一直持续下去。现在社区层面的治理现实是，普遍缺乏协调整合各种资源、凝聚多种社会力量的机制，来妥善安置社区内老年居民的生活。

北京市社区类型复杂，针对不同的主体需求和治理问题，需要建立的治理机制也不同。从社区类型来说，北京市目前的社区有老旧小区、新建小区、单位制社区、保障房小区、农村社区等多种类型，各种不同类型的社区因为地理区位、资源禀赋、居民群体特征和治理传统的差异，面临着不同的治理困境。社区治理机制的创新除了探索具有普适性的制度创新之外，还应该根据北京市社区高度多样性的具体实际，积极探索更有针对性的治理措施，形成不同的社区治理机制，解决多种类型社区面临的个性问题。

3. 农村社区建设与治理有待加强

《中共中央关于全面深化改革若干重大问题的决定》提出"必须健全体制机制，形成以工促农、以城带乡、工农互惠、城乡一体的新型工农城乡关系，让广大农民平等参与现代化进程、共同分享现代化成果"。北京市对农村建设非常重视，对农村治理、城乡一体化有长期探索。如，从 2010 年起，全面启动城乡接合部 50 个重点村城市化工程；优化布局 42 个重点小城镇，完善镇域规划体系，建立监测评价体系，设立 100 亿元规模的小城镇发展基金，一大批基础设施和公共服务设施项目相继实施；通过试点开展新型农村社区建设，探索郊区城镇化和新农村建设协同发展的新途径；2011 年，市政府出台《关于开展新型农村社区试点建设的意见》，前后设置数十个新型农村社区试点。以上这些探索和尝试都充分说明北京市对农村治理的重视。

经上述努力，北京市农村治理虽然积累了很多经验，但从总体上看，农村村庄治理仍存在若干无法回避的问题，如农村社区建设资金短缺，集体经济缺乏活力；农村社区建设人力资源匮乏，后备力量不足；村民参与社区治理的主动性和广泛性不够；社会组织参与农村治理较少等。尤其考虑到农村地区整体收入与城区的差距，基础设施建设、民生服务体系建设等方面的历史欠账仍很严重的现实，在未来几年农村建设和治理仍是一个极具挑战性的问题，其成功对北京作为一个城市整体的治理现代化有重大的指标意义。

（三）加强诉求引导，提高社会组织的数量和质量

1. 社会组织的参与是现代社会治理的重要内容

李克强总理在 2015 年政府工作报告中指出："深化社会组织管理制度改革，加快行业协会商会与行政机关脱钩。支持群团组织依法参与社会治理，发展专业社会工作、志愿服务和慈善事业。"发达的社会组织是现代社会的重要特征，也是现代化的一个重要指标。富永健一在总结日本现代化之路时强调，社会现代化过程中，"社会组织从由血缘纽带构成的包容性的和未分化的亲族组织中分离出来，形成功能分化、具有特定目的的组织。地域社会由封闭的村落共同体向开放性的诚实度较高的地域利益社会过渡，功能分化、普遍主义、业绩主义、手段合理化的制度化也因此得以发展（富永健一：2004）。"

社会组织建设是强化诉求引导的重要工具。现代社会的利益分化特征导致不同的群体诉求不同。只有把这些不同的利益群体以某种方式组织起来，才能最大限度地节约政府行政成本。因为，组织起来的利益群体会形成自我表达机制，有利于把握其诉求，明确治理目标；同时，社会组织化之后也有利于其群体内部自我治理。我国政府多年来致力于简政放权，探索把社会事务交还社会自主办理的途径。鉴于现代社会系统的高度复杂性，承担办理这些社会事务的不能是个体公民，只能是相关的民众组织。在这个意义上，大量且有活力的不同类型的社会组织积极参与到社会治理中，现代社会治理追求的多元主体价值才得以体现。

2. 培育新型合作型社会组织以满足基层社会治理需要

新型合作型社会组织指的是社区层面的社会服务类社会组织，其组织目标更贴近民生需求，服务的对象一般为本社区居民，服务的事项以养老、医疗、社区福利等居民高度关切的民生事项为主。这些组织的活动能直接被纳入社区治理的范畴，有效充实社区治理的力量，改善社区服务，提升社区福利，是改善基层社区治理的重要因素。

前文在分析社会现状时已经强调了社会组织缺乏的现状。从现实来看，

即便在数量有限的社会组织中，也存在"政社不分，官办多，民办少"问题，极大地影响了社会组织参与社会服务和社会管理的能力。有鉴于此，新合作型社会组织建设亟须加强。在制度惯性作用下，目前创办的社会组织多有政府部门的背景，社会组织的社会性、民间性严重不足，这大大制约了其对社会服务的意愿和能力。北京市虽然经历了对社会组织培育的多年探索，也成立了数十家"枢纽型"社会组织，以促进社会组织发育、规范对社会组织的管理，但是，从实践看，社会组织成立并未出现井喷现象，其数量增加仍然有限。在这种情况下，北京市社会组织培育仍然有很多工作要做，尤其要致力于对新合作型社会组织的培育，以充实基层社会治理的力量，发掘社会不同群体参与治理的潜力，动员尽可能多的不同群体参与到基层社会治理中来。

3. 创新社会组织管理制度，积极探索社会组织参与社区治理的微观机制

北京市近几年投入大量资金购买社会组织服务的做法，对社会组织参与社会事务能力培养起到了巨大的推动作用。一些社会组织在参与中获得了宝贵的锻炼机会，但是对于大量社会组织来说，缺乏对社会事务参与和服务公众的实践无疑也限制了其自身素质的提升。未来几年，在社会建设和治理中，给予社会组织更多的信任，提供更多的机会方便其服务社会是完善治理的重要议题。毕竟不经过实践磨炼和检验，即便有良好的服务愿望，也不一定能够切实承担起服务的责任。这个过程既是社会组织发育必经的功课，也是社会现代化难以回避的阶段。重点在于充分信任、鼓励社会组织，把他们当作社会治理的伙伴而不是竞争对手。

从社会组织参与社会治理的渠道来看，积极开拓社区层面社会组织的参与，探索社会组织参与社会治理的微观机制是具有一定可行性的路径。北京市在扶持社区非营利组织方面已经有了一些尝试，比如东城区的公益创投项目，扶持了一批社区层面的社会组织，既培养了能力，也规范了组织发育。目前北京市有社区备案社会组织14000余家，这些社会组织在社区有一定的群众基础，也更了解社区事务，在政策、机制上探索调动这些社会组织参与社区事务治理的渠道，鼓励其从所在社区的实际需要出发来解决本社区的问题，对于养成社会组织参与社区治理习惯、培养其与居民的互动、逐步积累相关经验、改善社区环境、服务居民需要有一定的帮助。

（四）大力发展社会企业，创新社会治理的新形式

1. 社会企业是介于非营利组织和公共部门之间的组织创新形式

自 20 世纪 90 年代以来，社会企业的发展在世界范围内获得关注。在全球化的背景下，各国社会治理普遍面临困境，社会排斥、弱势群体服务缺乏、社区福利供给不足等社会发展问题在东西方社会都大量存在。20 世纪 70 年代以后，第二次世界大战后形成的福利国家模式普遍面临危机，而被寄予厚望的第三部门也无力解决广泛存在的基层社会问题，社会治理出现市场失灵、政府失灵和社会失灵的困境，单纯依赖市场、政府和志愿服务的力量都无法达成有效治理。在这种情势下，社会企业作为一种组织创新开始出现在社会经济舞台上。

西方各国社会企业发展的水平不同，其法律地位各异，甚至在何者为社会企业的问题上，英美国家也未能达成一致。国内比较一般的理解是："社会企业可以定义为一种介于公益与营利之间的企业形态，是社会公益与市场经济有机结合的产物"①。社会企业既有传统营利性企业的面相，即强调面向市场、以企业经营的方式提供产品和服务；也有非营利组织的面相，实行利润的限制分配原则，即企业利润用来投入再生产。同时，更关键的是，社会企业的目标是社会性的，在于向社会提供服务或致力于社区共同体的福利提升。社会企业处于营利性组织和非营利性公益组织连续谱的中间地带，成为一种兼具两者特征的新社会组织形式。

2. 社会企业能有效解决基层社会问题，是创新社会治理的一种有益尝试

社会企业一出现就因其在社会治理方面的能力受到实务界和研究界的关注。自产生以来，社会企业在解决特殊群体就业问题、社区福利供给问题等领域都取得了很好的治理效果，有效填补了公共部门和私营部门对某些社会问题关注的不足，被理解为一种有重大社会意义的组织创新和社会治理创新。以英国的发展为例。自 20 世纪 90 年代以来，英国社会企业的数量增加迅速，英国政府对社会企业的发展也采取积极的鼓励态度，"该国政府认为社会企业有助于解决因失业、歧视、低技术、低收入、居住环境恶劣、高犯罪率、患病及家

---

① 王名：《社会企业论纲》，《中国非营利评论》2010 年第 2 期。

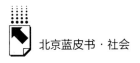

庭破裂等弱势社区所面对的社会排斥及社会孤立等问题，并致力于推动建立一个强大、永续及社会融和的经济体系"①。对社会企业社会治理功能的肯定成为制定社会支持政策的有力依据。

社会企业尤其在微观治理上表现出优势。所谓微观治理，其对象既在社会层级上处于微观层次的社区，也包括各种有特殊需求的少数人群体，如失业者、残疾人、移民劳工、老年人等。这些微观群体的需要个体性较强，相对于社会整体服务体系来说，也往往溢出标准化供给，容易为公共服务供给部门所忽略，或者无法通过这样的供给方式满足需要。在服务的定位性上社会企业与公益性社会服务组织类似，但是公益组织依赖外部资源维持运转，持续行动能力受资源制约严重，尤其是世界金融危机之后，其发展普遍面临困境。相比于非营利的公益组织，社会企业的盈利能力则成为其自我支持的有力保障，从而也是探索微观社会治理保持可持续性的有效进路。

3. 当前社会企业发展不足，仍有待明确其法律地位，完善发展规划、扶持政策

社会企业发展不仅受到国内研究界的重视，在政策层面也引起关注。2011年6月，《中共北京市委关于加强和创新社会管理全面推进社会建设的意见》中明确提出："积极扶持社会企业发展，大力发展社会服务业"，表明政府部门已经注意到社会企业在完善社会服务方面的优势，但是社会企业发展仍处在开创阶段，很多问题都没有破题。以社会企业的法律地位为例。为了鼓励社会企业的发展，英国、芬兰、意大利、比利时、西班牙等欧洲国家，都通过立法形式明确了社会企业的法律地位，引导社会企业发展。相比之下，中国社会企业的立法比较滞后，目前仍无对社会企业的法律定位，仍摇摆在工商注册企业和民政登记非营利组织之间。定位不清的后果是前者无法享受税收优惠，后者又因企业的非营利性质干扰了经营行为。在引导社会企业发展方面，英国堪为表率。其为支持社会企业发展，2001年成立社会企业局，其后又实行了社会企业国家发展战略，并在评估的基础上，不断更新发展目标和政府职责②。经过多年的努力，目前伦敦已经成为英国社会企业发

---

① 江明修：《社会企业国际经验比较》，《中国非营利评论》2010年第2期。
② 王名：《社会企业论纲》，《中国非营利评论》2010年第2期。

展的重镇。北京市虽然提出了积极发展社会企业的意见，但是在具体发展规划上仍处于探索阶段，实质性推进策略还没有形成，具体的扶持政策也没有提上议事日程。

社会企业是社会治理的一种重要组织创新，这一点已经在发达国家的社会企业发展过程中得到了充分的证实。从北京市完善社会治理的角度，社会企业具有相当的潜力。鉴于社会发展的新常态，在"十三五"期间，养老、城市群体整合与认同、弱势阶层的服务等各种微观社会问题将成为社会治理可持续发展的难点，而从发达国家的经验来看，社会企业完成此类社会治理问题有相当的优势。按照北京市政府对社会企业的认识思路，为积极扶持社会企业，上述法律定位、发展规划问题都要逐步解决，政府相关的具体扶持政策也要逐步拟定。

（五）强化区域协调，共同应对社会治理难题

1. 城市环境是社会建设和社会治理的基础

近年来，北京市的城市问题引起社会各界普遍关注，成为最有社会性的城市议题。从表现上来看，北京市的空气污染、交通拥堵等问题确实已经非常严重，成为影响城市生活质量的一个关键要素。作为一种社会情绪表达，在民间话语里，北京市被市民戏称为"雾都""霾都""首堵"。在环境危机面前，社会各界也就此达成一个新的共识：无论经济发展的成果多么辉煌，环境坏了，物质方面的好生活也就成为无根之水。以应对环境问题为契机，北京市也做出积极应对，转变一味追求经济增长的片面发展观，提出绿色 GDP，表达了宁可牺牲一点发展速度，也要保障环境质量的决心。北京市政府还通过公布清洁空气计划，把空气污染治理目标化，为环境整治做出蓝图式规划。所有的一切努力都值得赞赏。

从社会治理的角度，除了政府的明确政策定位、财政投入外，还需要其他社会力量的参与。雾霾治理需要改变地区能源结构，相关企业或停产，或搬迁，或加大排污治理，都要承担相当的代价。交通治理中无论限行还是限购措施，都构成对公民某种市场权利的限制，但实际实施过程中也得到大多数人的理解和支持。社会各界表现出协力同心的治理意愿，对治理环境问题达成高度的共识。同时也要认识到，从发达国家的环境治理历史来看，环境问题是一个

现代性问题，其根本在于一个社会向现代转型的道路选择、制度安排，有效治理的收获则不仅是环境的改善，还将是民族整体文明素质的提升。这个过程不会一蹴而就，既漫长也会有反复，已经完成了城市现代化的巴黎为应对城市交通拥堵问题不得不采取限行措施就是一个例证。城市病解决不能一劳永逸，探索更彻底的制度安排，提炼与现代社会的特征更切合的生活方式，才是最终的保障。

2. 城市问题超过北京市的治理范围，需要地区协调

北京以空气污染为代表的环境问题不是北京一地独有，具有区域性和历史阶段性。从区域来说，这是京津冀共同面对的问题。上文提到的环保部的统计结果及充分说明的京津冀地区在面对环境问题上的共同处境。从历史阶段来看，环境问题发生在中国经济高速发展三十余年之后，与中国向现代社会转型的时代使命同步，既是对转型的挑战，也是转型过程中工业化、城市化发展的后果。

鉴于环境问题超越了北京一个城市，就华北地区而言，谋求京津冀一体化发展、协调共治成为破解此难题的重要思路。中央也高度重视对京津冀协调发展的部署，习近平总书记就此问题表达过相当的关注。从三地政府来说，探索京津冀协调发展将会是在未来一段时间里占有重要地位的议题。不仅空气治理如此，交通、住房、水资源保护等城市问题的其他方面其实也都应该站在京津冀地区的高度上考虑。如燕郊地区长期作为北京就业人员的"睡城"，其社会发展与北京市社会建设和治理有高度相关，涉及北京市交通、住房规划等城市建设的多个方面。水资源缺乏、地表水体污染问题更是华北地区要共同面对的地区性议题。所以在未来几年，在深层次上探索三地社会建设和治理领域的合作是应对社会转型期各种问题的必然要求。

3. 成立议事、协调机构，统筹解决京津冀社会治理事务

三地应该如何进行合作，是要解决的首要问题。北京市目前考虑到多种合作方式，如产业向河北地区转移，交通规划中把河北部分地区纳入考虑、在税收上探索分享与共享等。从协调地区发展来说，这些措施都具有相当的社会意义，但是又都存在一定的局限。首先，这些措施都以北京为主体，从北京的角度考虑的方案，河北方面比较被动；其次，这些措施都具有局部性，针对的是某一项具体问题，缺乏在战略层面的整体谋划；再次，还要注意在疏解非首都

核心功能的过程中，可能引发的社会矛盾和社会冲突。中央高度重视京津冀协调发展，也成立了相关的机构，由国家领导人牵头①，这显示了国家层面对京津冀地区发展问题的重视。但这个高规格的安排毕竟是决策机制，不是议事机构，需要有更专业的议事机构来承担三地协调发展的规划，谋划整体的发展利益。

本报告认为，为了能对京津冀地区的发展规划和社会治理有更妥善的制度安排，成立一个专门的议事机构或委员会符合地区发展的需要。这个机构或委员会可以对京津冀地区经济、社会事务统一协调、规划，协调治理各种社会问题，传递各方的政策信息，提供充分讨论的平台，打造京津冀社会问题协调治理系统。但该机构不承担具体执行的任务，三地政府仍然是执行的主体。这样，这个机构将会比国家层面决策机构拥有更多的本地知识，这是科学决策的基础；也会超越三地任何一个单独地区的本地立场，从地区全局的角度来思考发展问题。同时有国家的决策机构做后盾，与三地政府一起，形成决策、议事、执行的治理格局和体系，这对完善京津冀协调发展来说，可能更有利于形成合作与协商的合力，充分发挥三地不同的优势，促成协作、互补、多赢的局面。

---

① 《张高丽任京津冀领导小组组长协调三地利益格局》，中国网，http：//news. china. com. cn/2014 - 08/12/content_ 33207495. htm。

社会结构篇

Social Structure

B.2
疏解北京城市人口的战略、策略、思路与对策思考

尹志刚 *

摘　要：　有效疏解北京城市人口，一是宏观战略谋划——着眼京津冀一体化发展，立足城市功能定位。二是中观域内策划，四大功能区域内整合协调、域外错位互补发展。三是顶层设计要强化依法治理人口、大人口地理数据和促进人口流出"三大理念"。四是若干实施思路——建设城市副中心；优化核心区功能和产业结构；创新交通布局积极引导功能和人口外迁；控制房地产规模并保持购租房适度成本；提升农村宅基地规划建造水准，把投机型"瓦片经济"升级为恒产型"楼宇经济"；盘活城市空间和房产；提高不可置换资源的使用或消耗成本，提升核心区经营和生活成本。在此基础上，统筹政府、市场与社会的合力，坚决实施首都功能、产业、

* 尹志刚，北京市人口研究所（北京市人口发展研究中心），教授。

组织机构及人口向外疏解。

关键词： 北京　城市功能定位　人口疏解　战略谋划

疏解北京人口，要着眼京津冀一体化，深刻领悟北京市情，立足城市功能定位。北京城市功能定位包括两层含义：一是域外宏观功能，即北京在世界城市群和全国特别是京津冀城市群中的功能定位；二是域内中观功能，即在宏观城市功能定位指导和约束下北京市四大功能区的功能定位。

首先让我们探讨在全球和全国城市群的宏观视角看北京城市功能定位与人口疏解。

一　宏观谋划——立足城市功能定位

战略谋划——着眼京津冀一体化，深刻领悟北京市情，立足城市功能定位。

（一）社会网络与城市功能定位

"十三五"期间，疏解北京城市人口的宏观背景是京津冀一体化这一国家发展战略。要着眼于这一宏观背景，深刻领悟北京市情，即各级党委和政府要反复追问：北京是什么？什么是北京？什么不是北京？北京不是什么？

社会网络与城市功能定位。社会是一个巨大且边界不清晰、内部结构错综复杂的立体网络。城市是整个社会网络的网结。首都北京是一个连接全国乃至全世界的特殊大网结，首先是政治网结，同时还蕴含交通网结、信息通信网结、市场网结、计算机网络等等，全国特别是周边的大、中、小城市（镇）是大、中、小网结，乡村是微型网结，千家万户则是网络末梢。

从社会网络的视角，理清首都在全国乃至全球大网络中的特殊结构和功能，据此制定人口向外疏解的政策和行动方案。

1. 首都独有的行政区位优势具有永恒的人口流入引力

北京作为中国首都、文化历史名城，聚集了各种高端金融、市场、商业、教育、科研、医疗、网络传媒等其他大城市无法比拟的区位优势，众多资源的聚集在市场化和城市化催生的聚变效应下，将会转化为倍增的资本升值。北京在全国独有的行政区位优势形成人口流入的强大的永恒磁力。在这个强磁场作用下，几乎所有人都愿意流入北京，几乎没有人自愿流出北京，形成人口流动的梗阻。

2. 首都与周边地区发展的极化效应与人口无序流入和滞留

发展经济学和非均衡发展理论揭示，在市场自然催化下，势必出现周边地区的各种资源不断向发达地区聚集和聚化的极化效应，导致两极分化的极化效应。现阶段，北京的经济和人口发展正在呈现这种极化效应。问题是，在北京独有的行政框制下，市场催生的极化效应，期限超长，强度超强。相反，随后应当出现的涓滴效应，即发达地区的资源和机会向周边渗透，却超弱、超迟。有人把这种超常的极化效应称为"虹吸"效应或"黑洞"效应。现在要控制落后地区人口向北京的无序流动，必须通过市场机制，特别是政府行政机制，把北京的发展资源和机会向周边相对落后地区涓滴渗透，促使人口向外流出。

3. 北京市城市功能庞杂、过载与人口无序流入和滞留

任何一个城市的功能都是有限且明确的，没有全功能城市，否则必然导致功能过载。北京城市功能过载、庞杂，导致人口无序流入，无口流出，数量膨胀。减少首都城市功能超载，把部分功能及相关组织外迁，是分流和减少人口（包括户籍和流动人口）的根本战略。

4. 导致北京城市功能庞杂超载，常住人口沉积、流动阻滞和大城市病的深层根源

一是各级党和政府及其官员的 GDP 挂帅意识深厚。GDP 增长是官员政绩的集中表现，是官职升迁的坦途和捷径。二是在 GDP 挂帅意识驱动下的行政区划区隔，各级行政官员画地为牢，拼命经营自己的"一亩三分地"，各行政区之间相互封闭，甚至以邻为壑，相互封锁打压、同质恶性竞争。三是根深蒂固的小农意识。各级官员潜意识中深埋的焦虑——开放了，本区域的资源、机会（含自己升迁）就会被他人、他地夺走——排解焦虑的做法是，各行政区划、区隔、封锁，大的——大而全，小的——小而全。不从灵魂深处根除这三个扭曲北京城市功能定位的潜意识魔怔，所有问题的解决都无从谈起。

（二）京津冀一体化与北京城市功能新定位

习近平总书记对推进京津冀协同发展提出了七个着力：一着力——加强顶层设计，抓紧编制首都经济圈一体化发展的相关规划，明确三地功能定位、产业分工、城市布局、设施配套、综合交通体系等重大问题，并从财政政策、投资政策、项目安排等方面形成具体措施。二着力——加大对协同发展的推动，自觉打破自家"一亩三分地"的思维定式，抱成团朝着顶层设计的目标一起做，充分发挥环渤海地区经济合作发展协调机制的作用。三着力——加快推进产业对接协作，理顺三地产业发展链条，形成区域间产业合理分布和上下游联动机制，对接产业规划，不搞同构性、同质化发展。四着力——调整优化城市布局和空间结构，促进城市分工协作，提高城市群一体化水平，提高其综合承载能力和内涵发展水平。五着力——扩大环境容量生态空间，加强生态环境保护合作，在已经启动大气污染防治协作机制的基础上，完善防护林建设、水资源保护、水环境治理、清洁能源使用等领域合作机制。六着力——构建现代化交通网络系统，把交通一体化作为先行领域，加快构建快速、便捷、高效、安全、大容量、低成本的互联互通综合交通网络。七着力——加快推进市场一体化进程，下决心破除限制资本、技术、产权、人才、劳动力等生产要素自由流动和优化配置的各种体制机制障碍，推动各种要素按照市场规律在区域内自由流动和优化配置。他特别强调，要把京津冀协同发展提升到国家战略层面，要增强推进京津冀协同发展的自觉性、主动性、创造性，增强通过全面深化改革形成新的体制机制的勇气，继续研究、明确思路、制定方案、加快推进。

（三）北京城市功能新定位是制定一切疏解人口的政策、措施的圆点

经过多年反复探索，中央将北京城市战略定位调整为：政治、文化、国际交往和科技创新四大中心，终极目标是把北京建设成为国际一流的和谐宜居之都。从战略高度立足北京的城市功能定位，是制定和实施一切疏解人口的政策、措施的圆点。

1. 北京城市功能定位

①政治中心是国家首都的首要核心功能。独立、凸显首都政治功能，

把那些因政治优势而衍生的非首都核心功能向外疏解。②文化中心。北京有3000余年建城史和860余年建都史，拥有独特的城市文化，数目众多的世界文化遗产，以及难以计数的文物保护单位和博物馆。北京可以参照巴黎的发展模式，充分依托文化中心优势，利用文化名牌和自身丰厚的文化积淀，大力发展旅游、会展、博物、印刷出版等现代文化创新产业，建立高端产业链，进而辐射全国和全球。③国际交往中心，即通过首都北京展现国家的政治、经济、文化、军事、科技、信息等综合发展水平的基本能力。因此就要从提高交流层次、完善交流设施、健全服务体系、培养优秀涉外人才、营造良好涉外环境切入，整体提升北京的国际交往能力。需要强调的是，大规模长期滞留的流动人口不符合首都北京作为国际交往中心的功能定位，相反，城市人口应该是大进大出的。④科技创新中心。这是党中央赋予北京最新的功能定位。北京云集了全国一流的高等院校和科研机构，人才优势、科技优势、信息优势十分明显。从理论上讲，已经具备建成科技创新中心的条件。科技创新中心决定城市的功能和产业在"产学研"一体化的定位中，要主攻学/研结合的高端研发，生产链条应大力向域外投射。⑤和谐宜居城市。建设国际一流和谐宜居之都，这是北京发展的终极目标。城市人口增长与经济社会发展相协调，城市生态、交通、住房、教育、医疗、环境、资源、安全、科技等各方面最大限度地满足人们生活需求。

北京未来的发展规划应立足于全新战略定位，把京津冀及环渤海地区协同发展纳入战略考量范围。

2. 北京立足城市功能新定位的"舍"与"得"

舍得，舍得，有舍，才有得——不要舍本逐末，而是要舍末逐本。要彰显首都政治中心、历史名城文化中心、科技教育中心、研发中心等独具功能，向外疏导首都不必要功能。要制定中长期规划，坚决向外迁移不必在京的功能及其机构人员。同时，津冀两地要紧密围绕北京新城市定位，确立各自战略定位，以错位发展推动京津冀协调发展。

要特别强调的是，保障首都北京的城市功能定位要有中央支持和组织保障。建议在中央政府层面建立"首都委员会"，由总理或主持工作的副总理担任主任，统筹制定和实施首都乃至京津冀的中长期发展规划。

二 中观策划——"四大功能区"域外错位互补发展，域内统合协调发展

（一）市域内"四大功能区"定位

首都功能核心区——优化开发区域，产业发展整体上呈现向外转移、释放压力的态势。着重发展金融、文化、旅游等现代服务业。严禁发展层次较低、占用空间较大、资源消耗高和生态破坏严重的产业进入。

城市功能拓展区——开发强度较高，但尚未完全实现城市化。重点发展科技教育、文化体育、商务服务、现代物流等现代服务业和高新技术产业。做好内部空间协调，已成熟的产业功能区要进一步控制规模过度集聚，促进结构集约优化；待城市化地区要把握好产业类型，使其符合首都发展核心竞争力的需要。

城市发展新区——成为最重要的功能、产业与人口承载地，经历显著的特定功能和产业集聚过程，成为未来工业化和城镇化的主阵地。

生态涵养区——限制、禁止开发区域。着重发展生态农业、特色林果、旅游休闲等环境友好型产业，同时要引导产业在空间上向平原地区和城区转移。

全市的四大功能区发展规划，在行政区隔的思维模式下，很难得到有效贯彻落实。各区县在制定《"十二五"经济社会发展规划》时，大多从自己行政辖区的局部着眼着手，依然是就西城说西城，就顺义论顺义，难易跳出行政区隔的窠臼。

（二）"四大功能区"域外错位互补发展，域内统合协调发展

应当着眼于四大功能区的功能定位和产业错位发展，提出整合或调整行政区的思路。

一是整合。建立四大功能区发展委员会，隶属于北京市发改委，即首都功能核心发展委员会、城市功能拓展区发展委员会、城市发展新区发展委员会、生态涵养区发展委员会。由四个发展委员会统筹制定四大功能区的全局和长远发展规划。

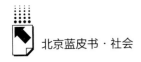
二是调整。从行政区划上打破同心圆和摊大饼的发展模式，按照四大功能区以及土地、资源整合的方向，重新划分行政区。尝试划分三大行政区板块：一是首都功能核心区和功能拓展区整合板块，呈现从中心向外四面辐射的四大扇形行政区划分：东北区——原东城－朝阳；东南区——原崇文－朝阳－丰台；西南区——原宣武－丰台－石景山，西北区——原西城－海淀－丰台。二是城市发展新区整合板块，通州、顺义、大兴、昌平、房山划归一个新城大区；三是生态涵养区整合板块，门头沟、平谷、怀柔、密云、延庆划归一个生态涵养大区。

三 顶层设计——树立并强化"三大理念"

（一）依法治理人口的理念

加强人口治理地方立法，立足制度创新。导致人口治理困境的主要问题之一，是北京地方立法严重滞后。究其原因，一是北京是首都，中央在看、全国在学，一举一动，影响巨大，导致北京市地方立法严重滞后于城市发展和治理。二是全国人大立法的大方向是创造推进人口流动的法治环境，加快城市化进程。为了和中央、其他省市保持一致，北京市在加强地方立法方面如履薄冰，甚至是谨小慎微、止步不前。

北京是首都，是特大城市，各种城市病日渐凸显，必须严格控制人口过快增长。缺乏地方人口治理法制保障，导致北京人口的无序流入，无口流出，各项调控人口的政策成效甚微。要依据中央的大政方针，针对北京市特殊市情，科学调查论证并出台几部首都人口治理的地方法规。近期急需调研、论证、出台的地方法规包括以下几个。

1.《北京市人口居住地登记条例》

主要内容包括：①离开户籍地一定期限的人口，依法在居住地人口管理部门进行登记。②政府人口登记部门及人员依法入户登记、核实属地住户人口信息。③房屋出租人有义务协助政府人口登记管理部门登记、核实租房户人口信息。④在属地居住的人口要积极配合（不得拒绝）人口登记部门及人员入户登记、核实人口信息。⑤给予在居住地登记的人口享有属地公共服务的优先权，激励流动人口主动登记。现阶段，公共服务资源短缺。据此，可以做出一系列制度设计，如给予登记人口入托优先权、中小学义务教育入学优先权、社区卫生站（中心）就诊和服务优先权。没有在辖区登记的人口，中小学义务教育和就诊看病没有优先权，或要收取一定费用。

2. 《北京市人口信息数据库建设管理条例》

建立全市性的人口数据库，统一采集、录入、核实和使用人口信息。政府各职能部门依据各自对人口提供的不同公共服务，列出所需要的人口信息指标（如教育局——育龄儿童的性别、年龄、户籍地等指标；劳动社保局——就业、失业，"五险一金"等），把这些指标汇集到负责人口信息采集登记部门（如公安局）进行加工整理，形成统一的人口信息采集指标体系。进而按照这个指标体系，形成人口信息采集、登记的表格，入户登记。

由负责全市人口地理信息系统的部门统一设计、建立、维护人口信息。政府各职能部门按照统一的指标体系和采集规范，采集各自领域的人口信息，并把这些信息汇总到人口地理信息系统平台。

人口地理信息系统平台依据不同管理和使用权限，分层、分类开发和使用信息。如根据政府各职能部门的权限和合法要求，提供相关信息。汇总并开发综合人口信息，向有关部门提供信息，为相关部门的工作和决策提供信息支撑，并把有关信息定期向社会公布，增加政府城市管理信息的透明度，提升市民的知情权和参与权。

3. 《北京市房屋租赁管理条例》

人口管理和登记面临的一大难题，是政府和社会管不着住房，自然也就数不清、管不着住房人。因此，政府特别是北京这样特大城市的政府，要先从数清房、管好房入手，进而实现对人口的有效登记、服务和管理。数清房，即整合各区县的管理方格数据系统，建立全市性的地理及房屋数据库。数清住房人，在地理及房屋数据库中，填入有人长期居住的房屋，标出出租房、空置房。

出台北京市地方法规，政府授权给有代理人口登记行政职能的房屋租赁公司承接房屋租赁事宜。现实建立完善人口地理信息系统的障碍和问题出在房屋租赁过程中。目前由房屋中介公司承接的服务，是政府行政职能难以约束的完全的市场运作。城市特别是特大城市的房屋租赁必须有行政约束机制介入。建议政府出台北京市有关规范房屋租赁市场的地方法规，授权给有代理政府人口登记行政职能的房屋租赁公司承接房屋租赁事宜。接受政府授权的房屋租赁公司有义务执行政府有关流动人口住房和信息登记的法规，有义务向政府人口登记和管理部门提供房屋出租和租房人口的信息，政府房屋出租和人口登记部门在保守商业秘密的前提下，有权让房屋租赁公司提供相关信息。未经政府授权的房屋中介公司不得从事租赁房屋的业务。

政府授权社区居（村）委会承接中介公司本社区房屋租赁业务，搭建全市以社区为网络末梢的房屋租赁登记系统。在社区层面，有政府授权的房屋租赁公司把业务统一交给获得政府授权的社区居（村）民委员会（或社区服务站）代理。这样，以最基层的社区居民委员会为网络末梢点，把所有社区出租和求租房屋的信息通过居（村）网络连接起来，共享共用，将极大地提升房屋出租中介的服务效率。更为关键的是，通过这个庞大且渗透到社区末梢的网络，就能掌握房屋需求和租赁的第一手信息，同时为人口迁移和登记提供了最为便捷的平台。通过社区居（村）委会这一巨大网络，政府就可以掌握人口迁移的第一时空点的准确信息。

（二）全市人口地理数据系统（库）的理念

实有人口数据（重点是流动人口）的实时调查核实、数据采集汇总统计，是首都人口统筹综合治理工作的基础，需要建立统一的实有人口数据库，为市委、市政府及各部委办局、各区县提供及时可靠的人口数据。

建立全市性的人口数据库，统一采集、录入、核实和使用人口信息。政府各职能部门依据各自对人口提供的不同公共服务，列出所需要的人口信息指标（如教育局——育龄儿童的性别、年龄、户籍地等指标；劳动社保局——就业、失业，五险一金等），把这些指标汇集到负责人口信息采集登记部门（如公安局或流管办）进行加工整理，形成统一的人口信息采集指标体系。进而按照这个指标体系，形成人口信息采集、登记的表格，入户登记。

由负责全市人口地理信息系统的部门统一设计、建立、维护人口信息库。要求政府各职能部门按照统一的指标体系和采集规范，采集各自领域的人口信息，并把这些信息汇总到全市统一的人口地理信息系统平台。

加强全市人口地理数据系统（库）的开发和使用。人口地理信息系统库（平台）依据不同管理和使用权限，分层次开发和使用信息。根据政府各职能部门的权限和合法要求，提供相关信息。

汇总并开发综合人口信息，向有关部门提供信息，为相关部门的工作和决策提供信息支撑。同时，把有关信息定期向社会公布，增加政府城市管理信息的透明度，提升市民的知情权和参与权。

（三）鼎力促进人口流出的理念

人口流动是市场经济常态，人口不流动是非常态。北京城市人口疏解值得关注的不是人口流动，而是人口不流动。促进人口流动特别是向外流出是主要着眼点、着力点。北京的人口问题不是流入太多，而是户籍和常住人口不流动，流动人口流入不流出，不断积淀日渐庞大的流动梗阻人口。北京作为首都、历史古都和国际交往中心，应当大力促进人口流出，形成大进大出的人口流动常态。

要创新促进人口流出的制度和举措，如通过奖励、补贴、引导等办法，向外疏解机构。在北京和河北交界地区举办价格低廉、服务周到、环境美好的养老机构，向外疏解老龄人口。为防止中心城区过度老龄化，应严格限制在三环内建立大型公益性养老机构。

四　微观对策——疏解人口的若干思路（或举措）

（一）运用政策和规划疏解北京城市功能及人口的三个思路

1. 产业政策创新，向外疏解与城市功能定位相悖的产业及从业人口

北京城市功能定位决定了北京的产业发展是，与服务于政治中心（中央及北京市党政机关）的机构及产业＋高端三产＋高端一产。其中高端三产包括服务于实体经济的成产性三产，服务于国际交流中心的高端文化三产和生活性三产。

制定出台符合北京城市功能定位的地方产业政策，扶持高端三产和高端一产。打造世界级高端文化产业（音像、影视、博物、会展、演出、旅游等）。

坚决关停、外迁与首都城市功能相悖的低端二产和三产。把核心区的各种批发市场外迁到北京周边地区。在北京周边的河北城镇建造家具城、服装城、

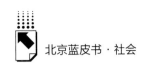
建材城、五金家电城、箱包城等。核心区坚决取缔各种流商、摊商，关闭马路市场，同时推进城市进社区。

即便是在北京城市功能定位的产业中，也不是所有功能衍生的产业链条都留在北京。制定产业政策要关注产业链条，留高端、甩中端、抛低端。

2. 建设城市副中心，疏解核心区功能与人口

城市副中心是仅次于城市主中心、承担城市诸多主要功能且相对独立的综合性城市区域。建设城市副中心对调整北京城市空间结构具有战略价值：①城市副中心定位更高，与新城形成明显的层级关系，承载城市综合功能的目标更明确，并容易取得更高区位墒，更好地疏解中心城区过载功能。②城市副中心的合理布局，可以解决北京现存的东北重、西南轻的城市发展不平衡问题。③在规划、投资诸方面体现市级政府的主导地位，更好发挥城市规划对于城市功能合理布局、城市资源优化配置的引导作用。

3. 多措并举，优化核心区功能和产业结构

①严控。即严控增量，终结中心城功能过度聚集的态势。禁止违背总体规划实现中心城园区扩张和空间格局突破；除增强国际交往和文化展示功能外，严控中心城新功能的拓展；严控新建住宅开发项目和大型公建项目；严控教育、医疗、行政办公、商业等大型服务设施的新建和扩建；严控待开发的热点区域高密度开发；严格按比例配置中心城生态绿化指标，建设优美宜居城市环境。②升级。即促进业态升级、经营模式升级和经营方式转型，加强管理。③整合。有些功能在中心城区布局重叠，亟待整合。④外迁。是加强对次要功能及过度集聚功能的疏导力度的重要途径。今后一段时期内，行政配套、医疗科教、低端服务、低效设施和文保居住是五大疏解方向。⑤统筹。中心城功能疏解是系统性工程，政府要扮演好筹的角色，通过政策统筹打破既有利益格局，进而统筹资源、提高效率。

（二）创新城市空间规划和经营思路，疏解城市功能和人口的四个思路

1. 创新交通布局思路，积极引导功能和人口外迁

（1）北京城市轨道交通布局的三大失误。一是原铁道部下辖的南站、西站、北站的选址和建设。由外地进京或途经北京的铁路线路，不应直接进入核心区，而应进入城市的郊区。南站近在黄村，远至固安；北站近在清河，远在昌平；西站近在丰台，远在涿州。目前三个站均在核心区边缘。二是地铁13号线的设计本是为了缓解回龙观、天通苑沿途大面积、高密度的经济适用房小区人口众多的问题，结果导致上百万人的职住分离，上下班交通极度拥堵。三是由北京核心区向郊区延伸的城铁线路，不是一站直达通州、顺义、昌平，而是沿途布站，站与站之间距离短，运行时间比公共汽车还慢，沿途各个城铁车站形成一连串的房地产开发和居民聚集区，导致城市核心区、功能拓展区和新城区连成一片，城市空间布局变成一个大海星。

（2）创新交通布局，主动引导城市空间和人口适度聚集。总结以上三大失误的结论可知，不能一味地迁就现有功能、机构和人口的密度及分布，不断加密核心区的地铁及路面轨道及公交布局，而是要依据向外疏解核心区功能、机构及人口的需要，规划布局新的地铁、轨道交通、公路及公共交通线路，向需要疏解的方向及地区新建和延伸。如向燕郊、涿州、固安、廊坊等方向和空间设计和布局轨道交通。从城区到新城之间减少甚至不留车站，一站到通州、黄庄，打造北京周边城市群空间的新布局。

2. 控制房地产规模，保持购、租房的适度成本

北京的房地产越发展，建的房越多，购买和租赁的价格越低，吸引的人口就越多。因此，必须下大力气合理控制北京房地产发展规模，包括商品房、公租房和经济适用房。在一定区域内，限制建房的密度和高度，严禁建造别墅，禁止建造不宜居住房，如塔楼。

3. 提高农民宅基地规划和建造水平，把投机型"瓦片经济"升级为恒产型"楼宇经济"

2014年12月颁发的《关于农村土地征收、集体经营性建设用地入市、宅基地制度改革试点工作的意见》指出：坚持土地公有制性质不改变、耕地红线不突破、农民利益不受损三条底线，在试点基础上有序推进。由于原有农民宅基地相关法规的约束，导致城乡接合部的农民为了获得出租房的诱人收益，私搭乱建，今拆明建，形成劣质、低廉的"瓦片经济"，导致农民形成一种奇怪的"末日心态"。要鼓励农民按照新农村建设整体规划、在宅基地建设刚性规划的指导和约束下，加大对自建房的投入和投资，并允许农民依法经营自建房，如出租、开设小旅馆等。要鼓励农民经营支付，用农民的"楼宇经济"

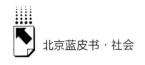

的恒产，建立起农民发家致富的恒心。

4. 创新房屋租赁置换经营机制，盘活城市空间和房产

建立房屋修缮、租赁代理中介公司，通过公司与核心区居民签订维修、租赁代理合约方式，改建、经营核心区的商品房、四合院等住房。原居民住房经过装修改建，委托经营房屋租赁，获取较高房租，并到房租较低、环境适宜居住的地区租住，这样既降低了核心区原有居民区的人口密度，提高了经济收入，也向外疏解了人口。

总结、推广出租房屋集中经营管理新模式。在农村地区，注重发挥村规民约作用，推广对出租房屋统一管理的集中出租模式；在城乡接合部地区，采取市场化方式，推广农民剩余回迁安置房廷租模式，提高出租房屋规范化管理水平。

（三）运用市场和价格机制，疏解城市功能及人口的两个思路

1. 提高不可置换资源的使用或消耗成本

与城市功能和人口承载力相比，北京的各种资源都呈现极大的稀缺性，特别是不可替代和置换性。如天然气、电等资源是可以置换的，即通过购买、输送使资源稀缺问题得到一定程度的缓解。然而，北京城市的清洁水、空气和土地等不仅极为稀缺，而且是不可置换的资源。应尽快开征房地产税等占用或消耗土地、水与相关的资源税，提高使用不可置换资源的成本，引导一些机构和人员向相关资源较为便宜的地区迁移。增收污染税、垃圾处理费（或税），加大各种生态环境污染的治理；增加私家车用车成本和宠物饲养的成本。

2. 提升核心区经营和生活成本

建立由远郊区向核心区推进的各种资源使用和消耗成本（购房、出租房、停车位、公共交通票、供气、供暖等价格）价格递增机制，通过增加城市特别是核心区生活成本，同时降低郊区县以及河北周边地区的经营和生活成本，向外疏解机构及人口。

总之，北京城市功能庞杂过载、人口大量流入且几乎只入不出，形成流动梗阻，大城市病日渐凸显。有效疏解人口，治愈北京城市病，必须着眼全球、全国和京津冀的城市群发展，深刻领悟北京市情，立足城市功能定位，痛下决心，多措并举，长期治理，方能略见成效。

B.3
北京青年择偶观和需求调查

佟新 马丹*

摘 要： 本文关注北京青年的择偶观念与需求，通过问卷调查、焦点
小组座谈与深度访谈的方法进行研究。结论是：第一，大部
分北京青年对婚姻有需求，但不会为了需求而降低择偶条件。
对完美择偶标准的坚持与狭窄的择偶空间之间的矛盾致使择
偶动力不足、择偶渠道不畅；第二，青年群体的择偶观一方
面表现出很强的独立性与自主性，另一方面又备受来自于父
母与社会舆论的压力；他们一方面宣称生活的多元性与自主
选择，另一方面又认同"门当户对""男主外女主内"的传统
择偶观，充满矛盾。第三，青年群体的择偶观念与需求存在
结构分化，表现在性别、年龄、城乡与受教育程度上的差异。
因此，看似巨大的未婚青年婚恋市场非常狭窄与受限，很难
建立良性的交友关系。政府与各种社会组织应建立值得信任
的交友平台，并通过舆论导向减轻对青年群体的择偶压力。

关键词： 青年 择偶观 择偶需求 北京

　　择偶作为婚姻家庭的前提和基础，是指"以缔结婚姻，组织家庭为目的
的男女两性互相选择的行为"。择偶观是指人们有关恋爱与婚姻的观念。北
京作为全国文化中心，不仅经济快速发展，社会结构和人们的观念也在快速

---

* 佟新，北京大学社会学系教授、博士生导师，主要从事劳动社会学研究、性别研究、婚姻家
庭研究；马丹，北京市社会科学院社会学所助理研究员，主要从事劳动社会学研究。

变化。"六普"数据表明，我国的初婚年龄呈现不断上升趋势，并存在一定的性别和城乡差异。晚婚的背后是人们观念在起作用：现代青年的择偶需求是怎样的呢？人们的择偶现状如何？婚姻之事既是个人之事，也关系到一个社会的组织方式和生活方式。2013 年 4 月至 2014 年 5 月，北京市婚姻家庭研究会在北京市社会科学联合会的支持下，成立了"北京青年婚恋观研究小组"，对相关问题进行了调查。我们回应的问题是：第一，北京青年择偶观和需求的现状与特点；第二，影响北京青年择偶观的因素；第三，对公共政策提出适当建议。

一　研究方法

为了回答上述问题，"北京青年婚恋观研究小组"进行了三方面的调查：问卷调查；焦点小组座谈；深度访谈。

1. 问卷调查

我们以未婚青年作为研究对象，问卷在北京市婚姻家庭研究会与各区县妇联开展的、由"北京市社会建设专项资金"资助的公益项目"不独——有你有我"中发放，共计发放 800 份问卷，初步回收 479 份，又去掉 15 份未填完整的问卷，共计有效问卷数量 464 份。由于问卷发放是在活动现场进行，回收率不够理想，只有 58%，但这些问卷数据仍有一定的代表性。

2. 焦点小组座谈

2013 年 12 月 7 日，组织了 14 位北京青年（7 男 7 女）进行座谈，就择偶标准、婚姻需求等进行了讨论。

3. 深度访谈

对 5 位已婚青年和 10 位未婚青年进行深度访谈。调查过程中，我们还关注了青年军人的婚恋需求，对北京通州区和大兴区驻地的青年军人进行了专访。

我们将用问卷数据说明北京青年的择偶观和需求的现状与特点；透过焦点小组座谈和个人深度访谈分析影响人们择偶观的因素；并尝试对现代择偶现状进行理论解释和提出相关政策建议。

二 北京青年的择偶观与需求的现状和特点

464 份问卷调查的基本情况为：男性占 48.3%，女性占 51.7%。其中初中文化占 3.3%；高中及中专、职校占 6.7%；大专占 19.8%；本科占 57.2%；研究生占 13.0%（由于有部分活动是有组织的参与，加之填写问卷的完整性要求，使样本的受教育程度较高）。其中北京市户籍人口占 65.4%，外省户籍占 34.6%；有稳定工作的占 90.7%，工作不太稳定的占 9.3%；月收入不足 3000 元的占 21.8%，3001～5000 元的占 58.4%，5000 元以上的占 21.8%；独生子女占 40%。

（一）在京青年的择偶需求

1. 绝大多数北京青年对婚姻存在需求，却不会为了这个需求而降低择偶条件

其中有 20.7% 的北京青年选择"一定要结婚"；77.5% 的人选择"遇到合适的才会结婚"；1.3% 的人选择"结不结婚无所谓"；只有 0.4% 的人选择"完全不想结婚"。

未婚青年的择偶动力为："对爱情的渴望"在第一位的选项中占到一半以上，为 52.6%；"父母压力"在第一位的占 22.1%；"周围环境和舆论"在第一位的占 19%，即大约有 41.1% 的人是迫于父母和环境压力而择偶结婚。

生育变成青年选择婚姻的重要推动力量，尤其是青年女性：生育的年龄需求挤压女性对生育做出选择。其中，未婚青年计划要孩子的比例为 69.4%；认为到时再说的占 29.3%；只有 1.3% 的青年选择不要孩子。也就是说，至少70% 的青年的婚姻需求受到生育因素的影响。

2. 分化的恋爱经历

恋爱是两个青年人的生命体验，是人生的重要经历。我们的问题是：青年群体的情感经历如何？包括交友次数、性经历与同居行为等等。以结婚为目标的恋爱行为我们称之为"结婚目标导向型恋爱"。有 1/3 的青年缺少目标导向型的恋爱经历（33.4%）；有过 1 次的比例为 40.9%；1 次以上的比例为 25.7%。有过性经历的为 28.8%。有 1/10（10.4%）的未婚青年承认有过同居行为。我们估

计，现实有过同居行为的比例可能要高些，因为有46.3%的人没有回答这个问题。因此，保守估计1/4左右的北京未婚青年可能有过同居行为。

3.自主选择的择偶责任与标准

有66.3%的青年认为择偶"是个人的事，应该自己解决"，占2/3；认为择偶"是家庭的事，父母要操心"的青年有15.8%；而11.3%的青年认为择偶"是社会的事，社会各界要关注"；认为择偶"是国家的事，政府部门要关心"的只占到6.3%。

择偶的最终选定有58%的青年认为"自己决定"，有42%的青年则是与家人商量之后再决定。

关于择偶标准在第一顺位的排序中，自己做决定的占35.3%，受父母与亲人影响的占33.2%；而受到朋友、同学等朋辈群体影响的占到了22.8%。可见在择偶责任与择偶标准方面出现了自主选择的个人化趋势。

4.择偶标准以"人品"作为基础，认同"门当户对"

关于择偶标准，表1表明64.5%的青年看中"人品"；"情感经历与婚姻经历"排在第二位，占15.4%；"健康"排在第三位，占5.9%。这说明人们在择偶时，重要性的次序大致为：人品、感情经历与婚姻经历、健康和经济条件（或身高外貌）。下面将加以标准化后进行更为深入的分析。

对"门当户对"的说法，12.6%的人认为"非常重要"；有52.4%的人认为"比较重要"；两者相加达65%。

表1　您在择偶时最看重的是什么？（排第一位重要的）

条件	频率	百分比（%）
人品	272	64.5
感情经历与婚姻经历	65	15.4
健康	25	5.9
经济条件（房主，收入）	21	5.0
身高外貌	19	4.5
教育程度	9	2.1
职业	9	2.1
年龄	2	0.5
合计	422	100.0

5. 结婚压力大

关于结婚的压力，17.2%的青年觉得压力非常大；大部分青年（50.8%）觉得有些压力；也就是感受到压力的青年达到68%；32%的青年觉得没有压力。

而择偶困难的原因：排在第一位的是缺乏认识途径，占47.2%；第二位占28.9%，是工作忙、没有时间；第三位占23.9%，是还没想好是否要结婚或者没有遇到合适的人。

6. 相对开放的择偶观念与性观念

关于是否认同同性恋、"女大男小"的婚姻等观念的调查说明北京青年的择偶观相对开放。有3.5%的青年认同"在婚姻中，女性大些好"，觉得"年龄不是问题"的占53.8%；认同"在婚姻中，男性大一些好"的占42.7%。同时，有超过一半的青年对同性恋的态度是"接受，但我不会"，占50.4%；"无法接受"的占30.2%；17.2%的青年认为同性恋"无所谓"；还有2.2%的青年对于同性恋的态度是"是接受和自己也会"。也就是说，有2/3的青年对同性恋持不排斥的态度。

（二）北京青年择偶观和需求的结构分化

北京未婚青年并非是一个整体，他们存在性别、年龄、户籍和教育程度等方面的差异，这些差异表现为差异化的择偶需求和择偶观。

1. 择偶观存在性别之间的差异

第一，男性更有结婚的紧迫性。男性有23.3%的人认为一定要结婚，而女性的比例为18.3%，男性高出5个百分点。但同时在父母的压力这方面，则是女性感受到更大的压力。"压力非常大，父母总是过度关注"的女性比例占到19.3%，高出男性4.6个百分点。

第二，男性更倾向于自主选择；女性更倾向于家庭选择。70.9%的男性认为择偶是自己的事，仅有13.1%的男性认为这是家庭的事；62.5%的女性认为择偶是自己的事，但有28.4%的女性认同同时这也是家庭的事，比男性高出15.3个百分点。

关于择偶的最终决定，65.5%的男性认为应该自己决定，高于女性14.5个百分点；49%的女性认为应该和父母商量，高于男性14.5个百分点。

第三，女性更喜欢强调"合适"与"感觉"。女性有82.9%的比例认同遇到

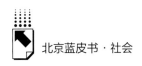

合适的就结婚、年龄无所谓，男性的比例为74.1%，女性比男性高出5.1个百分点。通过与受教育程度的交互分析，女性之间的态度并无受教育程度的差异。

第四，女性更强调"门当户对"。达77.6%的女性认为"门当户对"很重要或者比较重要，高于男性25个百分点。女性青年更看重相当的条件或家庭背景，符合女性要"高嫁"或不喜欢"低嫁"的文化传统；男性因为心理优势则可以考虑"低娶"。

表2　各择偶标准在不同性别间的方差分析结果

择偶标准	F值	显著水平	择偶标准	F值	显著水平
经济条件	34.169	0.000	职业	6.143	0.014
身高外貌	20.688	0.000	健康	0.448	0.503
人品	9.622	0.002	年龄	4.863	0.028
教育程度	0.017	0.898	感情经历与婚姻经历	1.128	0.289

第五，女性对择偶难度的认知更为明显（见表3）。在择偶难度归因上两性也存在差异：男性大多归因为"事业型"，即工作忙、没有时间；女性则更多地归因为"需求型"。但"社交型"归因的比例比较接近（见表4）。

表3　分性别"您认为社会上谁在择偶方面难度更大"的认知

单位：%

性别	男性难度大	女性难度大	一样大	不清楚	合计
男	48.4	17.1	23.0	11.5	100.0
女	11.2	61.6	20.7	6.5	100.0
合计	29.2	40.1	21.8	8.9	100.0

表4　分性别"您觉得自己还没能找到心仪伴侣的原因"的认知

单位：%

性别	自己不想或要求高	工作忙、没时间	没有认识途径	合计
男	19.6	36.8	43.6	100.0
女	28.0	21.6	50.5	100.0
合计	23.9	28.9	47.2	100.0

2. 青年择偶观和择偶需求有年龄分化

年龄是影响人们择偶观的重要因素，我们研究时将年龄分为两组，一组为28岁以下，称为低年龄组；另一组为28岁及以上，称为高年龄组。

第一，随着年龄增加，人们对结婚的紧迫感和压力都在增加。有26.1%的高年龄组认为"自己一定要结婚"，比低年龄组高出7.1个百分点。打算要孩子的比例在高年龄组也有所增加，达78%；比低年龄组提高了12.2个百分点。29.5%的高年龄组认为压力非常大，比低年龄组高出17.8个百分点。

第二，随着年龄增加，人们对何时结婚、最终决定权和配偶年龄等问题显得更加自主。高年龄组有81%的认为"遇到合适的就结，年龄无所谓"，比年轻组高4个百分点。高年龄组认为"配偶选择最终由自己做主的比例"为62.9%，比低年龄组高7.7个百分点。

第三，随着年龄增加，高年龄组在认识择偶对象的方式上更依赖于"支持网络"，"曾经有过的择偶途径最有效的"是亲朋好友介绍的比例为65.4%，高出低年龄组24.1个百分点。

第四，随着年龄增加，高年龄组认同"需要婚恋辅导"的比例为41.7%，比低年龄组高出9.2个百分点。

第五，在择偶标准上，高年龄组更看重"健康"。通过对各年龄组的择偶标准优先指数进行方差分析可以发现，只有健康（低年龄组＜高年龄组）在分年龄组间有显著差异（见表5、表6）。

表5 分年龄组各择偶标准的优先指数

组别	经济条件	身高外貌	人品	教育程度	职业	健康	年龄	感情经历与婚姻经历
低年龄组	60	51	234	37	24	52	14	66
高年龄组	44	41	216	42	31	86	8	68

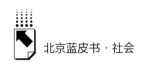
表6　各择偶标准在不同年龄组间的方差分析结果

择偶标准	F 值	显著水平	择偶标准	F 值	显著水平
经济条件	3.199	0.074	职业	1.142	0.286
身高外貌	1.165	0.281	健康	12.548	0.000
人品	1.809	0.179	年龄	1.866	0.173
教育程度	0.460	0.498	感情经历与婚姻经历	0.022	0.883

3. 青年择偶观和需求有一定的城乡和户籍分化

第一，来自外省农村户籍的青年有最高的"事业为主，要晚些结婚"的比例为19.7%，比北京市城区户籍的人高出11.6个百分点；第二，来自外省农村户籍的人有最高的自主决定婚姻的态度，达62.2%，高出北京市城区户籍青年10个百分点。第三，北京市城区户籍的人有最高的"门当户对"的观念，认同比例达77.4%；比外省农村户籍的人高出42.2个百分点。处于相对优势社会地位的人更不喜欢"低配"。第四，在择偶难度上，来自外省农村户籍的人有54.7%认为男性难度更大，比北京市城区户籍的人高出37.8个百分点；而认为女性难度最大的为北京市城区户籍的人，占50.6%，反而比外省农村户籍的人低了30.3个百分点。第五，在对同性恋的态度上，北京城镇户籍的人更为开放些，接受的占了60%，比来自外省农村户籍的人高了20个百分点。第六，在择偶标准上，户籍差异带来的择偶标准的差异只有"人品"具有显著差异，城镇户籍青年比农村户籍青年更看重"人品"。

4. 受教育程度的差异在择偶标准上有一定差异

标准化择偶标准后发现，有显著差异的变量为：高学历者比低学历者更看中"受教育程度"；而低学历者比高学历者更看中"健康"。

三　自主性与完美型择偶共筑了北京青年的婚恋状况

（一）生活方式的多样选择与自主性

有学者认为，现在出现了"家庭危机"，它源于个体化和理性化的社会转型，本质上是"父权制家庭的危机"。与父辈到年龄就结婚生子的生活方式不同，计划经济体制下通过婚姻建立家庭具有公共政策的强制性，因为公共物品的分配是以家庭为单位，如果不结婚几乎没有可能分配到住房。转型后的市场经济为青年提供了婚姻自主选择的物质条件，因此出现了许多自主选择的结果，即多元化的婚姻现象，比如晚婚、不婚、未婚同居、丁克家庭（自愿不生育夫妻）、离婚、单亲等。择偶使人们的生活具有了多种形态。因此，并非是今天的女性更加自立和自主了，而是相对于父权制中乖顺的儿女今天都变得"不听话"了。

相对于有明确结婚意愿和较清楚择偶标准的青年来说，一些青年在考虑"是否应该结婚"这个问题。一位47岁尚未结婚的男士说："这个社会真有意思，有这么多人关心别人结不结婚的事，干点什么不好呀。"获得不结婚或自主婚姻的自由已成为现代人明确的婚恋观。在这一意义上，过度的关心成了"善意的压迫"。并非是每个人都相信，过"法定的两个人生活"比过"一个人或（非法）同居"的生活更好。对许多人来说，寻找自我是首位，想明白了自己是谁，才能够明白需要什么样的伴侣。

事实上，那些明确自己要结婚的青年，多数是有办法和可能找到"合适"配偶的。当结婚成为生活目标和生活方式的选择时，青年的择偶心态会发生根本变化，会从理想进入现实，降低择偶标准，过上想要的婚姻生活。

父母对儿女择偶的操心表明在父母眼中"男大当婚，女大当嫁的婚姻生活"是件重要的、值得选择的事情；而儿女一代则有了不同的看法。做父母的因为不能直接强迫子女主动择偶，只能通过自己的行动为子女的婚配服务。本质上来说这是两代人择偶观与婚恋观的冲突，可以说父权制的家庭正面临危机。

（二）完美理性的择偶标准影响了青年现实中的情感关系

择偶标准是择偶观的核心内容，也是我们研究最关心的问题。总体来说，男性择偶标准相对务实与理性，在强调"人要好、要善良"等人品要求后，能够提出有关年龄、身高、外貌等具体要求，是"外在体征条件下的人品好"。女性择偶标准是理性的，强调"责任感"的人品要求后，是"物质条件下的注重人品"。无论男女有关人品的定义都是"心地善良"。然而生活中青年遇到的人很难兼具身高外貌、经济条件和人品，这种求完美的择偶标准使青

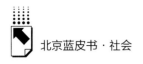

年的婚配困难重重，阻碍了两性建立积极的互动关系。完美理性的择偶标准导致未婚青年无法开始交往的第一步。

（三）传统观念阻碍了未婚青年的交友空间

首先，"门当户对"依然是最主要的传统观念。从积极的角度来说，"门当户对"意味着同质性的婚配更为合适和更具有吸引力。按恩格斯的说法，婚姻家庭关系的本质是一种社会关系，只有从社会经济关系中才能追寻其演进的深层物质原因。一夫一妻制家庭制度是财产私有制的直接产物。人们的"门当户对"择偶需求反映了社会结构变化的内在紧张。但是进一步分析发现，具有北京城市户口的人更强调"门当户对"；女性比男性更强调"门当户对"，且不太存在学历的差异。那么这就意味着社会舆论更肯定男性的"下娶"与女性的"上嫁"，性别等级发挥重要的作用，使得婚姻中常说的"男高女低"模式不断再生反复。

其次，"男主外、女主内""男强女弱"的婚配模式直接反映在青年的择偶标准，尤其是女性在被要求自立的基础上囿于这种性别关系格局，要求男性比自己更强。已有研究认为，改革开放后，女性的婚恋观念更独立、开放、个体化，但从择偶标准来看，婚姻对女性来说仍然处于传统范畴之内，她们对"幸福婚姻"的想象依然是要有一个比自己强大的男人。男性则更多强调"男外女内"。

总之，北京青年的婚恋观自主和多样；代际间以结婚看法的差异导致代际冲突和压力。青年完美与理性的择偶标准阻碍了人们相互间积极的互动，减少了恋爱机会。因此，择偶困难可能源于过度理性化和完美化的择偶标准，它阻碍了人们进一步建立良好互动关系的可能性。加之，传统的"门当户对"和"男强女弱"的阶层与性别关系格局使看似巨大的交友市场变得格外狭小、充满限制。

四　理论讨论和政策建议

（一）与国内相关研究的对话

对中国人50年来的择偶状况的研究表明，择偶的政治因素明显减弱，教育程度、职业、收入、住房等社会经济条件和外貌条件逐渐受到重视。改革开放30多年来，中国人择偶的主要偏好是户籍、婚姻经历、社会经济因素、有意识的社会资源交换，这些是青年择偶的重要参照标准。目前，青年婚恋选择出现了异质化、多形态，弱化与规避了传统交往中双方社会地位、经济收入、性格秉性、时空的距离。以《非诚勿扰》为主的婚恋节目表明，经济条件成为重要的择偶标准，择偶呈现出日益物质、世俗与功利的特点。而学历、职业、车房、收入等因素也对择偶标准有着重要的影响力。我们的研究表明，上述种种观点确实存在，但更重要的是，青年在择偶时已认知到"交往"本身的重要性；但择偶标准的理性化和完美化阻隔了建立良好互动关系的可能，青年很难有机会建立以婚姻为取向的亲密关系。有学者指出，现代青年更注重个人权利、个人幸福与人格尊严；更注重民主平等，追求独立地位与自主发展；经济基础的重要性日益突出；性观念更开放，对性越轨行为更宽容；出现了网恋、试婚、闪婚、急婚、隐婚、不婚、晚婚不育等现象，青年的婚恋价值取向由单一模式向多元模式转变。也有研究指出，择偶中存在性别差异，不同条件匹配规则不同，包括"高与低""同与不同"两种类型；女性更传统；男性婚配机会更多；婚姻模式仍是"男强女弱"。我们的研究认同依然存在"男强女弱"的择偶模式，市场经济的背景使女性在择偶时对男性的经济能力提出了更高的要求，而这要求又是建立在女性经济自立的条件下，因此对男性的能力提出了更高的要求。但是同时，两性皆缺少了婚后共同奋斗的心理预期。有研究认为，女性的择偶心态是"向上择偶"的趋势，高学历未婚女青年的婚恋问题已经成为社会问题。根据南京万人相亲会的实证研究提出39项择偶标准，认为择偶的性别差异大。我们的研究认为，女性特别是高学历女性对择偶确有更高的要求，但这些要求是建立在对良好互动的预期上；传统观念和有限的交友渠道使她们缺少了建立良好异性互动的社会网络。理论上，可进一步思考"机会"问题，有关性别、年龄、阶层和城乡的诸多刻板印象限制了人们开放的交友空间。理性的择偶过程像一把细筛子，细小的网眼阻隔了诸多建立交往关系的可能性。

（二）相关政策建议

第一，对于北京青年自主多样的择偶、婚恋选择应该持开放的接纳态度，

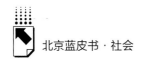

而不是一味地施压与指责。我们还应该反思生育政策。在访谈中有的青年表示不想结婚，但是想要孩子，但目前的生育政策只承认婚生子女。我们需要控制生育权的问题要从个人的角度还是国家控制的角度来进行，或二者有机结合。

第二，整个社会应该提供更多的、可信赖的青年交友平台，使得那些渴望婚姻但苦于缺乏交往渠道的青年可以在互动的基础上建立交友关系。同时，由政府、企事业单位、妇联、公益社会组织举办的婚恋交友活动应加强互动性，如组织未婚青年参与的各类公益活动，如我们在 2012 年组织以种树、助老等公益活动为基础的交友活动，在活动中更有利于建立信任关系，更好地了解"人品"和是否"合适"。

第三，青年军人的婚恋问题非常突出，应该得到社会各界的重视。在计划经济时代，青年军人的婚恋问题由政府部门与组织为其解决；但在市场化的条件下，应该为青年军人搭建更多更适合这个群体的交友平台。

第四，政府部门与组织、媒体应管理舆论导向，减轻对青年婚恋的社会压力，例如"剩男""剩女"这种带有高度污名化的称呼应该明确拒绝。同时，一些大型相亲交友节目、电视剧、电影等媒介都在传播压迫性的婚恋观念，在监管的同时，必须要传播正面积极的婚恋观念。

第五，要重视新媒介为青年择偶与婚恋带来的影响。新媒介最主要的使用群就是青年群体，可以说新媒介已经改变了他们的社交方式与生活方式，相应地也改变了他们建立与维系情感的方式，进而改变了其择偶与婚恋的方式。因此，对青年群体婚恋观的指导、解惑，都可以结合新媒介进行。另外，对于新媒介之于青年群体多元化的婚恋观的影响，还需深刻细致地进一步研究。

参考文献

纪秋发：《北京青年的婚姻观——一项实证调查分析》，《青年研究》1995 年第 7 期。

李银河：《当代中国人的择偶标准》，《中国社会科学》1989 年第 4 期。

李煜、徐安琪：《择偶模式和性别偏好研究——西方理论和本土经验资料的解释》，《青年研究》2004 年第 10 期。

陆杰华、王笑非：《20 世纪 90 年代以来我国婚姻状况变化分析》，《北京社会科学》

2013 年第 3 期。

宋红岩、戚鸿峰：《后现代语境下中国青年新媒介婚恋观的嬗变》，《中国青年研究》2009 年第 4 期。

王晓璐：《从解析"剩女"到建立婚姻角色过渡的分析框架》，《中国青年研究》2010 年第 5 期。

习涓、风笑天：《从电视征婚看青年择偶——关于电视征婚节目的问卷调查及思考》，《青年研究》2001 年第 2 期。

阎云翔：《私人生活的变革：一个中国村庄里的爱情、家庭与亲密关系》，龚晓夏译，上海书店出版社，2006。

种道平：《近十余年我国青年择偶标准研究述评》，《青年研究》2003 年第 2 期。

B.4
2014年北京市劳动关系形势分析研判报告

北京市总工会工运史和劳动保护研究室

摘　要： 2014年北京市劳动关系总体稳定：新增就业、职工工资平稳增长，社会保险覆盖面进一步扩大，城镇登记失业率、安全生产事故在控制指标以内，劳动争议总量略有下降，劳动合同、集体合同签订率稳步提高。但高校毕业生和农村劳动力转移就业压力较大，工资收入差距大，劳动争议仍处于高位运行，职业病防治不容乐观。服务业、建筑业、电子行业及高污染、高能耗行业劳动争议频发，农民工、劳务派遣工、"农转非"人员是不稳定群体。预计未来一年，劳动争议高发态势仍将持续。要密切关注首都非核心功能调整和京津冀一体化战略、国有企业全面深化改革和城市化建设及经济下行对劳动关系的影响，建立并完善劳动关系预警、协调机制。

关键词： 劳动关系　不稳定因素　预警协调机制　北京

劳动关系是劳动者与劳动力使用者以及相关组织为实现劳动过程所构成的社会经济关系。作为最基本的社会关系，劳动关系是社会和谐稳定的基础和构建社会主义和谐社会的前提。本文从劳动就业、劳动报酬、社会保障、劳动保护、劳动争议、工会组建、集体谈判、民主参与八个维度，对北京市劳动关系现状、存在的问题、发展趋势进行分析，对如何进一步促进首都劳动关系和谐稳定提出对策建议。

一 劳动关系状况

（一）就业形势总体保持稳定，局部就业压力突出

劳动就业权是宪法赋予公民的基本权利。劳动者能否充分实现就业，是衡量一个地区劳动关系是否和谐稳定的重要指标。北京市统计局、北京市人力资源和社会保障局公布的数据显示，截至9月末，全市法人单位从业人数达到985.94万人，比上年同期增长2.9%；新增就业人数36.6万人，同比增长0.5%（见图1）；实现地区生产总值14774.1亿元，比上年同期增长7.3%。首都经济的稳步增长确保了全市就业形势的基本稳定。

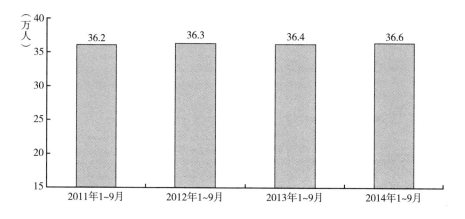

图1 城镇新增就业人数

1～9月，全市城乡登记失业人员总数23.5万人，同比增长0.3%，为2014年以来首次同比增长，主要原因是新增失业人员中农转非人员同比增长幅度较大。失业人员就业率为55.2%，同比下降1.4%，其中城镇失业人员就业率同比下降0.3%，农村失业人员就业率同比下降31.2%。农村失业人员再就业难度较大。

1～9月，城乡就业困难人员（主要是"4050"人员）实现就业11万人，同比增长1.5%；北京地区高校毕业生就业率94.3%，同比下降1.1个百分点；农村劳动力转移就业4万人，同比下降9.5%。高校毕业生和农村劳动力转移就业压力较大。

城镇职工劳动合同签订率95%，续订率89%。

职业技能培训总量保持增长，新增高技能人才数量同比上升。1~3季度，全市职业培训 38.4 万人次，同比增长 25.8%，其中，企业在职职工占绝大多数，约 34.1 万人次，同比增长 37.3%，来京务工人员中有 7.6 万人次参加培训，同比增长 536.1%，成为参训职工中增长幅度最大的群体。新增 4 家国家级技能大师工作室，目前全市国家级技能大师工作室达到 12 家。截至 9 月末，全市高技能人才总量达到 287.6 万人，其中 2014 年新增 5.2 万人，同比增长 4%；新增高技能人才中，高级工 4.1 万人、技师 3339 万人、高级技师 7581 人。

（二）职工工资平稳增长，工资收入差距较大

根据北京市统计局、国家统计局北京调查总队发布的数据，2014 年 1~3季度，北京市城镇居民人均可支配收入 32322 元，比上年同期增长 9.1%。农村居民人均纯收入 17830 元，比上年同期增长 10.4%。城镇居民人均可支配收入增速首次超过 GDP 增速（7.3%）（见图 2）。

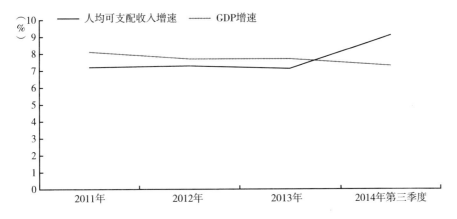

图 2   2011 年至 2014 年第三季度 GDP 增速与
城镇居民人均可支配收入增速

近年来，北京市政府不断完善收入分配机制，将提高劳动者报酬在初次分配中的比重作为合理调整收入分配关系的政策着力点，保障了中低收入者工资水平的提高。2014 年最低工资标准提高至 1560 元，比上年增加 11.4%。2010~2013 年全市职工平均工资也持续增长，其中 2013 年度全市职工年平均工资为 69521 元（见图 3），月平均工资为 5793 元，比上年增长 10.9%。

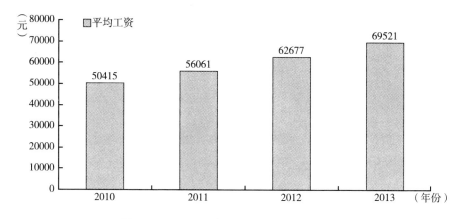

图3 2010～2013年北京市职工年平均工资

职工年平均工资不断增长的原因主要有三个方面：一是全市总体经济和就业平稳增长，为职工工资增长奠定了坚实的基础。二是劳动力成本上涨带动工资增长。2013年度企业用工情况快速调查结果显示，65.9%的企业遇到了招工难的问题。企业普遍通过提高工资、改善福利待遇等手段缓解"招工难"问题，是工资水平提高的一个重要因素。三是相关政策的落实促进了中低收入者工资稳步提高。

工资收入实现了平稳增长，但不同行业职工收入差距大的现象没有得到根本扭转。如表1所示，同样是国有参股和城镇非私营单位，金融业、电力供应、电信广播电视和卫星传输服务等行业职工年平均工资都在10万元以上，而纺织业、劳务派遣服务等行业年平均工资仅3万多元，最高行业平均工资是

表1 2013年北京市部分行业国有参股及私营企业平均劳动报酬

单位：元

行业	平均劳动报酬	行业	平均劳动报酬
金融业	149927	仓储业	51573
电力供应	115944	住宿和餐饮业	51067
电信广播电视和卫星传输服务	115094	道路运输	45696
建筑业	73250	纺织业	38842
农林牧渔业	59253	劳务派遣服务	32673
批发和零售业	57956		

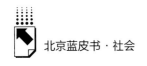
最低行业平均工资的 4.7 倍。

同一用人单位内部，不同身份、不同岗位人员之间收入差距也很大。包括一线职工与管理人员之间的巨大差别，劳务派遣工与直接和企业签订劳动合同的职工之间的差别，事业单位非事业编制职工与事业编制职工之间的差别等等。同工同酬的目标尚未实现。这些都是潜在的影响劳动关系和谐稳定的因素。

（三）社会保险覆盖面进一步扩大，社保基金收大于支

目前，北京市已在全国率先实现了养老保障城乡一体化，建立了城乡统一、标准一致的城乡居民养老保险制度，形成了职工和居民两大相互衔接的养老保险体系。截至 2014 年 9 月末，全市参加基本养老、基本医疗、失业、工伤和生育保险人数分别达到 1389.7 万人、1408.8 万人、1056.1 万人、960.2 万人和 914.7 万人，同比分别增长 8%、5.5%、3.1%、4.6% 和 3.7%（见图 4）。五项保险参保人数持续增长表明北京市惠民力度不断加大，社保覆盖面不断扩大，覆盖城乡全体居民的社会保障体系日益完善。自 2014 年 1 月起，全市企业退休人员基本养老金月平均水平调整为 3050 元；失业保险金待遇调整为 1012～1039 元/月。

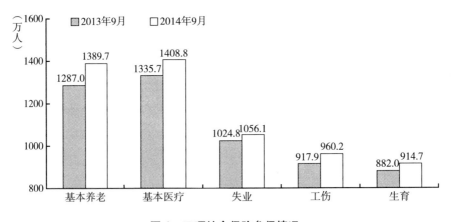

图 4 五项社会保险参保情况

截至 9 月末，全市五项基金累计收缴 1550.8 亿元，结余 416.9 亿元，同比分别增长 11.8% 和 9.8%。其中，生育保险基金支出增幅最高，并出现 0.9 亿元的缺口。生育保险支出增速增长较快的因素主要是，2014 年新颁单独二

孩政策，同时本市职工中育龄妇女较多，正处于生育高峰期，特别是近年生育保险纳入非京籍在京职工，全市实现了全覆盖，因此出现生育保险基金支出迅速增加，并持续高位运行的态势。

（四）安全生产形势总体平稳，职业病防治不容忽视

1~10月，全市共发生各类安全生产死亡事故703起，死亡768人，事故起数同比增加1起，上升0.1%，死亡人数同比减少8人，下降1.0%。其中，发生安全生产死亡事故70起，死亡83人，事故起数同比减少3起，下降4.1%，死亡人数同比增加7人，上升9.2%（见表2）。

从行业情况看，建筑业安全生产事故高发。共发生建筑业死亡事故42起，死亡51人，分别占安全生产事故起数和死亡人数的60%和61.4%。

从事故类别情况看，高处坠落、物体打击和触电事故多发，分别占安全生产事故总数的24.3%、20%和14.3%。

从事故原因分析，人为因素仍是导致安全生产事故发生的主要原因，其中，违反操作规程或劳动纪律造成43人死亡，占总量的51.8%。

表2 2014年1~10月全市安全生产事故统计

项目	事故数（起）	同比（%）	死亡数（人）	同比（%）
安全生产	70	−4.1	83	9.2
道路交通	591	−0.3	638	−2.4
火灾	25	31.6	30	7.1
铁路交通	17	持平	17	−5.5
农业机械	0	持平	0	持平

职业病防治工作不容乐观。据北京市安监局统计，截至10月末，全市存在职业病危害因素单位共5996家，职业病危害因素作业场所1.4万个，接触职业病危害总人数17.7万人。北京市重点职业病哨点监测的259家单位中，锰中毒单位61家，苯及苯系物中毒198家；被监测的7028名劳动者中，锰中毒2083名，苯及苯系物中毒4945名。

据北京市卫生和计划生育委员会统计，尘肺病新发率非常高。2014年1~10月，新发尘肺1137例（2013年新发尘肺达到2036例），其他职业病71例，

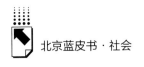

疑似 66 例。95% 的新发尘肺病都是由于早些年用人单位职业病防治责任意识淡薄,职业卫生基础薄弱,生产技术工艺落后造成的,加之尘肺病具有潜伏周期长的特点,因此,新发尘肺病患者多为 10 年以上隐性患者。预计未来几年新发尘肺病数量不会大幅度下降。

(五)劳动争议总量仍处于高位运行状态,劳动报酬仍为争议主因

截至 10 月底,全市共受理劳动争议案件 118150 件,比 2013 年略有减少(见表 3),但总量巨大,说明劳动争议案件继续处于高位运行状态。其中劳动仲裁系统受理劳动人事争议案件总量为 6.3 万件,同比下降 3.1%,法院系统受理劳动争议案件 2.66 万件,同比下降 1.5%;工会各级劳动争议调解组织共调解争议 2.86 万件,同比上升 4.5%。

表 3 显示,仲裁和法院受理的劳动争议案件双双下降,但工会调解的劳动争议案件却同比上升。这是因为由工会、司法行政部门、劳动仲裁机构、信访部门、法院和企联六方联合建立的全市劳动争议调解联动机制,形成了社会大调解格局,劳动争议联动机制作用发挥显著,分布在全市各区县、街道(乡、镇)和企业的劳动争议调解组织以其快捷、柔性的特点,化解了大量劳动争议,在一定程度上减轻了仲裁和法院的压力。截至 2014 年 10 月,工会各级劳动争议调解组织调解成功 1.81 万件,为职工挽回经济损失 1.1 亿元,其中集体争议 335 件,涉及职工 4865 人,调解成功 200 件,涉及职工 2704 人。

表 3　2013~2014 年劳动争议案件受理情况

单位:件,%

项目	2013 年	2014 年	同比
仲裁劳动争议受理	65000	63000	-3.1
法院劳动争议受理	27000	26600	-1.5
工会劳动争议调解	27320	28550	4.5
合　计	119320	118150	-0.98

从引发劳动争议的原因来看,排名前四位的分别是劳动报酬、经济补偿和赔偿金、保险福利、劳动合同。以仲裁受理的案件为例,涉及劳动报酬的案件

占54%，涉及经济补偿和赔偿金的占28%，涉及保险福利的占5%，涉及劳动合同的占2.5%；而工会调解的劳动争议案件中，涉及劳动报酬的案件占41%，涉及经济补偿和赔偿金的占31%，涉及保险福利的占12%，涉及劳动合同的占8%。劳动报酬、经济补偿和赔偿金是主因，两项合计占比仲裁为82%，调解为72%。

从工会调解的劳动争议案件的区域分布分析，首都功能核心区（东城、西城）劳动争议占案件总数的8%；城市功能拓展区（朝阳、海淀、丰台和石景山）占20%；城市发展新区（大兴、房山、昌平、顺义、通州和开发区）占61%；生态涵养区（平谷、门头沟、怀柔、密云和延庆）占11%。城市发展新区发生争议总体水平较高，争议增长速度较快，生态涵养区总量较少。这说明劳动争议发生数量与各区县经济发展水平和区县的城市功能地位密切相关。

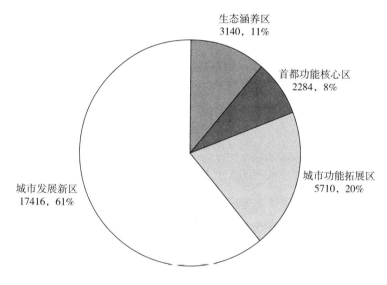

图5　劳动争议区域分布

农民工是法律援助最大的受理群体。1~3季度，全市共受理职工法律援助申请671件，职工申请诉求涉及金额3512.15万元。从受援对象的类型看，农民工案件为568件，占受理总量的84.65%，是工会法律援助最大的受理群体，也是工会法律援助服务的重点人群。从涉及的诉求看，主要集中在工资、社会保险和劳动合同争议，这三项共占受理总量的97.62%。

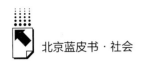

（六）工会组建、集体协商、民主管理工作稳步推进，覆盖面有待进一步扩大

从工会组建情况来看，截至9月末，全市工会组织覆盖法人单位28.5万家（其中独立建会企事业单位15.4万家），会员总数629.3万人。自工会经费实现税务代收以来，北京市工会经费总额直线上升，但从已建会单位参加税务代收情况来看，全市费源信息采集率为48.13%，其中独立建会单位费源信息采集率为81.32%，联合工会单位费源信息采集率为24.23%，也就是说全市仍有大量已建会企业尤其是参加联合工会的企业还未参加税务代收。

从集体协商来看，截至10月底，全市建会企业签订集体合同17769份，覆盖企业88574家，覆盖职工277.3万人。签订工资专项集体合同16665份，覆盖企业86899家，覆盖职工242.3万人。

行业集体协商取得一定成效。建筑、商贸、旅游、餐饮、家政、护工、美容美发、软件、婚庆、影楼、民办教育、民营医疗机构、印刷装订等43个行业开展了区域性行业工资集体协商；保安、汽车零配件、餐饮、家具等四个行业开展了市级行业工资集体协商，在行业协商的基础上，由企业进行二次协商，有效维护了行业职工合法权益。

从民主管理情况来看，截至9月末，全市已建立工会组织的企事业单位单独建立职代会制度的有9.9万家；全市已建立工会组织的企事业单位单独建立厂务公开制度的有10万家。

二 不稳定因素

综上所述，2014年北京市劳动关系基本平稳，但也存在一些不稳定因素。

（一）从行业看，劳动争议主要集中在服务业，其次是建筑业、电子行业及高污染高能耗行业

工会调解的劳动争议案件分析情况显示，服务业劳动争议案件占总案发量的63%。主要原因是服务业基数大，而且中低端服务行业劳动用工不规范，不签合同、不上保险、工作时间长、不支付加班工资等现象很突出，平均工资水平也很低，容易引发劳动争议。据市卫文政法工会的调查，保安员未缴纳社会保险的占68.9%。据市服务工会调查，美发美容行业有23.63%的职工没有签订劳动合同；每天工作8小时及以下的职工仅占16.26%，每天工作12小时及以上的达到26.08%；养老、医疗、工伤、失业、生育五项保险覆盖率分别为34.5%、44.33%、31.23%、26.78%、22.46%；环卫清洁行业非事业编制职工平均工资仅为社会平均工资的55%，有3064人拿着北京市最低工资。

近些年，由于社会大政策的影响，酒店、餐饮业效益下滑，使潜在的劳动争议诱发因素（用工不规范）显性化，导致该行业劳动争议明显增加。

商业零售业由于受电商的冲击以及自身商业模式不能与时俱进的原因，经营业绩不理想，一些企业纷纷采取重组或关店裁员的办法，以避免亏损面进一步扩大，由此引发的劳动纠纷逐年增多。自2012年建材行业的东方家园关店之后，2014年易初莲花望京店关闭，涉及105名职工劳动合同解除问题，华堂超市劲松店、西直门店也已关闭。

建筑业是工资拖欠和生产安全事故的高发行业，从工会调解的劳动争议案件来看，建筑业案件占18%，争议的主要原因是劳动报酬和保险福利；2014年全市的安全生产事故60%以上都发生在建筑业。

电子行业竞争激烈，一些传统的电子强企（外资企业）因无技术优势，市场占有率下降，纷纷开始裁员，从2013年的摩托罗拉，到2014年的思科、索尼移动、诺基亚、惠普都在大规模裁员，围绕解除劳动合同经济补偿问题引发了不少劳动争议。比如诺基亚被微软收购，全球裁员1.8万人，位于北京经济技术开发区的诺基亚中国投资公司和诺基亚通信有限公司两家企业，需裁员4600余人。如此大规模的裁员给地区劳动关系稳定造成了很大的压力，职工思想波动很大，尽管开发区工会及时介入，还是造成了部分员工聚集事件。

随着产业结构的调整升级，北京市加大了对落后产能的淘汰力度，高消耗、重污染的企业或外迁或关闭，不可避免会带来职工利益调整，导致劳动争议频发。2014年，地处通州的东方石化及助剂二厂停产搬迁，带来4000多名职工的分流安置问题；昌平科技园区某企业搬迁，员工不同意到新的工作地点工作，因赔偿金与企业方不能达成一致而引发劳动争议；地处密云县的北京铜牛制衣有限公司需要整体转移至山东，需解散200余名员工，双方就解除劳务合同补偿金及加班加点工资问题未达成共识而引发了群体性争议事件。

（二）从职工群体来看，农民工、劳务派遣工、农转非人员是较不稳定的群体

2014年全市各级工会调解涉及农民工劳动争议19129件，占调解总数的67%，其中外埠农民工13419件，本市农民工5710件。农民工争议多因拖欠劳动报酬和未缴纳社会保险引起，且多为集体争议。

涉及劳务派遣工争议6567件，占调解总数的23%，其中外埠35岁以下劳务派遣工是劳务派遣工主体，这类群体受教育程度高，维权意识强，工作阅历相对较浅，发生争议时情绪较为激动。劳务派遣工争议主要原因是解除合同的经济补偿金，也有部分是同工不同酬引起的。如北京同力达通信服务有限公司是与北京市邮政速递物流有限公司合作的一家派遣公司，由于注册资金未达到国家规定要求，无法取得合法派遣资质，不能继续经营劳务派遣业务，北京市邮政速递有限公司遂选定了一家新的具有派遣资质的公司，并开展了将同力达公司派遣员工划转到新派遣公司的工作，但有32名派遣员工不同意签署变更协议并要求解除劳动合同且给予经济补偿。因在经济补偿上双方未达成一致，引发了集体劳动争议。后经工会调解，双方达成共识，使问题得以基本解决。朝阳区近几年发生了几起因同工不同酬引发的劳务派遣争议。

随着北京市城镇化进程的加快，农村劳动力转移就业问题成为引发地区劳动关系稳定的一个突出问题。农转居、农转非不仅仅意味着把农民身份转为居民，或者让他们搬出平房上楼居住，最关键的是要解决他们的就业问题。2014年北京市城乡登记失业人员总量首次出现同比增长以及失业人员就业率同比下降的主要原因就是农转非人员的大量增加。农村劳动力转移就业问题比较突出的地区有朝阳、通州、丰台、大兴、房山、门头沟、密云等。如大兴区新机场一期建设有30个行政村、1.64万名农村劳动力受到搬拆迁带来的就业影响；密云、延庆等区县受生态涵养功能定位限制，岗位资源严重不足，城乡劳动者"无业可就"的困境成为制约地区发展的重要问题。朝阳区2014年农转非数千人，部分人员因就业安置及自主创业的补偿问题引发了劳动争议。丰台区2014年有8个重点村进行城市化建设，受拆迁影响，企业搬迁或用工规模缩小、效益下滑，造成部分劳动合同无法履行，员工生活受到较大影响，薪资纠纷增多。

（三）从区域看，朝阳、海淀、顺义、通州等区不稳定因素较多

从劳动仲裁的情况看，朝阳、海淀、顺义三区劳动争议案件量占全市案件总数的一半以上。其中朝阳区由于经济体量大，经济活动频繁，劳动争议案件较多，2014年仲裁案件达到13000多件，比上年同期增长6%。从工会调解的劳动争议案件来看，通州2014年因为经济结构调整大，拆迁力度大，以及劳动密集型产业升级，造成部分企业关停、外迁，劳动争议案件比上年同期上升98%；北京经济技术开发区劳动争议案件总量下降，但高端企业集体争议增多，劳资矛盾处理难度增大；昌平区劳动争议调解案件居全市之首，共6652件，占全市各级工会调解劳动争议案件总量的23%；五个生态涵养区中，密云县、怀柔区劳动争议案件上升幅度较大，分别增长135%和102%。

三 发展趋势

随着首都非核心功能的调整和京津冀一体化战略的实施，随着国有企业改革的全面深化和首都城市化建设进程的加快，北京市企业外迁将成为一种新常态，国有经济和其他所有制经济相互融合将成为一种新常态，企业重组、改制、破产、关闭也将成为一种新常态，由此带来的职工就业、转岗、收入、保障、发展等方面的问题会更加突出。预计未来一年，劳动争议高发态势仍将持续，极可能出现新的增长。各级工会应密切关注以下几个重大政策的实施给劳动关系带来的影响。

（一）密切关注非首都核心功能疏解对劳动关系产生的影响

2014年2月下旬，习近平总书记考察北京，对调整疏解北京的城市功能提出明确要求，提出要坚决把一般性产业特别是带有污染性质的产业清理出去，坚决退出高消耗、高污染产业，疏解区域性物流基地、区域性专业市场等第三产业。为贯彻习近平总书记重要讲话精神，北京市发布实施《北京市新增产业的禁止和限制目录（2014年版）》，明确了禁止或限制产业的范围；全面实施《北京市2013～2017年清洁空气行动计划》，计划到2016年底前调整退出建材、化工、铸造、家具制造等行业的1200家小型污染企业。各级工会

应高度关注非首都核心功能调整这个重大政策对劳动关系、职工权益的影响，在引导职工积极支持政策实施的同时，做好职工分流安置、生活保障、劳动关系处理等工作。

（二）密切关注全面深化国有企业改革和事业单位分类改革对职工利益调整的影响

党的十八届三中全会通过了《中共中央关于全面深化改革若干重大问题的决定》，对全面深化国有资产和国有企业改革进行了总体部署。2014 年 7 月，北京市出台《关于全面深化市属国资国企改革的意见》，明确了改革发展的目标、要求和具体措施，目前试点工作已经启动。8 月，《中央管理企业负责人薪酬制度改革方案》通过，2015 年年初实施，北京市国有企业负责人薪酬制度改革也将启动。这些改革措施会对职工的经济权益和民主权利会产生怎样的影响，需要各级工会高度重视、积极跟进。

2011 年中共中央、国务院发布《关于分类推进事业单位改革的指导意见》，北京市也制定了《关于分类推进事业单位改革的实施意见》，事业单位改革已逐步展开，一些经营性事业单位转为企业，职工不愿意转变身份，可能会引发争议；机关事业单位养老金并轨也可能引发不稳定因素，各级工会对此应密切关注，维护劳动人事关系的和谐稳定。

（三）密切关注单独二胎政策对女职工权益的影响

2014 年国家开始实行单独二胎政策，但生育二胎的女职工产假、哺乳假等相关政策尚未出台，生育二胎女职工的权益保障无法可依。自单独二胎政策实施后，女性在就业方面的性别歧视现象也有所抬头。各级工会女职工委员会应密切关注单独二胎政策对女性的就业、特殊劳动保护、工资待遇以及休息休假等方面的影响，确保女职工队伍的和谐稳定。

四　建议

（一）加快制定《北京市工资集体协商规定》

收入分配是影响劳动关系稳定的重要因素。十八大报告提出深化企业和机关事业单位工资制度改革，推行企业工资集体协商制度，保护劳动所得；十八届三中全会报告及《中共中央关于全面深化改革若干重大问题的决定》提出健全工资决定和正常增长机制，完善最低工资和工资支付保障制度，完善企业工资集体协商制度。建立健全相应的法律法规是制度建设的重要环节，长期以来，北京市广大职工、各级工会组织和社会有关方面对于北京市工资集体协商立法呼声不断，工作实践层面的现实需求也尤显突出。主要问题有：企业无正当理由拒绝或拖延协商的问题，工资集体协商主体资格问题，协商的规范性程序建立问题，区域性行业性集体协商建设问题，协商争议的调处问题，协议的监督履行问题等。这些问题成为工资集体协商制度化建设中的顽疾，立法是解决这些问题的必要途径。建议市政府法制办、市人保局等相关部门进一步加快《北京市工资集体协商规定》的制定，将此项目列为北京市政府 2015 年立法计划中的力争完成项目，组织草拟并及时审定出台《北京市工资集体协商规定》，为全市工资集体协商工作的开展提供充分的法律依据和保障。

（二）完善劳动关系三方协商机制

三方协商机制是市场经济国家处理劳动关系的一项基本制度，是政府、雇主组织、工会就劳动关系相关的社会经济政策和劳动立法以及劳动争议处理等问题进行协商、沟通、谈判、合作的原则与制度的总称。目前北京市地方三方协商机制已形成体系，分别建立了市级、区县级劳动关系三方协商工作机制，并向街乡延伸。行业三方协商机制刚刚起步，建立了出租汽车、环卫、商业服务业等三个行业劳动关系三方协商机制。无论地方三方协商机制还是行业三方协商机制，在调整本市劳动关系方面都发挥了重要作用。但三方协商机制还有待完善，一是要进一步扩大覆盖面，建立更多的行业三方协商机制，推动行业一线职工工资收入和劳动条件的提升和改善；二是要充分发挥三方协商机制咨询、对话、谈判、协调的职能，深入探讨劳动关系中的深层次问题，协调解决带有全局性、倾向性的调整劳动关系问题，参与有关调整劳动关系的地方立法，研究涉及劳动关系调整的工资支付、最低工资等各项劳动标准的完善和执行，研究解决劳动争议重大案件，协调处理因调整劳动关系引发的突发事件等等，切实发挥三方协商机制调整地方和行业劳动关系的作用。

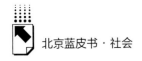
（三）建立劳动关系预警机制

建立劳动关系预警机制是维护劳动关系稳定的有效手段。一些群体性劳动争议事件的发生就在于没有建立劳动关系预警机制，不能做到早发现，早化解，而使事态恶化。建立劳动关系预警机制需要有多元思维，整合多种资源，在市级、区县和企业一级全方位构建起集预防、预警、预报、预控于一体的分级预警机制和网络体系，及时发现和解决倾向性、苗头性问题，将调处工作关口前移，提前化解矛盾和纠纷。建立劳动关系预警机制应加强社会协同和预警调处，政府、劳动行政部门、工会和企业要加强配合，建立信息沟通和收集平台，畅通和完善报告渠道，形成劳动关系群体性事件应急处理联动机制，及时妥善处置劳动争议和群体性纠纷。建立劳动关系预警机制应强化数据信息化建设，对劳动争议高发时期、劳动纠纷多发人群和群体性事件多发地带加强监测监控，对受到经济形势影响和政策影响较大的企业开展重点监测，建立健全信息搜集研判机制，广泛收集职工反映强烈的热点问题，实时跟踪分析劳动关系动态，预测劳动关系整体趋势，及时消除容易引发劳动争议和带来劳动关系不稳定的因素，切实从源头上及早解决问题。

（四）加强专业队伍建设

当前劳动关系形势日益严峻复杂，协调劳动关系难度增大，工会应大力加强干部队伍的职业化、专业化建设。要普遍建立基层劳动关系预警信息员队伍，及时发现和报告可能引发劳动争议的不稳定因素；要普遍建立劳动关系协调员队伍，以劳动保障法律方面的专业知识和娴熟的沟通技巧，协调用人单位与员工的关系；要普遍建立工资协商指导员队伍，将具有专业知识技能的人才吸纳到工资协商指导员队伍中来，提高工资协商整体质量；要普遍建立劳动法律监督员队伍，全面监督企业执行劳动法律法规的情况，及时反映和报告企业违法违规行为；要普遍建立工会专职律师队伍，加大法律援助和劳动争议调解力度。

参考文献

常凯主编《劳动关系学》，中国劳动社会保障出版社，2005。

关怀、林嘉主编《21世纪法学系列教材劳动法》（第四版），中国人民大学出版社，2012。

冯同庆主编《劳动关系理论》，中国劳动社会保障出版社，2009。

北京市人力资源和社会保障局编《2014年北京市劳动力市场工资指导价位与企业人工成本状况》，中国时代经济出版社，2014。

B.5

北京流动人口二代调研报告
（中小学生部分）

卢晖临　郭文杰　李雪红*

摘　要：　全国第五次人口普查数据显示核心家庭举家迁移已经成为流
动人口进城打工的主要形式，北京市这一特点更为突出。本
报告依据调研情况对北京市流动人口二代（中小学生）群体
的基本情况、家庭情况、学习情况、课余活动、城市生活融
入与城市人身份认同、生活感受和未来展望等进行深入分
析，刻画出该群体虽已是"城市化的孩子"，但也是"回不
去的一代"的整体特征，同时，"全面城市化"趋势和"不
完整城市人"身份的矛盾也使他们面临着教育公平、户籍公
平、身份认同、未来规划等方面的问题。通过调研实践和分
析研究，本报告从教育公平、户籍公平、学习条件、心理辅
导等角度提出可供相关部门在制定社会政策时加以参考的建
议。

关键词：　流动人口二代　城市融入　不完整城市人　北京

早在2000年，全国第五次人口普查数据已经显示核心家庭举家迁移成为

* 卢晖临，社会学博士，北京大学社会学系副教授，主要从事历史社会学、农村社会学与社会
学方法论的研究；郭文杰，流动人口二代调研课题组组长，共青团北京市委员会副书记。流
动人口二代调研课题组成员：李雪红、张庆武、王昭倩、苗少敏、昝莹莹，共青团北京市委
员会；王迪、唐伟锋，北京大学社会学系；温莹莹，中国青年政治学院；陆星琳，首都师范
大学；马志鹏，北京教育志编纂委员会办公室；孙波，北京市顺义区南彩镇人民政府。

流动人口进城打工的主要形式，北京市的这一特点更为突出。据 2006 年北京市人口发展研究中心组织的"北京市常住流动人口家庭户调查"数据显示，被访流动人口家庭举家迁移的比例为 41.2%（侯亚非、洪小良，2007）。到了 2010 年第六次人口普查时，北京市 6 ~ 14 岁的外来学龄儿童为 24.9 万人，占全市学龄儿童的 28%，与 2000 年人口普查时相比增加了 13.4 万多人①。

鉴于北京市外来务工人员随迁子女（以下称"流动人口二代"）的数量日益增多、在少年儿童人群中占据相当高比例的情况，也考虑到该群体独特的社会属性、社会作用及社会诉求，共青团北京市委员会研究室联合北京大学中国社会工作研究中心在 2013 年开展对这一群体的专题调研。

一 调研发现

（一）样本基本情况

本次调研的对象为流动人口二代中在北京就读小学或初中的学生，并按"非北京户籍""在北京就读""父母在北京务工"三个条件确定有效的调研样本。调查在抽中的学校教室完成，选取小学四、五、六年级学生和初中一、二年级学生，在访问员指导之下自填问卷。共发放 1200 份问卷，回收 1167 份，有效样本 1151 名。调查样本覆盖到北京 16 个区县，其中六大市区（东城、西城、朝阳、海淀、丰台、石景山）的样本占总体样本的 57.3%，其他郊区县占总体样本的 42.7%，样本较好地反映了整个北京市流动人口二代的实际情况。

样本中男学生占 47.8%，女学生占 52.2%；农村户籍占 76.3%，城镇户籍占 23.7%；年龄分布区间是 9 ~ 15 岁，平均年龄 12.3 岁。在年级分布方面，初中一年级的学生最多，小学四、五年级和初中二年级的学生略少，小学六年级最少（见图 1）。

---

① 《北京市外来学龄儿童情况分析》，http：//www.bjstats.gov.cn/rkpc_ 6/pcsj/201107/t20110704_ 205616.htm，2011 年 7 月 4 日。

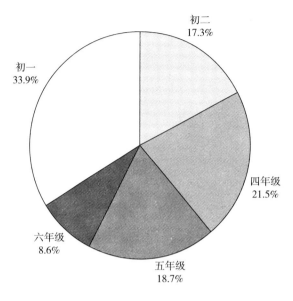

图1　样本年级分布

71.6%的学生是在外地（以老家为主）出生后随迁来到北京，28.4%在北京出生（见图2）。绝大部分学生在北京居住了较长时间，有83%的人居住了5年及以上，44.2%的人居住了10年及以上，平均居住年限达到8.4年。另外，72.4%的学生没有在北京和老家以外的其他地方居住过六个月以上的时间，只有23.6%的学生在北京与老家外的其他1~2个地方长期停留过，3.9%的学生曾随迁到过三个及以上的地方。与9~15岁的样本年龄区间相比，我们可以发现，对于绝大部分流动人口二代来说，北京是他们居住时间最长的地方（超过2/3以上的时间在北京度过）。

（二）流动人口二代的家庭状况

美国社会学家库利提出"初级群体"概念，指的是由面对面的互动所形成，具有亲密的人际关系的社会群体。作为最典型初级群体的家庭，对孩子个人性格和社会性的形成发挥着重要的作用。以下分几个方面简要描述随迁子女家庭的基本情况。

1. 家庭规模与家庭完整性

大部分的流动人口二代生活在多孩家庭（69.1%）而非独生子女家庭

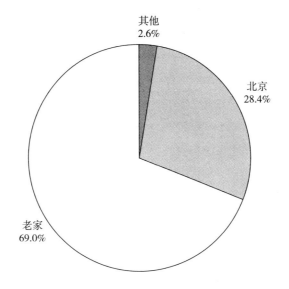

图 2 样本出生地分布

（30.9%），而其中又以两孩家庭（56.4%）为主要的形式。94.2%的孩子父母都在北京，拥有健全、完整的家庭；5%的孩子随父母一方在北京；另有0.8%的学生父母都不在北京。由此可知，"家庭整体迁移"是流动人口二代主要的迁移方式，这种迁移方式为他们带来了一个完整的"在京家庭"。

2. 家长职业和家庭收入

流动人口二代家长的主要职业为"公司员工"和"个体商贩"；八成左右家庭的双亲均有工作，只有两成左右母亲由于"没有工作"而成为"全职太太"。

流动人口二代中，家庭月收入在 3000 ~ 6000 元为最主要的类型（34.2%），其次为月收入 6000 元以上的家庭（21.2%）和月收入在 2000 ~ 3000 元的家庭（13.2%），另有 4.9%的家庭月收入不足 2000 元（见图3）。流动人口二代家庭的收入水平与北京城镇居民家庭低收入户（收入最低的20%的家庭）的收入水平相当。

3. 住房状况

流动人口二代家庭的住房以租房为主（80.2%），而其中又以"平房独租"为主要形式，自家买房的比例占15.5%（见图4）。

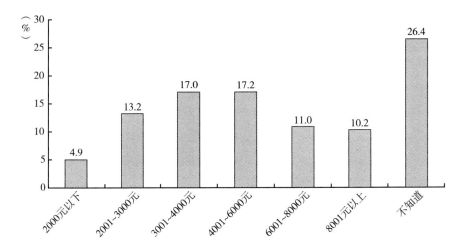

图3 样本家庭月收入分布

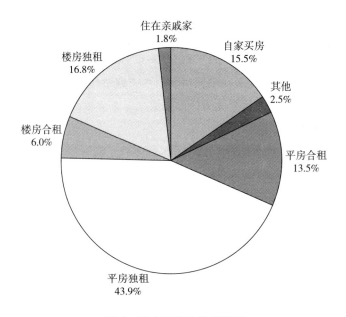

图4 样本家庭的住房情况

绝大多数（96.3%）孩子在家居住，大部分（62.3%）孩子有自己独立的房间。然而，仍有接近四成的孩子在家里没有独立的房间。

（三）学习状况

调研发现，大部分流动人口二代都在京长期、稳定、就近接受义务教育，并能够在学习上得到家庭的支持。大部分流动人口二代对学习的自我评价（包括努力程度和成绩水平）较高。

然而，仍有一成左右的学生在京转学次数超过一次，一成半左右的学生在上学路上需要半个小时以上的交通时间，两成半左右的学生课后没有人辅导学习，三成左右的学生没有参加课外补习班或兴趣班的机会，一成左右的学生认为自己学习成绩"很不好"或"不太好"。

1. 流动人口二代的教育环境：在京长期、稳定、就近接受教育的情况较为普遍

调研表明，流动人口二代不仅长期、稳定地在北京居住，而且他们中的大多数人也是长期、稳定地在北京接受教育：81.4%的人从小学1～2年级就开始在北京上学，极少数人（2.7%）到了初中才来北京读书（见图5）；大多数（69.5%）的孩子都没有转学的经历，可以说是较稳定地在北京接受小学、初中阶段的教育（见图6）。

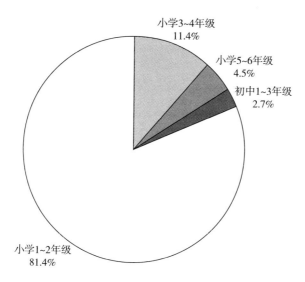

图5 何时开始在北京上学

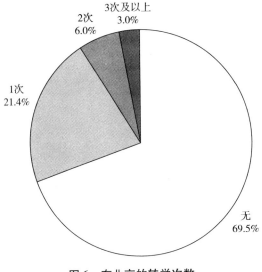

图6 在北京的转学次数

另外，大部分流动人口二代选择在离家较近的学校就读：每天上学路上花10～30分钟时间的学生占51.4%，有33%的人距离学校只有不到10分钟的路程。然而也有15.7%的学生需要花费半小时以上，甚至一小时以上（3%）时间在上学的路上。

2. 流动人口二代的学习资源：七成左右的学生有父母辅导学习和参与兴趣班或补习班

流动人口二代在主观上对自身的学习条件较为满意：82.2%的学生比较喜欢或非常喜欢自己目前所在的学校；在客观上受到家人在学习上的帮助：73.4%的学生有父母或其他人辅导功课（见图7），67%的学生有机会参加课外补习班或者兴趣班的学习（见图8）。

然而，仍有两成半的流动人口二代课后没有人对其学习进行辅导，有三成多的流动人口二代没有参加兴趣班或补习班的机会。对于这些学习资源不充足的孩子，政府、社会组织、社区如何利用自己的资源为他们提供必要的学习辅导，是一个值得关注的问题。

3. 流动人口二代对学习的自我评价及其影响因素：精神上的关心比物质条件更重要

2/3（66.5%）的学生觉得自己在学习上的努力和认真程度（从1分到10

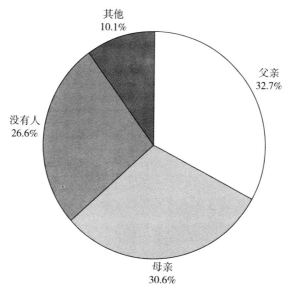

图7　辅导孩子学习情况

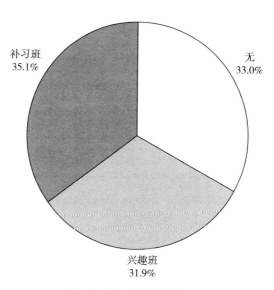

图8　参加课外学习情况

分）可以达到7分以上，28.8%的学生认为自己只投入了五六成的精力，少部分学生坦承自己不够努力，总体来看，学生们对自己努力程度的平均分是7.04分。

当谈到学习成绩时，41.1%的学生认为自己的成绩"很好"或"较好"，45.8%的学生认为成绩一般。然而也有13.1%的学生对自己的成绩不够满意，认为"不太好"或"很不好"。

通过进一步的分析可以发现，流动人口二代对学习努力程度的自我评价受家庭收入和教育开支投入的影响不大，而主要与学生对学校的认同、家长对学生的关心等非经济因素有关。统计分析显示，在众多可能对学生学习态度和成绩造成影响的因素当中，"家庭收入""学习方面的支出"这些变量并没有明显作用；在 sig. <0.01 的显著性水平下，"学习努力程度"与这样几个因素密切相关（见表1）：学生越喜欢目前所在的学校，就会越努力（22.5%）；孩子与家人关系越融洽，就会越努力（21.4%）；父母越关心孩子的学习情况，孩子就越努力（15.3%）；相反，孩子每天上学所花费的时间越长，学习越提不起精神（-13%）；转学次数越多，学习态度越消极（-10.8%）；孩子零花钱越多，放在学习上的精力就越少（-9.3%）；在北京搬家越频繁，学习越不认真（-8.4%）。

表1 自我评价学习努力程度的相关因素

Spearman 相关系数	是否喜欢所在学校	与家人的关系	父母是否关心学习情况	每天上学所花时间	在北京转学次数	零花钱多少	在北京搬家次数
自我评价学习努力程度	0.225 **	0.214 **	0.153 **	-0.130 **	-0.108 **	-0.093 **	-0.084 **

** 表示数据在1%的水平上显著。

而在同样的显著性水平下，下列因素与"自我评价学习成绩"较为相关（见表2）：学习越努力，成绩当然越好（56.1%）；喜欢所在学校（20.5%）、父母关心孩子学习（16.5%）、与家人关系融洽（16%）等因素都会产生正面作用；而上学所花时间长（14.4%）、转学频繁（11.8%）、经常搬家（9.3%）等因素都会造成负面影响。另外，家长所有的固定休息时间，也与孩子成绩的提高存在一定关联性（在 sig. <0.05 的显著性水平下，相关系数为7.2%）。

表2　自我评价学习成绩的相关因素

Spearman 相关系数	自评学习努力程度	是否喜欢所在学校	父母关心学习情况	与家人的关系	家庭住房面积	母亲固定休息时间	每天上学所花时间	在北京转学次数	在北京搬家次数
自我评价学习成绩	0.561 **	0.205 **	0.165 **	0.160 **	0.124 **	0.072 *	- 0.144 **	- 0.118 **	- 0.093 **

＊＊表示数据在1％的水平上显著。

通过以上分析可知，流动人口二代在学习提升上更多的是需要一种精神上的关心（包括来自家庭父母和学校老师的关心），而非如教育开支投入等物质上的条件。因此，在政府、社会组织和社区对流动人口二代的帮助上，应提供更多的心理辅导而非单纯的经济补助。

（四）流动人口二代的课余活动

调研发现，流动人口二代的课余活动内容较为分散，主要为找朋友玩、学习、上网、休息、看电视等，也有接近两成的孩子选择帮忙做家务或帮父母工作。

流动人口二代的课余活动内容比较分散，除了20.9％的孩子会"找朋友玩"之外，18.4％的人会帮父母做家务（12.4％）或者帮父母工作（6％），"学习""上网""休息""看电视"则各占13％～15％的比重（见图9）。

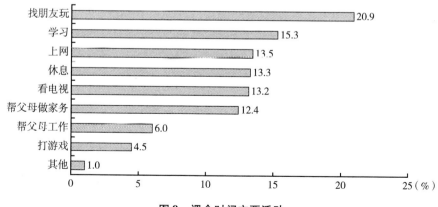

图9　课余时间主要活动

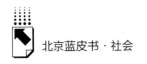

（五）流动人口二代的城市生活融入与城市人身份认同缺失

对于这群平均年龄为 12.3 岁，在北京居住的平均时间为 8.43 年的流动人口二代而言，北京就是他们最熟悉的家，是他们"日常生活的世界"，这个观点在很多数据中都得到了体现；但同时存在的一个悖论是，绝大多数的流动人口二代在自我认同上不认为自己是"北京人"。日常生活上的融入与身份认同上的缺失并存是一个耐人寻味的现象。

1. 流动人口二代对老家的疏离

流动人口二代在北京长期稳定生活和学习，家乡对于他们来说不过是每年或几年回去看看的地方。调查显示，60.9% 的人每年回去 1 次或以上（见图 10）。他们中绝大多数（79.7%）甚至已经不知道老家有多少亩耕地。

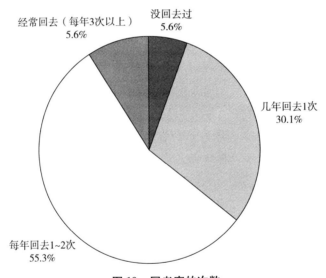

图 10　回老家的次数

我们可以说，农民工一代"农闲务工、农忙务农"的生活状态已经不适应正在成长之中的、作为流动人口二代的"农二代"。流动人口二代群体不仅离乡而且离土，他们已经慢慢远离了农业生产，淡漠了同老家耕地之间的联系，逐渐失去了回乡从事农业生产的可能性——我们甚至可以称他们为"回不去的一代"。

流动人口二代与老家的疏离还反映在一个细节上：5.9% 的人写不出老家所在的省份，33.6% 的人写不出老家所在的区县，51.6% 的人不清楚老家所在的乡镇。

2. 日常生活的城市融入

与对老家的疏离感形成强烈对比的是，流动人口二代在日常生活方面的城市融入比较顺利。这可以从以下两方面体现出来。

在客观行为上，流动人口二代的朋友圈子主要为在北京的同学圈子，且与北京孩子交往不存在明显的隔阂。他们心中可以信赖的朋友数量虽然不算太多（81.6%的人的好朋友数量不到10个），但在他们的朋友圈中，同学代替老乡、亲戚、邻居等成为主要的朋友类型，而当中总有一些是来自北京的小伙伴——86.4%的孩子都有北京的朋友，其中39.9%的孩子有5个及以上的北京朋友。

在主观感受上，超过85%的流动人口二代表示没有受到过北京人的歧视，对身边北京本地同学的态度也没有特殊的区别（见图11、图12）。

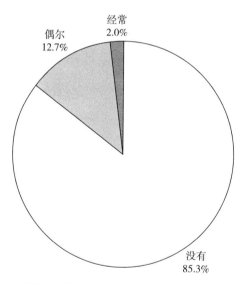

图11　是否受到过北京本地人的歧视

3. 身份认同的缺失

绝大多数的流动人口二代喜欢北京这个城市（75.8%的流动人口二代"比较喜欢"或"非常喜欢"北京），他们居住的社区也并没有特别明显的社会区隔（所居住社区中的人员结构并不单一，见图13）。然而同时存在的一个悖论是，只有11%的人觉得自己是"北京人"（见图14），而多达52.2%的孩

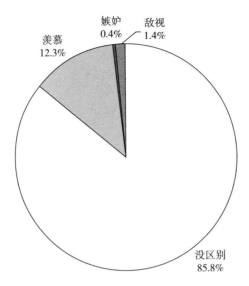

图 12　对身边北京本地同学的态度

子觉得自己是"外地人"，23.8%的孩子选择了"老家那边的人"这样的说法，有13%的孩子表示"说不清"。流动人口二代普遍不认同自己是北京人，缺乏对北京这所城市的身份认同感。

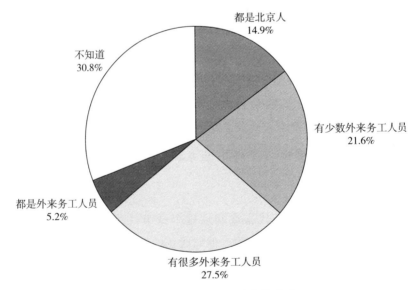

图 13　所居住社区中的人员类型

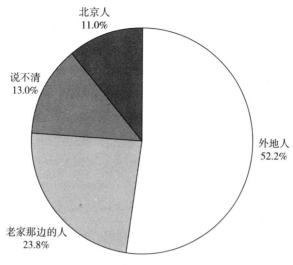

图14 自我认同是哪里人

通过交互分析可知，流动人口二代的出生地和其家庭是否在北京买房是影响他们是否认同自己为北京人的重要因素。具体来说，在北京出生的流动人口二代比在老家出生的更认同自己是北京人，家庭在北京买房的流动人口二代比没有买房的更认同自己是北京人：在出生地为北京的流动人口二代中，19.2%的人认同是北京人，而出生地为老家的群体中，只有8.1%的人认同是北京人；所在家庭有在北京买房的流动人口二代中，17.6%的人认同是北京人，而所在家庭没有在北京买房的群体中，只有9.9%的人认同是北京人（见表3）。

表3 流动人口二代"北京人"的认同与其出生地、
所在家庭在京买房情况的关系

自我认同		出生地		家庭在京买房情况	
		北京	老家	没有买房	有买房
不是北京人	样本个数	253	693	855	145
	所占比例(%)	80.8	91.9	90.1	82.4
是北京人	样本个数	60	61	94	31
	所占比例(%)	19.2	8.1	9.9	17.6

我们可以发现，流动人口二代作为"农二代"，在生活状态上已经完全区别于他们父母辈的"农一代"：他们对农村的环境十分陌生、已经长期且稳定

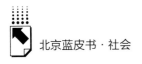

地生活在城市，并且实质上已经较好地融入了城市生活；但同时，"农二代"在城市人的身份认同上，仍然延续着"农一代"的状况：不认为自己是城市人，只是认为自己是外地人、老家人，甚至"说不清"是哪里人，而这种不认同主要与不在北京出生和所在家庭没有一个真正固定的家（体现在是否有自购房）有关，也与下文要讨论的教育制度有关。

（六）流动人口二代的生活感受和未来展望

怎么看待现在和怎么展望未来是息息相关的。调研显示，流动人口二代对现在生活的满意度是较高的，但"成绩不理想"和"升学机会问题"是他们面临的两大困惑，与此相对应的是希望得到"学习上的辅导"和"公平的教育机会"。

另一点发现是，当流动人口二代构想他们的未来发展时，也基本与城市而非农村相关，可以总结为一种"城市型的未来规划"。

1. 流动人口二代的生活感受及其影响因素：感情因素比经济因素更重要

在被问及对自己目前的生活是否满意的时候，大多数流动人口二代（76.4%）都觉得"基本满意"或"非常满意"，小部分（23.6%）会觉得生活有不同程度的不如意。

那生活满意度与什么因素相关呢？调研发现，流动人口二代的生活满意度与家庭收入、住房面积等经济因素无关，而与学习评价、对家庭和学校的感情因素等非经济因素有关。在 sig. <0.01 的显著性水平下，"满意程度"与"是否喜欢学校"（41.5%）、"与家人关系"（40.7%）、"是否喜欢北京"（35.9%）、"父母关心学习"（32.3%）、"学习成绩"（23.5%）、"朋友数量"（22.8%）和"努力程度"（22.4%）的关联较大（见表4），而与"家庭住房面积"关系较弱，与"家庭月收入"则完全不相关。

表4 影响生活满意度的相关因素

Spearman 相关系数	是否喜欢所在学校	与家人的关系	是否喜欢北京	父母是否关心学习情况	自我评价学习成绩	好朋友数量	自评学习努力程度	家庭住房面积
对现在生活的满意程度	0.415**	0.407**	0.359**	0.323**	0.235**	0.228**	0.224**	0.097**

** 表示数据在1%的水平上显著。

　　因此，流动人口二代在初中、小学阶段的满意度和幸福感更取决于学习成绩、家庭关系、朋友或同学关系这些方面，而对经济因素的反应则并不敏感。

　　相似的结论在图15和图16中也可以找到：孩子们排在第一和第二位的烦恼分别是"学习成绩不理想"和"升学问题"；他们最希望得到的帮助也恰恰是"学习方面的辅导"列第一位、"公平的教育机会"列第二位，而列第三、四位的诉求是"稳定的生活"和"平等的户口政策"也与他们获得公平的受教育机会息息相关。归结起来，"好好念书"和"有地方/有机会念书"，是这些孩子们最关心的事情。

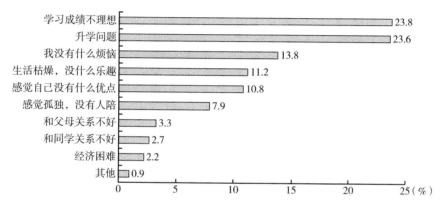

图15　现在主要的烦恼

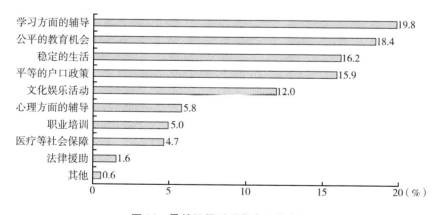

图16　最希望得到哪些方面的帮助

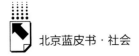

不可忽视的是，也有部分孩子存在一系列的心理困惑：觉得"生活枯燥、没什么乐趣"（11.2%）、"感觉自己没有优点"（10.8%）、"感觉孤独，没人陪"（7.9%）、"和父母或同学的关系不好"（6%）等，也有少数孩子（7.3%）在碰到烦恼时选择"闷在心里"。

2. 流动人口二代对于未来人生规划的展望："城市型的未来规划"

调研发现，流动人口二代由于已经长期且稳定地在北京接了小学至初中的义务教育，这种既定事实让他们产生了继续在北京接受高等教育的预期：对于未来受教育情况的展望，绝大多数的流动人口二代（75.4%）不满足于只在北京接受九年义务教育，而希望继续接受高等教育，其中又以希望上大学或大专的为主（58.4%）。

对于初中毕业后人生规划的展望，绝大多数的流动人口二代（78.7%）选择进入职业学校或回老家参加高考（见图17），而这种人生规划是与他们希望在北京接受中专、大专及以上的教育的预期是相关的。

当谈到更为远景的打算时，56%的人倾向于留在北京，选择离开北京的有21.6%（其中10.4%回家乡），而还有20.8%的人表示"说不清楚"（见图18）。

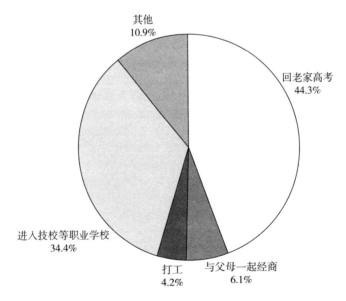

图17 初中毕业后打算

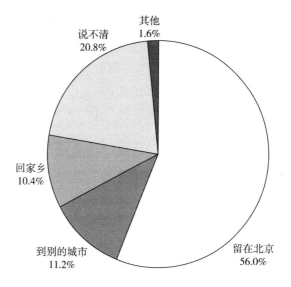

图18　未来的打算

通过以上三组数据我们发现，当流动人口二代考虑他们的未来发展时，主要还是与北京这座他们生活和学习了多年的城市相关，如预期在北京接受高等教育、留在北京发展等。老家很少会纳入他们的选择范围，就算与老家相关（如回老家高考），也只是为了更好地在城市（尤其在北京）接受教育和工作生活。他们虽然不认为自己是"北京人"，但"北京"已经替代"老家"成为一个与自身未来发展最为相关的地方。

二　调研结论

通过以上对调研数据的分析，我们试着对北京市流动人口二代这个群体的特征和面临的问题做一个概括性的总结。

调研发现，流动人口二代已经成为事实上的"城市化"的孩子。虽然他们经常被称作"流动儿童"，但他们生命中的大多数时间与北京联系在一起。平均居住年限达到8.4年，对于平均年龄只有12.3岁的这个群体来说，这意味着他们2/3以上的时间是在北京度过的。称北京是他们的"第二故乡"也许并不准确，对于他们中的大多数人来说，北京是他们居住时间最长的地方，是他们最为熟悉的环境，是他们生活的世界。他们，是外来务工人员的后代，更是"城市化的孩子"。说他们是"城市化的孩子"，还可以从另一个角度理解。调查结果表明，流动人口二代与家乡之间的关系非常疏离，他们中的很多人甚至写不出家乡的名字，不知道自家有多少亩土地，他们不仅离乡而且切断了同老家耕地之间的联系，成为"回不去的一代"。

调研还发现，流动人口二代在日常生活方面的城市融入比较顺利。他们喜欢生活的这个城市，可以以学校为中心建立自己的相对开放的朋友圈，在日常交往中感受不到和本地人的明显差别，也没有很强烈的被歧视感，与其父辈相比，可以说他们正经历一个"全面城市化"的历程；但是，他们却在小小年纪就体会到身份认同缺失造成的困惑。造成这种反差的根本原因是他们的"全面城市化进程"受到诸多社会条件的限制，阻碍着他们在身份上成为"完整城市人"。他们既没有一个属于自己的住所，也没有一个可以通向未来的升学之路。他们成为"回不去家乡"的一代，又是"难以进入城市"的一代。

"全面城市化"趋势和"不完整城市人"身份的矛盾并存可以说是流动人口二代群体的一个关键特征。在这个关键特征下，流动人口二代与跟他们共同生活和学习的北京城市户籍同龄群体之间既有联系又有区别，与他们家庭中的父辈群体之间既有延续又有断裂。

研究新常态下北京经济社会发展，特别是北京的人口资源环境与经济协调发展问题，这种状况带来了一个矛盾的结果：流动人口二代自身长期、稳定、融洽地在城市生活、学习，也有未来在城市工作的预期，但他们却并不把自己看作是"北京人"，他们在主观上缺乏"城市人"这个身份认同，客观上在一些城市发展机会中（如受教育和未来工作上）被限制。这个结果既不利于流动人口二代群体自身的健康发展，也不利于城市经济和社会的可持续发展。所以，我们面对着这些已经随迁来到北京，并将长期在此学习和生活的小学生、初中生们，如何为他们提供服务、帮他们解决问题、让他们享有这个年龄应有的乐趣和满足，帮助他们客观地规划未来，是关系到群体利益和社会稳定两个层面的重要课题。

对这个课题的回应，既要基于流动人口二代"全面城市化"的背景，又要兼顾"不完整城市人"身份的情况，还要看到在大趋势下一些具体人群的特殊困难。经过调研实践和分析研究，课题组认为有这样一些建议是可以供相关部门在制定社会政策时加以参考的。

第一，对于这部分学生群体而言，教育公平和户籍公平的问题是影响他们在北京继续升学的重要阻碍，是他们在相当长的时间内最重要的利益诉求，也是他们对未来的社会预期和生活愿景当中最深的一块阴影。在户籍制度和教育制度的整体框架短时期内不会出现变动的实际条件下，为分属不同户籍、来自不同地区的孩子们提供更多的、平等的教育领域是一种现实的折中办法。比如，加大发展职业教育，逐步降低外来务工人员子女报考中职、高职的门槛，率先在职业教育领域内实现平等。

第二，关注初中生、小学生的学习状况，尽可能为他们创造优越的学习环境，提供可能的学习辅导与援助。比如，在流动人口二代的学习条件总体上比较理想的情况下，针对那些家庭中无人辅导学习的孩子、没有独立学习空间的孩子、为学习成绩不理想而苦恼的孩子，在学校或者社区层面提供一些课后学习和互助的场所和空间，引进一些课后课程辅导、校外文化引导、社会志愿者帮学等形式的学业援助。如北京共青团立足服务青少年，特别是流动青少年的积极探索。按照北京约 1000 万青少年人口分布，北京团市委计划分批建设1000 家社区青年汇，每家社区青年汇计划覆盖 10000 名青少年。目前，社区青年汇已达 500 家，由"总干事 + 专职青年社工 + 志愿者"组成骨干工作团队，针对青年成长需求开展包括学习培训、城市融入、交友联谊、志愿服务、文化艺术、体育比赛等统一活动，形成了"新青年学堂""新青年城市体验营"等活动品牌，并努力运用专业社会工作方法开展重点青少年帮扶、社区矫正、心理辅导等个案工作。

第三，留意来自特殊家庭、具有特殊经历的孩子，提供差异性的、有针对性的帮助、关爱甚至是治疗。比如，在流动人口二代的家庭氛围整体较好的趋势下，仍然要注意那些父母都不在身边、来北京投亲靠友的"城市孤儿"（占0.8%），深入了解曾遭受过不同程度、不同形式的家庭暴力（26.6% 限制自由或打骂、4.6% 没有交流即冷暴力）的孩子所在家庭的情况。虽然流动人口二代总体上较好地融入了城市生活，仍有一些现象不容忽视：一部分孩子因频繁搬家（19.1%）和多次转学（9%）而不容易与周围同学建立起长期稳定的朋友关系；少数孩子（4.1%）完全没有朋友；一些孩子受到过北京人歧视（14.7%）。上述种种现象，连同一些存在轻度失范行为的孩子（如课余时间

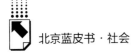
主要用来打游戏的孩子占 4.5%），都应该得到家庭、学校、社区、志愿者组织、教育部门的充分关切，在必要的时候予以干预、照顾甚至是法律援助，提供心理辅导或治疗。

参考文献

戎庭伟：《农民工随迁子女在校融入问题及其对策——基于福柯的"权力分析"视角》，《教育发展研究》2014 年第 6 期。

高水红：《学校教育与农民工子女的身份认同》，《当代教育科学》2008 年第 22 期。

杨莉：《农民工随迁子女心理健康状况调查研究》，《长江论坛》2012 年第 1 期。

尹木子：《新生代流动人口家庭压力研究》，《大连海事大学学报》（社会科学版）2014 年第 6 期。

关信平：《中国流动人口问题的实质及相关政策分析》，《国家行政学院学报》2014 年第 5 期。

王宗萍、段成荣、杨舸：《我国农民工随迁子女状况研究——基于 2005 年全国 1%人口抽样调查数据的分析》，《中国软科学》2010 年第 9 期。

湛卫清：《农民工随迁子女融合教育的困惑与对策》，《教育发展研究》2008 年第 10 期。

B.6
非京籍妇女发展状况调查报告

常红岩*

摘　要：　本课题采取定量研究与定性研究相结合的研究方法，对在京非京籍妇女年龄结构、职业分布、思想状况、婚育情况、来京时间、聚集地区和存在问题、服务需求等进行分析，客观了解在京非京籍妇女的实际状况和生产生活中存在的问题困难，了解她们对妇联组织的期望服务需求。从妇女工作的视角，针对非京籍妇女群体的不同特点，就妇联组织如何加强对非京籍妇女的服务和管理提出对策建议，明确妇联组织服务非京籍妇女的工作思路和定位，提升妇联组织的服务管理水平，促进首都人口均衡发展，引导流动人口有序融入。

关键词：　非京籍妇女　妇联组织　服务需求　社会建设　北京

一　课题背景

北京作为国家首都和经济社会快速发展的国际化大都市，吸引了大量的流动人口，女性作为其中的重要组成部分，为首都经济社会发展做出了贡献。及时了解流动妇女这一群体的特点和发展变动趋势，做好流动妇女的服务管理工作，对加强和创新首都社会建设和管理，推动首都科学发展，建设中国特色世

---

* 常红岩，北京市妇女联合会副主席。北京市妇联"非京籍妇女发展状况调查"课题组负责人。

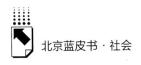

界城市具有重要意义。本课题旨在通过全面、客观了解在京非京籍妇女的实际状况和生产生活中存在的问题困难，了解她们对妇联组织的期望服务需求。从妇女工作的视角，针对非京籍妇女群体的不同特点，就妇联组织如何加强对非京籍妇女的服务和管理提出对策建议，明确妇联组织服务非京籍妇女的工作思路和定位，提升妇联组织的服务管理水平，促进首都人口均衡发展，引导流动人口有序融入。

本书采取定量研究与定性研究相结合的研究方法，研究对象以在京非京籍妇女为重点，对其总体情况（年龄结构、职业分布、思想状况、婚育情况、来京时间、聚集地区和存在问题、服务需求等）进行分析。课题组先后在非京籍妇女较为集中的区域和行业发放调查问卷 1000 份，回收率 100%。在问卷基础上，课题组先后在朝阳、海淀、丰台、昌平、大兴、通州六个区县召开由非京籍妇女代表、基层妇女干部参加的座谈会，更好地倾听非京籍妇女的思想、精神状况以及对在京工作生活的期望和对妇联组织的服务期待，同时对于各级妇联组织服务非京籍妇女的方式方法、经验体会、建议意见进行深入了解。

二　调查结果

（一）受访者的基本情况

1. 基本信息

参与调查的受访者中，52.3% 的人年龄为 18～33 岁（出生于 1980～1995 年），29.0% 年龄为 34～43 岁（出生于 1970～1979 年），15.3% 年龄为 44～53 岁（出生于 1960～1969 年），3.4% 年龄为 53 岁以上（出生于 1960 年以前）。92.5% 为汉族，7.5% 为少数民族。63.0% 为农村户口，37.0% 为非农村户口。74.3% 政治面貌为群众，16.8% 为共青团员，8.7% 为中共党员，0.1% 为民主党派、无党派人士。

参与调查的受访者高中（中技、中专）及以下学历居多。具体分布为：初中及以下学历占 35.4%，高中/中技/中专学历占 33.8%，大专学历占 13.6%，本科学历占 14.0%，硕士及以上学历仅占 3.3%。

2. 来源地

受访者中来自河北、河南、山东的比例较高，依次为24.9%、15.6%和10.7%，合计超过总调查人数的50%。

受访者中84.8%的人户口现落在家庭所在地，4.4%的人户口在单位所在地，3.4%的人户口暂寄在原来上学的学校，2.6%的人户口现托管人才市场，1.1%为口袋户口（即户口迁移证随身携带或者放弃户口）。受访者中81.8%的人在京期间办理了暂住证。

3. 来京时间和动机

近半数的受访者来京时间已接近或超过10年（2005年以前来京），36.3%的人来京时间为2006～2010年，22.0%的人来京时间为2011年以后。大部分受访者来京原因是工作，占比71.6%；此外，11.8%为求学，10.1%为恋爱/婚姻/家庭/子女等相关原因，0.2%为参军。

（二）受访者的就业状况

参与调查的受访者中，39.9%的人目前有正式工作，36.7%的人有临时工/兼职/实习工作，10.3%的人目前无业，另有13.2%的人有其他工作状况。可见，六成的受访者工作状态并不稳定。

参与调查的受访者近半数从事个体经营，占比为43.1%；此外，22.9%的人所在单位为民营企业；在街道（乡镇）/社区（村委会）、事业单位、国有企业、外商投资企业、党政机关/人民团体工作的比例分别为7.2%、6.3%、5.4%、4.3%和2.0%。

参与调查的受访者所从事的行业中，占比较高前三位的分别为住宿餐饮（13.8%）、批发零售（13.6%）、家庭及社区服务（13.2%）。总体而言，受访者的行业集中在生活服务领域，大部分行业对学历技术没有太高要求，整体而言，就业层次偏低。

超过半数或近半数的受访者对于工作环境、稳定性、劳动强度表示满意或比较满意，但对收入水平和发展前途满意度偏低（从不满意的角度看，收入水平、发展前途、劳动强度排在前三位）。不同年龄阶段的受访者对于自己工作环境、劳动强度、收入水平的评价差异不明显；而就发展前途而言，调查显示18～33岁及53岁以上的受访者对自己目前工作状况的满意度显著高于其他

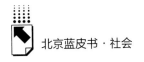

年龄段受访者；就工作稳定性而言，34~43岁的受访者对自己目前工作状况的满意度显著低于其他年龄段的受访者。

总体而言，受访者的社会保障状况不够理想，享有养老、医疗、工伤保险的人数仅在五成左右，仅有1/4的受访者享有住房公积金。

此外，问卷还对受访者是否在工作中遭受过性别歧视进行了调查，其中16.6%的人有过因性别原因不被录用或提拔的经历，16.5%有过男女同工不同酬的经历，7.3%有过因结婚/怀孕/生育而被解雇的经历，4.2%有过在工作场所遭异性同事骚扰的经历。在座谈会中，部分非京籍妇女尤其是毕业不久的女大学生谈到自己在就业求职中曾经因为性别原因遭遇了不平等的对待，并提出了希望多参加女性专场招聘会的愿望。

（三）受访者的生活状况

1. 婚姻家庭状况

参与调查的受访者中，15.0%未婚有男/女朋友，11.0%未婚没有男/女朋友，72.1%已婚，1.0%离异，1.0%丧偶。

关于受访者配偶/原配偶的户籍所在地，占比较高的省份分别为河北（21.1%）、北京（13.9%）、河南（13.5%）、山东（12.9%），此外，湖北（4.8%）、安徽（3.4%）、黑龙江（3.1%）、山西（3.1%）、陕西（3.1%）等也占有一定比例。这与受访者本人的来源地呈现高度一致，而与京籍人口结婚的比例也较高。

问卷对受访者是否遭受过家庭暴力的情况也进行了关注。调查显示，日常生活中2.3%的受访者曾经被配偶/原配偶"限制人身自由"，2.1%曾遭受配偶/原配偶的"经济控制"，1.5%曾经被配偶/原配偶"殴打"，3.6%曾经遭受过配偶/原配偶的"谩骂"，12.2%曾遭受配偶/原配偶"持续几天不理睬"。总体而言，除了"冷战"以外，各种状况所占比例均较低。

参与调查的受访者中，21.1%没有孩子，50.0%有1个孩子，31.2%有两个及以上孩子；61.1%的人目前孩子在北京，28.0%的人孩子在老家留守；26.8%的人目前孩子在学龄前，41.8%的人孩子在上（小/中/大）学，18.2%的人孩子在工作。总体而言，受访者的子女呈现出低龄化、流动留守率较高的状况。

参与调查的受访者中，仅有 19.6% 的受访者独自在北京生活，其余均有家人在身边共同生活。其中，82.5% 的受访者与配偶共同生活，58.6% 的人家里有子女，23.6% 的家里有父母/公婆，17.2% 的家里有兄弟/姐妹，4.3% 的人家里有儿媳/女婿，3.7% 的家里有孙子女/外孙子女。也就是说，超过八成的受访者举家流动到北京生活、工作。

2. 收入支出状况

1.4% 的受访者 2014 年一年个人的平均月收入在 1000 元以下，20.6% 在 1000～2000 元，58.5% 在 2000～5000 元，8.5% 在 5000～1 万元，4.9% 在 1 万～2 万元，6.0% 在 2 万元及以上。

5.6% 的受访者家庭 2014 年一年的平均月收入在 2000 元以下，46.9% 在 2000～5000 元，27.9% 在 5000～1 万元，10.3% 在 1 万～2 万元，9.3% 在 2 万元及以上。

从受访者家庭的年收入分配情况来看，73% 用于衣食住行等基本生活，4% 用于子女教育，4% 寄回老家，3% 用于发展交际，2% 用于医疗，2% 用于休闲娱乐，此外全年收入约有 9% 的结余。

3. 居住状况

参与调查的受访者中，住所多为租赁（59.7%）和单位/雇主提供（16.6%），此外，13.7% 为自购，4.3% 是借住在亲戚/朋友家，3.0% 为自建。而在自购住房的受访者中，17.8% 购于 2001 年之前，32.7% 购于 2001～2005 年，38.3% 购于 2006～2010 年，11.2% 购于 2010 年之后。

在租赁住所的受访者中，50.1% 为个人/家庭独居，36.4% 为合租单元房/平房，1.8% 为按床位出租的公寓；从租赁价格来看，2.2% 的受访者每月的房租在 200 元以下，28.6% 在 200～500 元，29.5% 在 500～1000 元，25.1% 在 1000～2000 元，14.6% 在 2000 元及以上。总体而言，租赁价格比较低廉，1000 元以下占到了 60.3%。从居住面积来看，4.0% 的受访者个人居住面积在 5 平方米以下，12.2% 在 5～10 平方米，36.7% 在 10～20 平方米，29.2% 在 20～50 平方米，13.9% 在 50～100 平方米，4.0% 在 100 平方米及以上。

对于自己目前的居住状况，受访者总体表示可以接受，37.2% 的受访者表示满意或比较满意，44.0% 表示一般。

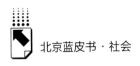

4. 日常生活状况

44.6%的受访者加入了不同种类的社会组织，其中以社会公益组织（12.7%）和社区活动/管理组织（11.0%）为主。总体来看，受访者对于社会公益活动和社区事务有一定程度的关注和参与。

关于休闲时间的安排，受访者大多用于看电视、听广播（48.0%），上网（33.1%）和阅读书刊（19.6%），此外，锻炼身体（11.9%），朋友聚会（10.3%），观看各类展览、演出、电影（8.9%）也占有一定比例。而参与寺庙/道观/教堂活动、棋牌麻将、美容减肥等活动的人比较少。值得注意的是，分别有48.9%和42.5%的人表示从没有参加过村居/社区文体活动以及公益志愿活动。在座谈中我们也了解到，很多非京籍妇女对于社区文体活动有一定的需求，也有热情参与公益志愿活动，但是缺乏参与渠道和参与机会。

受访者对于互联网的运用比较频繁，仅有23.3%的人表示从来不上网。在上网的人群中，仅有4.3%的人每天上网时间不到1小时，75.1%的人每天上网时间超过2小时，甚至有7.1%的人每天上网时间在10小时及以上。上网的主要目的，占比前三位的依次为浏览新闻资讯（29.3%）、学习/工作（25.2%）、交友聊天（QQ/飞信/MSN等）（24.7%）。而经营（开网店）、投资/炒股、上微博/写博客则比较少（分别有90.9%、85.7%、47.2%的人表示从不进行此类活动）。

座谈会中我们了解到，部分非京籍女性尤其是青年女性，社会交往面有限，在交友联谊方面有突出的需求。根据问卷调查统计，受访者在日常交往中，与同事、老乡、同学的接触最多，密切接触的比例分别为33.9%、21.1%和15.2%，交往多以电话联系（67.0%）、网络聊天（20.4%）、定期聚会（11.8%）的方式进行。但与居住区内的京籍和非京籍市民接触程度不太多，有密切接触的仅占7.5%和6.2%。

5. 健康状况

对于自己目前的健康状况的评价，20.4%的受访者认为很好，36.5%认为较好，36.9%认为一般，5.1%认为不太好，0.3%认为很差，0.6%表示说不清。

总体来看，大部分受访者近年来接受了体检，仅有10%的人最近一次体检在2010年以前。关于体检的费用，52.6%的受访者为全部自费，23.9%费用部分自费，23.6%无自费。

调查反映出受访者中大部分人存在一定程度的心理焦虑或情绪不安状况。78.4%的人最近一个月偶尔、有时或经常感到身心疲惫，72.6%的人感觉自己烦躁易怒，65.9%的人有睡不着觉的情况；此外，部分受访者近一个月内出现过"对什么都不感兴趣""容易哭泣或者想哭""感到孤独""觉得自己没用""觉得活着没意思"状况。在座谈会中，我们也了解到，部分非京籍妇女特别是白领阶层因为工作压力和家庭负担都比较大，对心理支持和心理辅导有一定的需求。

6. 总体评价

受访者中对于自己目前在北京的生活状况，7.4%的人表示很满意，34.3%表示比较满意，48.7%表示一般。

（四）受访者的态度和认知

1. 对重大公共事件的关注

受访者对以下重大公共事件中最关注的方面按重要程度排名前五位的依次为：党的十八大和2013年"两会"、住房问题、环境保护、社会保障、社会治安。

受访者了解国内外重大事件的途径按程度排序依次为：电视广播、网络新闻、报纸杂志、短信/微信/微博、朋友/家人/熟人、单位/社区宣传以及其他。可见，电视广播、报纸杂志等传统媒体依然在信息传播领域发挥着重要作用，但网络、短信/微信/微博等新媒体的作用也日益凸显。

总体而言，受访者对于国家富强、首都建设和自身发展有着积极乐观的态度，73.7%的受访者对于"中华民族伟大复兴，实现'中国梦'"有信心，75.1%的受访者对"北京实现科学发展、建设中国特色世界城市"有信心，80.6%的受访者表示对"通过自身的努力改善目前的生活工作状况"有信心。

2. 对居留北京的态度

受访者选择留在北京的原因按重要程度依次为：在北京有更好的发展空间、北京城市管理水平较高以及公共服务较为完善、在北京有一定的事业和家庭基础、北京的城市包容性强且没有地域歧视、习惯了北京的工作生活，回老家不适应、恋爱/婚姻/子女教育等因素、在北京有一定的人际关系网络。

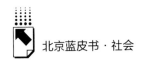

40.6%的受访者表示从没想过离开北京到其他地区发展，33.7%表示偶尔想过，19.3%有时想过，5.7%表示经常想，0.8%已经准备离开但没有行动。调查显示不同年龄的受访者对于此问题的回答存在差异显著，18~33岁的受访者表示从没想过离开北京的比例显著低于其他年龄段受访者，53岁以上的受访者选择此项的比例则略高于其他年龄段受访者。可见，年轻人对于未来的发展有更多的选择机会，工作生活中的不确定性因素较高；而年纪较大的受访者则更趋于稳定的工作生活状况。

受访者想要离开北京的原因按重要程度依次为：在北京的生活成本过高、住房条件难以得到改善、生活工作状况提升空间有限、其他地区有更好的发展前景、恋爱/婚姻/家庭/子女教育因素、难以融入北京的社会生活、准备出国/前往港澳台地区工作/求学/生活。可见，生活成本和住房问题依然是受访者在京生存发展面临的突出问题。当问到如果离开北京是否会返回户籍所在地发展，40.1%的受访者给予了肯定的回答，40.4%的受访者表示不确定。

3. 对男女平等基本国策的认知和态度

本课题对于受访者的男女平等意识也进行了调查。调查显示，78.6%的受访者对于"女人的能力不比男人差"非常同意或者比较同意；对于"女性在事业和学业发展上不必对自己有太高要求""女性不适合成为领导者或决策者"分别有53.9%、74.2%的人表示不太同意或者很不同意，均在被调查人数的五成以上。但是对于"男主外、女主内""丈夫的发展比妻子更重要"持否定态度的人却不到总调查人数的一半（占比分别为34.6%、36%）；特别值得注意的是，近三成的被访者对于"干得好不如嫁得好"持肯定态度。可见，传统的性别角色分工对于被调查者依然有一定的影响。此外，46.8%的人认为在我国已经实现了男女平等；仅有43.6%的受访者知道目前有专门保护妇女权益的法律。

4. 对于非婚同居和未婚先孕现象的态度

对于非婚同居现象，41.4%的人表示赞同或无所谓，其中赞同非婚同居现象的原因按重要程度依次为：两个人生活在一起情感上相互支持、两个人生活在一起生活成本低、早晚会结婚住在一起很正常。

对于未婚先孕现象，80.8%的受访者持否定态度。而如果此现象发生，受访者认为解决方法按重要程度依次为：双方尽快结婚、无论如何应该把孩子生下来、终止妊娠、要求男方补偿。如果未婚先孕导致孩子出生，94.1%的受访者认为孩子的父母（或其家庭）应当承担起抚养责任，3.2%认为应该送给需要孩子的人收养，1.0%认为应该将孩子放置在合适场所等待其他人发现领养，1.7%认为应该用其他方式解决。

（五）受访者的社会需求

在座谈会中，我们了解到，由于大部分非京籍妇女知识水平较低，从事低端简单劳动，维权的意识不强，能力也比较低，在社会生活和婚姻生活中个人权益容易受到侵害。那么，当自己或身边的女性朋友权益受侵害，她们一般会采取怎样的求助方式呢？从调查结果看到，受访者的求助对象按重要程度依次为：执法司法机构、家人或熟人、妇联组织、法律咨询机构、民间妇女组织。总体而言，受访者更依赖于代表官方的部门机构以及个人的家庭支持系统，对于基层法律咨询和维权机构的选择度不高。

对于妇联组织开展的活动和服务，受访者比较了解的依次为：和谐家庭/五好文明家庭创建（73.3%），信访维权（66.7%），交友联谊、婚介服务（62.5%），妇女宫颈癌乳腺癌筛查（62.4%），"三八红旗手"、红旗集体表彰（58.6%），家庭教育大讲堂/家长学校/母亲课堂（57.1%），"三八"家政服务（55.6%），表示了解的受访者比例均超过了50%；而对于双学双比、巾帼建功、巧娘工作室、姐妹驿站、妇女创业小额贷款贴息、流动妇女平安之家、女大学生/女性专场招聘会的了解程度比较低，均不到20%。

从参与程度来看，受访者对于和谐家庭/五好文明家庭创建（60.0%）、女性家庭社会大讲堂（55.0%）、家庭教育大讲堂/家长学校/母亲课堂（52.4%）、妇女宫颈癌乳腺癌筛查（36.3%）参与程度相对比较高。而巧娘工作室、小额贷款、双学双比、巾帼建功、女大学生/女性专场招聘会、"三八"家政服务、姐妹驿站、流动妇女平安之家、信访维权等，参与率均不到20%。

受访者目前面临的主要困难和问题按重要程度依次为：收入低，子女教育、文化水平、综合素质有待提高，居住条件差，就业（创业）机会缺乏、家庭负担重、社会交往圈子窄、身体不好、个人维权需要维护、恋爱/婚姻/家庭问题、心理健康问题。从年龄上看，18～33岁的受访者目前面临恋爱/

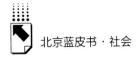

婚姻/家庭问题的比例显著高于其他年龄段受访者。从学历上看，初中及以下学历的受访者家庭负担重的比例显著高于其他文化程度受访者；硕士及以上学历的受访者恋爱/婚姻/家庭问题的比例高于其他文化程度受访者。

受访者目前最希望得到的政府支持按重要程度依次为：平等的工作机会、规范房屋租赁市场、平等的户口政策、保险和各种救济、子女升学、职业技能培训、充分的就业信息。从年龄上看，34～43岁的受访者选择子女升学问题的比例显著高于其他年龄段受访者；53岁以上的受访者目前选择平等的户口政策的比例高于其他年龄段。在座谈会中我们也了解到，一些年龄较大的非京籍女性在享受和户籍居民同样的社会保障和社会待遇方面需求强烈，尤其集中在孩子在京考试升学以及户籍所在地医保难以在京报销两个问题上。

就调查总体而言，受访者希望妇联组织为自己提供的支持或服务按重要程度依次为：职业技能培训、创业就业机会、子女教育指导、提升女性修养和综合素质的讲座、维权服务、政策法律讲座、社会帮扶救助、文化体育活动、心理健康咨询、家政/社区服务、交友联谊活动/婚介服务。这与我们在座谈会中了解到的需求是一致的。此外，有83.4%的受访者希望家乡妇联和北京市妇联合作进行有组织的劳务输出。

三　调查反映的主要情况

本调查从就业、婚姻家庭、生活方式、态度和认知、社会需求等方面考察了非京籍妇女在北京的工作生活状况。总体而言，我们将其概括为以下几个方面。

①非京籍妇女学历偏低，就业质量不高；②非京籍妇女收入水平不高，居住状况不佳，生活上存在一定困难；③非京籍妇女大多举家来京，日常交往范围比较狭窄，缺乏参与社区公益活动的渠道；④非京籍妇女生活方式比较健康，对于互联网有较高的使用率和依赖度；⑤非京籍妇女对国家和社会事务比较关注，对于未来发展有一定信心；⑥非京籍妇女认同男女平等，但个体维权意识不强，维权能力较弱；⑦非京籍妇女对于妇联组织开展的服务比较认同，希望妇联可以更多地关注非京籍妇女，提供多方面的服务；⑧非京籍妇女的社会需求显现多样化、多层次性的特征，需要政府、社区和单位等给予不同层面的支持和帮助。

四 对策建议

（一）关注非京籍妇女对妇联组织的社会角色期待，有效开展服务，引导科学有序融入

针对非京籍妇女的多样化社会需求，充分发挥妇联组织贴近社区和家庭、具有社会影响力和感召力的工作优势，紧紧围绕首都经济社会发展大局，探索适合非京籍妇女特点的组织形态、工作方式和服务模式，推动妇女工作网络和触角向不同职业、不同层次的非京籍妇女拓展延伸，有效提供多样化、全方位的服务，真正做到了解需求、创新服务、改善关系、共建共赢。同时，要加大对北京的经济发展方式转型和产业结构调整升级、城市规划和社会管理、资源环境利用状况、人口结构、流动人口管理政策等内容的普及宣传，引导非京籍妇女更加客观地分析自身状况，规划未来发展，对于去留问题做出理性选择，促进流动人口的科学有序融入。

（二）关注非京籍妇女的职业发展需求，加强技能培训，搭建创业就业平台

加强与各类企事业单位的合作，投入专项资金，依托多元教育培训平台，推进非京籍妇女素质提升工作，针对不同行业从业人员的实际需求，开展实用技能培训和创业就业指导，引导非京籍妇女积极适应首都实施创新驱动战略、推动产业结构优化升级的发展形势，掌握一技之长，发掘自身优势，由低端简单劳动向生态循环产业、文化创意产业、现代服务业等行业过渡和转化，提升职业层次，改变自身经济地位。同时要针对非京籍妇女中的女大学生群体提供发展培训、职业规划、就业咨询、创业指导等方面的服务，深入推进女大学生创业就业服务季系列活动，进一步培育创业导师团，拓宽实习实践、创业就业渠道，为非京籍女大学生提供职业发展的空间和实现理想的机会。

（三）关注非京籍妇女的综合维权需求，加大维权力度，及时化解社会矛盾

针对非京籍妇女维权能力差、自身权益易受侵害的状况，依托各级"妇

女之家""姐妹驿站""流动妇女平安之家"等基层服务载体，在流动人口集中的区域重点针对国家政策法规、男女平等基本国策、妇女权益保护法、婚姻法、劳动法等相关政策法规进行宣传宣讲，提升非京籍妇女的维权意识和法律素质，引导她们更好地遵守国家法律和北京市地方法规，依法维护权益。发挥巾帼维权服务队、亲情维稳服务队、市民劝导队等基层维权维稳组织的积极作用，加大对非京籍妇女特别是低端行业女性的矛盾调处服务和法律援助力度，将矛盾化解在基层，将维权落实到身边，引导非京籍妇女合理表达诉求、依法解决问题。遇有敏感事件、敏感时期，及时与流动人口聚集地的社区服务站、流动人口管理办、警务部门等密切合作，关注非京籍妇女的舆情动态，排查社会隐患，协同制定好处理突发事件的专项预案，维护社会平安稳定。

（四）关注非京籍妇女的思想文化需求，加强宣传引导，传递城市暖流

有效发挥各类宣传平台、文化活动载体的作用，做好针对非京籍妇女的思想引领、舆论引导和精神文化服务。根据非京籍妇女的思想关注热点和文化需求，通过开展社区大讲堂、开放社区阅读点、发放报刊书籍、组织文化活动等方式，引导非京籍妇女开阔眼界、广泛学习、提升素质，践行科学积极的生活方式和持家教子方式，努力成为健康文明的北京"新市民"。注重结合这一群体高度依赖互联网和新媒体的特点，充分利用网络社区、QQ群、短信微信平台等载体，及时有效提供政策法规解读、便民服务咨询、社区活动发布等实用性信息，传递符合女性特点的心理贴士、生活窍门、健康常识等关爱性信息，多渠道、多途径丰富非京籍妇女的精神文化生活，传递温暖和关爱，共促社会和谐文明。

（五）关注非京籍妇女的社会参与需求，创新活动载体，凝聚和谐正力量

针对非京籍妇女较高的社会参与愿望和热情，结合非京籍妇女的自身特点和活动规律设计项目内容，推动巾帼志愿服务、节能环保行动、慈善公益活动等向非京籍妇女延伸，吸引、凝聚更多的非京籍妇女积极投身志愿互助服务，

参加社区公益活动，提升社会参与的组织化、规范化、有序化水平，增强非京籍妇女的地域归属感和社区责任感，共同建设北京这个美丽和谐的"家"。

参考文献

第三期中国妇女社会地位调查课题组：《第三期中国妇女社会地位调查主要数据报告》，《妇女研究论丛》2011年第6期。

杜鹏、张航空：《中国流动人口梯次流动的实证研究》，《人口学刊》2011年第4期。

段成荣、张斐、卢雪和：《中国女性流动人口状况研究》，《妇女研究论丛》2009年第4期。

段成荣、杨舸、张斐、卢雪和：《改革开放以来我国流动人口变动的九大趋势》，《人口研究》2008年第6期。

郑真真：《中国流动人口变迁及政策启示》，《中国人口科学》2013年第1期。

B.7
首都高校学生性别平等意识情况调查报告

陈　玲*

摘　要：　为了解首都高校学生性别意识状况，北京市妇联委托北京大学中外妇女问题研究中心和北京妇女研究中心、北京妇女理论研究会共同完成了"首都高校学生性别平等意识调研"课题。首都师范大学、首都经济贸易大学等市属高校与北京大学、清华大学等部属高校共13所在京高校参与了此次调研。通过问卷调查和个案访谈等实证研究，该课题获得了较为全面客观地反映北京市高校在校学生性别平等意识状况的第一手信息，进行了影响其提升的相关因素分析，提出了在高校学生中培育和践行社会主义核心价值观、提高对男女平等基本国策认知度的对策建议。

关键词：　高教院校　性别平等　性别教育　北京

一　调研目的和意义

　　男女平等是人类发展的重要目标，是衡量社会文明进步的重要尺度。在1995年联合国第四次世界妇女大会欢迎仪式上，江泽民同志代表中国政府郑重宣告：男女平等是促进我国社会发展的一项基本国策。2005年，修订后颁

＊　陈玲，北京市妇女联合会党组副书记、副主席。北京市妇联"首都高校学生性别平等意识调研"课题组负责人。

布的《中华人民共和国妇女权益保障法》将"实行男女平等是国家的基本国策"写进了总则。2006 年，我国政府将落实男女平等基本国策纳入《国民经济和社会发展第十一个五年规划纲要》。2013 年，"坚持男女平等基本国策，保障妇女儿童合法权益"被纳入党和国家的重要工作议程，写进了党的十八大报告之中。妇女占人口半数，是推动社会发展的生力军，是国家政权的重要依靠力量。在全面建设小康社会的新形势下，认真贯彻男女平等基本国策，最大限度地把妇女吸引和凝聚到中国共产党的伟大事业中来，对于巩固党的执政基础，推进民族复兴和国家现代化无疑具有深远影响。

平等是社会主义核心价值观的基本内容之一，男女平等是平等的必然要求。培育和践行男女平等价值观，是培育和践行社会主义核心价值观不可或缺的重要组成部分。高校学生是学历层次和认知能力较高的年轻群体，他们的性别平等意识既体现了我国社会性别平等意识的发展水平，又对我国社会性别意识未来发展具有重要影响。首都高校学生性别平等意识状况也从一个重要方面体现出首都民众性别平等意识的水平。正值性别角色选择与形成时期的大学生，需要正确的性别意识教育引导，这一教育也是将性别平等意识纳入决策主流化的基础工作。因此，了解首都高校学生的性别意识现状，把握今后高校性别教育的方向，具有十分重要的现实意义。

为此，2013 年，北京市妇联确定了"首都高校学生性别平等意识调研"课题，设计了"首都高校学生性别平等意识问卷""首都高校女性学学科建设情况调研问卷""关于首都高校性别平等教育和女性学学科建设情况的教师访谈提纲"。旨在通过实证研究，较为全面客观地了解北京市高校学生性别平等意识状况和性别平等理念教育状况，探求影响因素，提出相应的对策建议，以更好地提高高校学生男女平等意识和对基本国策的认知度，进一步宣传男女平等基本国策，推进民众性别平等意识的增强。

二 调研方法和基本情况

本次调研采用问卷调查方法，课题组精心设计问卷，周密组织问卷发放与回收，以确保样本的数量和质量。

调查问卷分为七个部分共计 135 个问题和 1 个开放题：①个人基本情况；

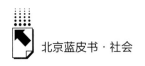
②对交友与恋爱的态度；③对婚姻家庭生活的看法；④对相关法律政策与某些社会现象的认知；⑤对学校有关性别平等教育和机构的了解；⑥性别意识来源；⑦关于我国当前男女平等实现程度和还需做哪些努力的开放题。

课题组在北京大学、清华大学、中国人民大学、北京理工大学、北京外国语大学、中国农业大学、北京林业大学、中国政法大学、中央民族大学、中国传媒大学、首都师范大学、首都经济贸易大学以及中华女子学院等 13 所高校发放问卷 2000 份，回收有效问卷 2002 份（出现了没有被抽到的同学认为问卷非常有意义，主动复印填写的情况）。回收的 2002 份问卷中，被访者性别、年龄、民族、学历、婚姻等分布状况与高校学生基本分布状况一致。

三　首都高校学生性别平等意识现状

（一）婚恋和家庭角色观念情况

高校学生普遍有交友和恋爱的经历。选择什么样的异性作为配偶是大学生婚恋观的集中反映。66.78% 的受访者在求偶中最看重异性的品性，其次是能力为 17.64%，而选择相貌和经济实力的分别只有 8.27% 和 1.10%。遇到心仪对象，认为女生应该主动表白的为 54.58%，认为可以有追求的行为但要等待男生表白的为 40.95%，认为女生不应该采取任何行动的为 4.47%。对于理想妻子的形象，选择"温柔完美的家庭主妇"的比例最多，为 38.32%，选择"事业有成的女强人"的为 19.29%，选择"迷糊可爱的小女人"的为 16.90%，选择"性感迷人的娇妻"的为 12.49%。对于是否接受女人做全职太太和男人做全职"煮夫"，受访者的看法差异很大：40.48% 的人完全可以接受女人做全职太太；而完全可以接受男性做全职家庭"煮夫"的只有 19.18%，45.72% 不太能够接受，35.10% 完全无法接受。

（二）性别观念情况

对于引发我国各级领导岗位上女性数量相对较少的原因，42.80% 的受访者认为是家庭和社会的原因；48.50% 认为既有家庭和社会的原因，也有个人原因；认为是女性个人原因的仅占 8.70%。对于"女人的能力不比男人差"

"男人也应该主动承担家务劳动""在领导岗位上男女比例应大致相等""男女平等不会自然而然实现，需要积极推动"等男女平等理念，持"完全同意"和"比较同意"的占50.95%。

对于高考中出现的小语种等专业按性别划定分数线且男生录取分数线低于女生的情况，25.99%的受访者认为是性别歧视，完全无法接受，41.24%认为是性别歧视，但现实需要，可以接受，32.77%认为不是性别歧视，是现实需要，完全可以接受。对于在同等条件下，是否存在女生更难找工作的问题，40.40%认为这是"女性群体面对的普遍问题"，44.57%认为是"有时会出现的个别问题"，15.03%则认为没有这类问题。对于"因性别而不被录用或提拔""男女同工不同酬""因结婚/怀孕/生育而被解雇""因生女孩而被人瞧不起"等社会现象，认为都是性别歧视的占64.25%。

（三）自我认知情况

66.47%的受访者对自己有较为正面的认知，即"对自己的能力很有信心""很少依赖他人，主要靠自己"，33.53%对自己的认知较为负面，即"经常觉得自己很失败"。

（四）政策法律认知情况

50.73%的受访者知道男女平等是我国的基本国策，84.45%知道我国有专门保护妇女权益的法律，23.17%能正确写出一部保护妇女权益的法律名称，认为我国目前还没有专门保护妇女权益的法律的仅有15.55%。

四　影响首都高校学生性别平等意识状况的原因分析

（一）婚恋与家庭角色观念的影响因素

第一，婚恋与家庭角色观念受性别影响很大，在其他因素都相同的情况下，男性选择"温柔完美的家庭主妇"作为理想妻子形象的可能性是女性的2.7倍，说明男性受访者在家庭角色观念上更趋于传统。

第二，出生地对于婚恋与家庭角色观念有一定影响。农村出生的受访者选

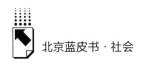

择"温柔完美的家庭主妇"作为理想妻子形象的可能性要高于城市出生的受访者，但是那些接受了女性学知识教育的受访者中，不同出生地的受访者对这一问题的选择不再具有显著差异，这说明女性学的课程和科研有助于削弱农村出生的受访者在家庭角色观念上的传统保守倾向。

第三，父母之间的性别互动关系状态对于受访者的婚恋与家庭角色观念有较大影响。父母的权力分配以及父母对家庭的经济贡献都对受访者是否选择"温柔完美的家庭主妇"有显著影响，而父母之间的家务分工则对此没有显著影响。具体而言，相对于父母权力差不多的家庭，成长于母亲更有实权的家庭的受访者以"温柔完美的家庭主妇"为理想妻子形象的可能性较低（74%），而成长于父亲更有实权的家庭的受访者则没有显著不同。与父母双方对家庭的经济贡献差不多的家庭相比，成长于父亲一方或母亲一方对家庭经济贡献更大的家庭的受访者选择"温柔完美的家庭主妇"的可能性更高（分别为1.41倍和1.65倍）。

（二）性别歧视认知的影响因素

第一，与女性相比，男性对就业性别歧视缺乏清晰准确的认识。即使在个人自然条件、家庭背景和受教育状况等方面都相当的情况下，男性认为女生更难就业是社会问题的可能性仍然只有女性的31%。

第二，在个人社会人口特征中，是否独生子女、婚姻状况、学历以及专业都对受访者关于就业性别歧视的认识有影响。非独生子女认为存在就业性别歧视问题的可能性只有独生子女的70%；未婚者认为存在就业性别歧视问题的可能性仅为已婚者的59%；受访者的受教育水平越高，越倾向于认为女生更难找工作是社会问题；人文学科背景的受访者比社会科学背景的受访者更倾向于存在就业性别歧视的社会问题，前者是后者的1.35倍。

第三，原生家庭中父母的经济分工对受访者的就业性别歧视认知有显著影响，而父母之间的权力分配与家务分工则没有影响。父亲对家庭经济贡献更大，则受访者更有可能认为女生就业更困难是社会问题，后者是前者的1.35倍；而母亲对家庭经济贡献更大则没有显著影响。

第四，性别社会化的经历对于性别歧视认知也有显著影响。在幼儿园和小学时曾经历过老师因性别而区别对待的受访者比没有过这种经历的受访者更倾向于认为女生就业难是社会问题，前者是后者的 1.27 倍；与之相似，求学期间听周围人说过女孩越大学习越不好的受访者比没听说过这一说法的受访者对就业性别歧视有更准确清晰的认识，前者是后者的 1.45 倍。

（三）男女平等观念的影响因素

第一，男性认同性别平等观念的可能性远远低于女性。即使在其他条件都相同的情况下，男性认同性别平等观念的可能性也只有女性的 28%，远远低于女性。

第二，知道并了解女性学专业或虽不了解但听说过女性学专业都与对男女平等观念的认同呈正相关。与不知道女性学专业的受访者相比，知道并了解女性学专业的受访者认同男女平等观念的可能性更高（1.56 倍），不了解但至少听说过女性学专业的受访者对于男女平等观念的认同度也较高（1.29 倍）。可见，女性学专业的推广在一定程度上能够增强人们对于男女平等观念的认同。

（四）男女有别观念的影响因素

第一，男性较为认同男女有别的可能性远远高于女性。即使其他因素都相同，男性较为认同男女有别的可能性仍然是女性的 2.41 倍，远远高于女性。

第二，出生于农村或县镇的受访者较为认同男女有别观念的可能性低于城市出生的受访者。出生于农村或县镇的受访者较为认同男女有别观念的可能性要低于城市出生的受访者。与出生于城市的受访者相比，农村出生者认同男女有别的可能性仅为其 71%，县镇出生者持此态度的可能性则为 76%。

第三，非独生子女较为认同男女有别观念的可能性要大于独生子女。非独生子女较为认同男女有别观念的可能性要大于独生子女，前者为后者的 1.31 倍。

第四，学历越高反而越倾向于较为认同男女有别观念。博士研究生较为认同男女有别的可能性为大学本科和专科生的 2.35 倍，硕士研究生较为认同这类观念的可能性则是大学生的 1.80 倍。

第五，原生家庭中父母之间的性别互动关系对受访者的男女有别观念亦有显著影响。受访者如果来自于父亲或母亲任何一方在家庭内更有实权的家庭，他们较为接受男女有别观念的可能性则要高于父母的家庭实权差不多的受访

者。

第六，学校是否设有妇女研究专门机构对于受访者的男女有别观念也有影响。那些不清楚学校是否设有妇女研究专门机构的受访者相比，学校没有妇女研究专门机构的受访者接受男女有别观念的可能性为他们的 1.85 倍。

（五）政策法规认知的影响因素

第一，女性能正确回答出男女平等是我国的基本国策的可能性大大低于男性。多变量分析显示，在其他条件相同的情况下，男性能正确回答出男女平等是我国的基本国策的可能性是女性的 1.50 倍。

第二，女性学专业的相关知识对于了解男女平等的政策法规也有帮助。与不知道女性学专业的受访者相比，知道并了解女性学专业的受访者准确回答出男女平等是我国的基本国策的可能性是他们的 1.55 倍。

五　结论与建议

（一）主要结论

1. 高校学生性别平等意识存在显著性别差异

无论是在婚恋和家庭角色观、对性别歧视的认知还是对男女平等和男女有别观念的认同度方面，女性都比男性更为进步；但男性反而对法律所规定的性别平等有更准确的了解。与女性相比，男性性别观念更传统保守些，这与男女两性现实生存与发展境况、自我感受、目标定位和变革诉求的不同不无关系。同时，它也从一个侧面反映出男女不平等现象依旧在社会生活中广泛存在，两性之间在观念上的这些差异受到了诸多因素的影响，而且这些影响的效果较为根深蒂固，而目前我国的高等教育和校园文化还不足以弱化男女两性在性别观念上的差异。

2. 个体的社会人口特征、原生家庭特征等或多或少对于人们的性别平等意识产生了影响

从社会人口特征来看，出生地这一先赋特征对于家庭角色观和男女有别观念有影响。农村出生者更为偏好符合传统定义的理想妻子形象，但这一偏好会

因对女性学的了解以及学校设有妇女研究专门机构而消失；而出生于农村或县镇反而有助于降低对男女有别观念的认同。

是否为独生子女这一先赋特征，则对性别歧视认知和男女有别观念产生影响。独生子女对社会中存在的性别歧视较敏感，更倾向于将女生更难找工作视为社会问题，同时他们也更倾向于接受男女有别的观念。

家庭成长环境，尤其是父母之间的性别互动关系，对调查对象的家庭角色观、性别歧视认知以及男女有别观念这三个方面的性别平等意识产生影响。父母在家庭生活不同方面的性别互动关系会对子女的性别平等意识产生不同的影响，有的情况下是父母之间偏于传统的互动关系导致子女的观念也偏于传统（如：父母间实权分配对理想的妻子形象的影响），而有的情况下则可能是一方主导的互动形态使得子女在观念上更为认可那些强调婚姻关系中男女双方应角色互补的思想（如：父母间经济分工对理想的妻子形象以及男女有别观念的影响），还有一种比较特殊的情况是父母间经济分工对性别歧视认知的影响，它可能是由于经济贡献上占优势或相当的母亲让子女更相信个人奋斗的力量。

3. 知识增长与性别平等意识提升并不存在正相关性

双变量统计显示，学历较高者对就业中的性别歧视有更明确的认识，但同时他们也更为认同男女有别的观念，这可能反映出高学历者一方面能够深刻地认识到社会中存在性别歧视，但另一方面又妥协于现状，认为男女之间的性别角色分工有其合理的一面。专业知识的学习和提高并不必然带来性别平等意识的增强，在传统知识结构中性别知识是欠缺的，只有人文学科背景有助于提升对于性别歧视的敏感度，在其他方面则没有显著影响。可以认为，知识水平对性别观念进步的影响是重要的，但不是单一的。在当今多种社会思潮交融碰撞与多样性别语境下，无论哪一种先赋特征或后致资本都不能确保个体持有先进的性别平等观念。

4. 女性学相关知识的学习有助于学生增强男女平等观念

学校和社会的性别社会化环境与性别平等意识的关系体现在对性别歧视的认知上。学校和社会的性别社会化环境越是强调性别差异，调查对象对就业性别歧视有准确认知的可能性则越高。

女性学专业的开设和妇女研究专门机构的建立都对于推动性别平等意识有

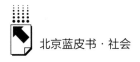
一定的影响，特别是对坚持男女平等观念、反对男女有别观念以及掌握关于性别平等的相关政策法规知识有正面影响。只要听说过女性学专业，调查对象认同男女平等观念的可能性就显著提升；而知道并了解女性学专业的调查对象则有更大可能准确回答出男女平等是我国的基本国策。如果所在学校没有设立妇女研究专门机构，调查对象认同男女有别观念的可能性则更高。

多变量分析现实，知道并了解女性学专业的受访者比不知道女性学专业的受访者认同男女平等观念的比例要高 1.56 倍，准确回答出男女平等是我国基本国策的比例也高 1.55 倍；在引入与女性学知识相关的变量后，原有的农村出生者把"温柔完美的家庭主妇"作为理想妻子形象高于城市出生者的显著性差异就不复存在了。这说明，性别平等知识与理念教育进入大学课堂，无疑是提高高校学生对性别平等相关政策法规了解和认同的一个重要推力，对于男女平等校园文化的培育也有积极作用。

（二）对策建议

鉴于高校学生性别平等意识有待提升，而女性学的教学科研具有重要的助推作用，我们提出以下建议。

1. 加大对男女平等和先进性别文化的宣传力度，营造良好社会文化氛围

落实男女平等基本国策是全面推进小康社会建设的重要环节，是全党全社会的共同责任。我们要综合运用法律、行政、经济等多种手段，调动各种社会资源，提高共识，加大投入，形成合力。新闻宣传部门要广泛运用传统媒体、网络媒体和新媒体等多种宣传工具，加大对马克思主义妇女观和男女平等基本国策的宣传力度，加大对先进性别文化的宣传力度，加大对践行男女平等价值观的典型人物和事件的宣传力度，形成促进男女平等协调发展的舆论环境。国家和各级行政部门要完善男女平等的政策法规，积极为妇女与男子平等接受教育、平等就业创业、平等参政议政提供各种机会，切实关心妇女的特殊利益，为妇女发展创造良好政策环境与条件。执法部门要强化男女平等意识，坚决贯彻保护妇女儿童合法权益的相关法律法规，做到执法必严、违法必究。社会各界要热情支持妇女与男子一起承担相同的责任，享受同样的权益，并肩进步与发展，营造人人重视落实男女平等基本国策，人人推崇先进性别平等意识的良好社会环境。

2. 市委党校、行政学校将性别平等教育纳入教学内容，提高学校管理者和广大师生的性别平等意识

性别平等教育进党校、进高校、进机关、进媒体、进社区、进家庭，是提高全社会性别平等意识的有效手段。要将性别平等教育纳入市委党校和行政学校的教学科研活动中，确保有性别平等教育的课程、教材、专任教师和专项经费，着力提升教育系统党政管理者和教师的性别理论与性别平等意识。各级妇联应联手教育主管部门，进一步提高和强化教育工作者的性别平等意识，加大对各级各类管理者性别平等理论的培训力度，在各类培训计划中增加性别平等内容，提高管理层中的女性比例，在课程和教材相关指导机构中增加性别研究专家，在各专业和专科教育内容和教育方式上充分体现性别平等理念，提高性别意识教育课程质量。要全方位引导学生树立男女平等观念，打造性别平等的校园文化，开设生动活泼的普及性别知识的第二课堂，引导女学生不断增强自尊、自信、自立、自强精神。

3. 提升高校性别平等意识教育水平，做好提高社会性别平等意识的基础工作

认真落实《中国妇女发展纲要（2011～2020）》在"妇女与教育"主要目标中提出的要将"性别平等原则和理念在各级各类教育课程标准及教学过程中得到充分体现"的要求，将性别平等理念教育纳入高校思想品德课中，作为本专科生、硕士生、博士生的一门必修课，使男女平等基本国策教育实实在在进入高校。并在各级妇儿工委对《纲要》中期检查评估中对此工作给予重点关注，建立长效评估标准与机制。各级妇联应联手教育主管部门，认真落实《中国妇女发展纲要（2011～2020）》在"妇女与教育"主要目标中提出的"高等学校女性学课程普及程度提高"的要求，将女性学教学与师资队伍建设纳入高校整体教学科研规划之中，建立规范的学科体制和机制，并在人财物等方面给予倾斜性支持。

4. 发挥妇联服务妇女成才需求，切实提升女性素质教育

建议北京市妇联继续依托北京市人才管理公共服务平台，不断完善妇女人才库建设，深化对女性人才成长发展规律的研究，加大对女性人才的分层分类服务与管理。继续依托首都教育资源优势，加强女性终身教育课程的整体研发，建立开放共享的女性终身教育机制。继续依托新媒体、远程教育等载体，

面向不同妇女群体有针对性地开展培训，提供丰富多样的教育服务，建设适应首都发展需要的女性人才队伍，切实提升女性素质，切实提升全社会性别平等意识。

参考文献

贾云竹：《在教育领域全面贯彻性别平等原则》，《中国妇运》2013 年第 5 期。

张兆曙、陈奇：《高校扩招与高等教育机会的性别平等化——基于中国综合社会调查（CGSS2008）数据的实证分析》，《社会学研究》2013 年第 3 期。

吴愈晓：《中国城乡居民教育获得的性别差异研究》，《社会》2012 年第 4 期。

杨旻：《高等教育机会性别不平等的因素分析与对策思考》，《江苏社会科学》2009年第 3 期。

第三期中国妇女社会地位调查课题组：《第三期中国妇女社会地位调查主要数据报告》，《妇女研究论丛》2011 年第 6 期。

社会建设篇

Social Construction

B.8

现阶段北京居民收入问题研究

李　洋*

摘　要： 现阶段北京市居民收入持续稳定增长，城镇居民收入状况总体上初步呈现"橄榄形"特征，收入来源日益多样化，教育程度、职业等因素对居民收入的影响力增强。但居民收入水平总体上低于人均 GDP 水平，不同人群收入分化较为明显，低收入群体规模较大，且财产性收入和经营净收入比重较低。迫切需要在保持经济增长的同时，提高中低收入者收入，调节高收入者收入；提高劳动力素质，实现收入分配的起点公平；增加经营净收入和财产性收入的比重；加快建立城乡一体化的公共服务体系和实有人口全覆盖的社会保障体系。

关键词： 收入分配　分化　制度设计　均等化　北京

---

* 李洋，北京市社会科学院社会学研究所，研究方向为社会分层与流动、社区与社会组织。

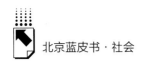

一　现状

（一）居民收入持续稳定增长

"十二五"以来，北京市居民收入持续稳定增长，城镇居民的人均可支配收入和农村居民的人均纯收入均保持了较高的增长速度。表1显示了城镇居民家庭总收入和人均可支配收入的增长情况，2012年和2013年实际增长为近五年最快，均达到10%以上，2010～2013年，平均增速也达到了8.7%左右。表2显示了2010年以来农村居民人均纯收入的增长情况，可以看到，"十二五"时期的前四年，农村居民人均纯收入年平均实际增长9.7%，略高于同时期城市居民人均可支配收入平均增速。

在"十二五"期间，全市将增加城乡居民收入放在重要的战略地位，提出了城镇居民人均可支配收入、农村居民人均纯收入年均增长8%的目标，并首次提出城乡居民收入与经济发展同步增长的科学发展理念。面对国内外严峻的经济形势，全市以经济结构优化和产业结构调整为契机，在"保增长、促就业"的政策引导下，实现了经济发展和人民增收的发展目标，并通过收入分配调整的一系列政策和制度设计，进一步提高了居民收入水平。2014年前三季度城镇居民人均可支配收入和农村居民人均纯收入分别比上年同期增加了9.4%和10.1%[①]，初步实现了年度发展目标。

表1　2010～2013年北京市城镇居民家庭总收入和人均可支配收入

年份	人均可支配收入（万元）	人均可支配收入实际增长（%）	年份	人均可支配收入（万元）	人均可支配收入实际增长（%）
2010	2.9	6.2	2012	3.6	10.8
2011	3.3	7.2	2013	4.0	10.6

资料来源：《北京市统计年鉴》（2011～2014），表2、表3、表4、表5和表6同。

[①] 2014年11月北京市主要经济社会指标，北京市统计局。

表2 2010～2013年北京市农村居民人均纯收入

年份	人均纯收入 （万元）	人均纯收入 实际增长（％）	年份	人均纯收入 （万元）	人均纯收入 实际增长（％）
2010	1.3	8.1	2012	1.7	12.2
2011	1.5	7.6	2013	1.8	10.9

（二）城镇居民收入状况总体上初步呈现"橄榄形"特征

表3显示了2013年城镇居民家庭人均可支配收入的情况，高收入户与低收入户的比值达到3.8，与前两年相比基本持平，但已经到了差距较大的地步，而中低收入户、中等收入户和中高收入户差别相对较小，将其归为中等收入群体，城镇居民人均可支配收入初步呈现出"橄榄形"，在1万个调查样本中，高收入群体占20％，人均可支配收入平均为7.2万元，中等收入群体占60％，人均可支配收入平均为3.6万元，低收入群体占20％，人均可支配收入平均为1.9万元。这表明北京市城镇居民收入基本呈现"中间大、两头小"的优良结构，社会稳定性相对较高。从职业结构上也能印证这一点，2010年北京市第六次全国人口普查显示，"国家机关、党群组织、企事业单位负责人"占城镇单位全部从业人员的3％，"专业技术人员"占20.4％，"办事人员和有关人员"占15.5％，"商业、服务业人员"占33.8％，"生产、运输设备操作人员及有关人员"占21.5％，"农林牧渔水利业生产人员"占5.8％。其中，国家与社会管理者、私营企业主、专业技术人员、经理人员、办事人员等中间阶层占到38.9％，比第五次人口普查提高约5个百分点，"橄榄形"社会结构特征明显。

表3 2013年北京市5000户城镇居民家庭总收入和人均可支配收入

单位：万元

项目	全市平均	低收入户	中低 收入户	中等 收入户	中高 收入户	高收入户
	100％	20％	20％	20％	20％	20％
家庭总收入	4.5	2.1	3.1	3.9	4.9	8.2
人均可支配收入	4.0	1.9	2.8	3.5	4.5	7.2

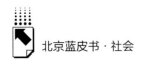

（三）收入来源多样化，工资性收入和转移性收入占主体

从 2013 年数据来看，工资性收入和转移性收入构成家庭总收入的主要门类。其中，工资性收入占人均可支配收入的 75%，居民的劳动收入所得是家庭收入的主要来源，为完成党的十八大提出的"2020 年城乡居民人均收入要比 2010 年翻一番"的发展目标，缩小居民收入差距，2013 年，本市最低工资标准调整为 1400 元，比 2010 年上升 75%，已经接近翻一番的目标。与此同时，与前几年相比，工资性收入占家庭总收入的比重有所下降，一是由于其他收入来源，如财产性收入和转移性收入总体上逐渐上升；二是随着社会保障体系的健全，所缴纳的个人所得税和社会保障费在增长，在家庭总收入中的比重逐渐增加。

转移性收入在家庭总收入中居于第二位，达到 32.5%，其中养老金和离退休金比例最大。自 2010 年起，北京市建立了居民养老金的正常调整机制，随企业退休人员基本养老金等其他社会保障相关待遇标准同步调整。尤其是在近几年北京市经济发展水平持续提高，物价水平高位徘徊，民众的生活需求不断提高的背景下，政府逐年提高各项养老金水平，居民转移性收入不断提高，惠及大量离退休人员和企业退休人员，在一定程度上发挥了缩小居民收入差距的作用。

表4　2013 年北京市城镇居民家庭人均收入细分

单位：万元

项目	全市平均	低收入户	中低收入户	中等收入户	中高收入户	高收入户
	100%	20%	20%	20%	20%	20%
可支配收入	4.0	1.9	2.8	3.5	4.5	7.2
工资性收入	3.0	1.4	1.8	2.0	3.1	6.2
经营净收入	0.1	—	—	—	—	0.4
财产性收入	—	—	—	—	—	0.2
转移性收入	1.3	0.7	1.2	1.8	1.7	1.5
出售财物收入	—	—	—	—	—	—
借贷收入	0.7	0.4	0.5	0.6	0.7	1.1

注：表中"—"表示数值较小，此处省略。

（四）教育程度、职业对居民收入的影响力增强

在北京市建设人文北京、科技北京、绿色北京的发展思路中，北京较早地实现了产业升级换代和经济发展方式的转变，第三产业在经济总量中的比重在全国居于领先位置，基本呈现发达国家的经济结构，因此高学历、高知识从业人员的需求量较大，因此这部分群体也能获得较好的职业发展和收入水平。从居民收入的个体因素来看，文化程度和职业是影响北京居民收入的两个重要因素。2013年北京市常住人口中大学及以上受教育程度占到了35.1%[①]，与2005年第五次人口普查时相比有了大幅提高，同时也远高于全国平均水平。北京市的经济结构、产业结构和经济社会发展环境，对高知识、高学历人才的吸引力无疑在全国居于领先位置，而其社会价值和个人价值也得到了很大程度的体现。受教育程度、职业和收入之间形成了重要的相互作用关系，呈现出发达国家社会的结构特征。

流动人口的情况更能反映出一个城市的吸引力和经济社会环境，第六次人口普查数据表明，在受教育程度上，6岁及以上常住流动人口中大学及以上学历比重为24.4%，即每4个6岁以上常住外来人口中有1人接受过高等教育，这一比例从全国来看基本都是最高的。六普数据还显示，流动人口受教育程度与从事职业类型也密切相关，流动人口中大学及以上学历的从业人员，其从事的职业多集中在如国家机关、党群组织、企业、事业单位负责人，专业技术人员和办事人员三种职业类别中，这一比例达到了65.3%。

二 存在问题

（一）相对于较高的人均 GDP 水平，居民收入水平较低

最近十几年，我国经济保持年均8%左右的增长速度，国内生产总值更是在短时间内跻身世界前列，但一直以来居民收入在国民收入分配中的比重较低，国民收入初次分配明显向政府和企业倾斜。北京情况与此类似，由于在全国的经济总量和人均地区生产总值中的优势位置，情况或许更为突出。2013

---

① 《2013年北京常住人口主要数据解读》，北京市统计局。

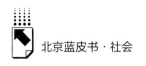

年北京人均地区生产总值超过1.5万美元，已经进入中等发达国家水平。但是，与2013年城镇居民人均可支配收入和农村居民人均纯收入相比，可以发现，后两者占人均地区生产总值的比值较低。

（二）收入分化日益明显，高收入者和低收入者收入差距大

收入差异状况是社会分层的重要考察指标，体现了社会公平度和经济可持续发展程度。"五等分法"是测量收入分化程度的有效工具，表5按城镇居民家庭人均可支配收入高低将北京市城镇居民分成五个等级。从高低收入者的收入之差来看，自2010年以来，差距在不断扩大，由4.0万元上升到2013年的5.3万元。从高低收入者的收入之比来看，自2010年以来，北京市20%的高收入者与20%的低收入者收入之比一直在高位徘徊，基本上在4左右，高收入者与低收入者收入差距过大。

农村情况也不乐观，农村居民家庭收入状况总体上要低于城镇居民，而即便在农村地区，收入分化状况也较为严重。表6显示了2013年农村居民家庭人均纯收入的分化情况，20%的高收入者与20%的低收入者收入之差达到2.4万元，绝对收入差距较往年有所降低，但收入比达到5.0，收入分化程度与城镇相比更深，这也表明在北京市除了城乡收入分化这一矛盾之外，农村收入分化也较为严重，这往往是农村地区经济发展不平衡所导致的，尤其是远郊区县的农业从业人员，整体收入水平较低。

表5　2010~2013年城镇居民家庭人均可支配收入状况

单位：万元

年份	2010	2011	2012	2013
低收入户（20%）	1.4	1.5	1.6	1.9
中低收入户（20%）	2.1	2.4	2.6	2.8
中等收入户（20%）	2.6	2.9	3.2	3.5
中高收入户（20%）	3.3	3.7	4.1	4.5
高收入户（20%）	5.4	6.3	6.6	7.2
高收入户与低收入户人均可支配收入之差	4.0	4.8	5.0	5.3
高收入户与低收入户人均可支配收入之比	3.9	4.2	4.1	3.8

表6　2013 年农村居民家庭人均纯收入

单位：万元

	全市平均	低收入户	中低收入户	中等收入户	中高收入户	高收入户	高收入户与低收入户比
人均纯收入	1.47	0.8	1.4	1.8	2.2	3.2	5.0

（三）低收入群体规模较大，新工人阶层和传统农民是主体

从表6可以看到，农村居民家庭中有40%的家庭人均纯收入平均在1.4万元以下，其中有20%的家庭人均纯收入平均为0.8万元。与城镇居民相比，农村居民的低收入家庭的规模要大，收入水平要低得多。2013 年的数据显示，农村居民家庭的收入来源主要包括工资性收入、家庭经营收入、财产性收入、转移性收入，传统上以工资性收入为主，即在企业和其他生产单位的劳动所得。当前农村居民的工资性收入和转移性收入往往成为收入高低的决定性因素：在不同地区差异较大，随着城市化和工业化的快速推进，纳入城市化的区域发展快，居民富裕，本地产业效益好的区域发展快，居民富裕，反之则发展慢、富裕程度较低。

新工人阶层包括传统工人阶级和部分外来务工人员。前者在90 年代末的国企改制潮中以买断、内退等多种方式脱离原有生产单位，很多人依靠最低生活保障维持生计。已有研究表明城市贫困人员主要构成是下岗职工、失业人员和因社会保障制度不全出现的贫困人口。北京市流动人口中，就业人口占大多数，从行业来分布看，第六次人口普查数据显示，从事批发和零售、住宿和餐饮、制造业和建筑业的比重占67.8%。从职业来看，"商业、服务业人员"和"生产、运输设备操作人员及有关人员"占就业人口的63%[1]。笔者曾经对北京市流动人口按17 个变量进行因子分析和聚类分析，结果发现流动人口划分为界限清晰三个群体，底层群体比重达到33.2%，其主要特征是知识技能能力较弱、教育程度较低、居住条件较差[2]。

---

[1] 北京市统计局：《北京市第六次全国人口普查主要数据情况》，http：//www.bjstats.gov.cn/xwgb/tjgb/pcgb/201105/t20110504_201364.htm.
[2] 冯晓英、李洋、戴建中：《北京市流动人口有序管理研究》，《北京市第六次全国人口普查课题汇编》，中国统计出版社，2012。

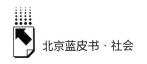

（四）在收入来源中，财产性收入和经营净收入比重过低

从北京、上海等四个省和直辖市的城镇居民家庭收入来源情况来看，可以发现，北京市城镇居民家庭收入中财产性收入和经营净收入比重较低，分别只占到家庭总收入的 1.5% 和 2.5%，而且家庭收入水平越低，财产性收入和经营净收入比重越低，即便是 20% 的高收入群体，这一比例也分别仅有 2.7% 和 5.6%。这远远低于发达国家的一般水平，其中，财产性收入在家庭总收入中的比重低是国内各省市的普遍情况。而与国内其他省市相比，北京的经营净收入不仅远低于上海等发达地区，也低于中西部许多省市。财产性收入比重较低与我国的经济制度安排密切相关，与其他国家相比，我们并未真正从所有权的经营管理上获益；经营净收入直接反映小规模个体私营企业的发展状况，草根经济活动的活力明显不足。

三　对策建议

（一）发展经济，继续把"蛋糕"做大

收入分配制度改革解决的是如何公平地让社会成员共享社会发展成果的问题，但从根本上还是要保持经济的平稳持续增长。居民收入水平从根本上取决于经济发展水平，经济发展水平低，收入分配制度设计得再公平，也是无源之水。北京"十二五"期间基本实现了地区生产总值年均增长 8% 的战略发展目标，未来能否继续保持一定的经济增长速度，是新时期北京经济社会发展的关键议题。在当前的形势下，只有以创新为驱动，推进经济发展方式转变，实现产业升级改造，大力发展高新技术产业，才能保持经济和财政增长目标的实现，才能更好地推进收入分配制度改革和民生社会事业建设。

（二）加快收入分配制度改革，建构科学合理的国民收入分配格局，提高中低收入者收入，调节高收入者收入

首先，要处理好初次分配中的公平和效率的关系，在经济发展到较高阶段和水平时，垄断性行业和国有企业的劳动者收入要显著高于其他行业和单位；此

外，高新技术企业、金融业和房地产业等则由于技术、资金和行业的相对优势地位，同样获得较高的经营收益和劳动者收入。相反，长期以来以外来务工人员为主体的商业服务业、批发零售业等行业的劳动者收入过低，两者之间差距较大。因此，需要从政策层面增加初次分配中劳动者收入，尤其是大力提高中低收入劳动者的收入。其次，提高城镇居民人均可支配收入和农村居民人均纯收入在国民收入中的比重。再次，提高中等收入群体的规模和收入。北京虽然已初步形成较优化的产业和人才结构，但传统意义上的中等收入群体的规模和收入水平与当前较高的经济发展水平不符，规模庞大的中等收入者不仅能增强经济发展后劲，同时有较强的社会意义。最后，进一步完善财税体制。加强对民生社会事业的财政投入，改变目前转移性支付城乡之间、企事业单位职工之间分配不公正的问题，提高低收入者转移支付的数量和比例；推进个人所得税制度改革，提高个人所得税的起征点，增加高收入者征税力度。

（三）提高劳动力素质，实现收入分配的起点公平

劳动力价值的重要决定因素是劳动力素质，在按劳分配的市场经济体制下，只有提高劳动力素质才能更好地提高劳动收入。国家只有为社会成员提供公平优质的教育机会和教育资源，才能提高劳动者素质，增加劳动者收入，实现收入分配的起点公平，为经济社会发展提供源源不断的人才资源。教育既包括传统的学校教育也包括职业培训等。发展教育，提高劳动力素质一是要加大教育投入，改变城乡间、区域间教育资源不均衡的现状，大力加强农村地区和教育资源相对落后的城镇地区的中学、小学基础教育的教育投入。二是要因材施教、因需施教，学校教育尤其是大学教育要在培育人格、传授知识的同时紧密结合社会发展实际需求，培养社会需要的专业人才。三是加强职业教育和技能培训，面向就业困难人员和其他社会人员，组织开展职业教育和技能培训，提高其就业技能，优化人才结构。四是加强人才引进，使人才规模和结构能够满足未来北京经济社会发展需要。

（四）加大经营净收入和财产性收入比重

经营净收入是指家庭成员从事生产经营活动中除成本和税收所获得的净收入，主要是指居民个人经营的个体企业及其他经济活动形式。如前所述，长期

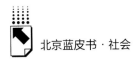

以来，经营净收入在北京居民收入中所占的比例较低。北京个体经营经济发展经历了一个曲折的过程，受当前面临着经济环境不景气和大规模城市化引发的经营成本上升的双重影响，近年来无论从企业数量还是经营状况来看都有所萎缩，而经营净收入是居民收入中最有潜力的增长部分之一，其发展虽然与各地社会风气和习俗有关，但作为特大移民城市，北京理应为个体私营经济创造更好的发展环境。应当在当前的政策设计中探索政府管理、居民服务和经营者发展"三赢"的运作方式。此外，通过完善相关的制度设计，保障居民财产性收入的稳步提高，增加财产性收入在居民可支配收入的比重，也是提高居民收入水平的重要方向和举措。

（五）进一步完善社会保障体系，提高社会保障水平

健全和完善社会保障制度，第一，要扩大社会保障覆盖范围、提高社会保障支付水平。在社会主义现代化国家，建立起广覆盖、高保障的社会保障制度是经济社会发展的重要目标，也是造福人民、全民共享经济发展成果的基本举措，这一社会保障制度建设的基本思路在理论和实践上都是毋庸置疑和不可动摇的，任何以市场竞争来"淡化"社会保障制度建设目标的政策和行为都是站不住脚的。第二，要完善医疗、住房和养老等社会保险体系。加快推进医疗保险制度改革，在医药分开和社区医疗体系建设上有所突破，建立起多层次住房保障体系，完善养老保险制度，提高企业职工养老保险水平。第三，完善最低生活保障制度。提高最低生活保障支付标准，实行最低生活保障标准的物价指数并探索建立最低生活保障制度的个人信用体系。第四，完善农村合作医疗制度，提高"大病"的报销比例；在推进城乡一体化的进程中，尽快实现社会保障制度的城乡对接。第五，提高社会保障管理工作水平，通过制定实施地方性法规和各项政策，形成高效、安全的社会保障运行体制。

（六）加快促进城乡一体化，促进公共服务体系的完善和均等化

加快城乡一体化进程，促进公共服务体系的完善和均等化，是缩小城乡经济社会发展差距的主要内容之一。主要做法包括，一是为农村集体经济组织的发展创造更好的政策和资金条件。在土地规划上，增加产业用地面积，加大资金支持力度，优先土地上市等，实现农村集体经济可持续发展；二是尽快完成

社会保障制度的城乡对接，实现城乡公共服务均等化。在拆迁改造后，加快实现"转居"农民各项社会保障制度的有效衔接，这是缩小城乡居民收入差距的重要保证；三是加强农民的职业教育和技能培训，在传统的农业生产经营活动和"瓦片经济"之外，拓宽转居农民尤其是年轻一代的就业渠道，进一步提升劳动者素质和劳动力价值。此外，在广大的远郊区县尤其是农村地区，要进一步加大资金投入力度，全面提升教育、医疗、养老等公共服务设施的供给数量和质量。

（七）提高和保障外来务工人员的收入和待遇水平

近年来，外来务工人员的年龄结构、受教育程度和职业结构都与往年有较大差异，第六次人口普查数据显示，大学及以上受教育程度的高学历流动人口已经占到全部流动人口的1/4强，而从事国家企事业单位负责人、专业技术人员、办事人员等职业的比重也能占到1/4。这部分群体是北京市经济社会可持续发展的重要生力军，他们学历高、收入稳定，很多人已经购买住房或有定居打算，但却难以享受与户籍市民同等的待遇。此外，对于大多数从事批发零售业、住宿餐饮业、制造业和建筑业等传统劳动密集型行业的外来务工人员，迫切需要在产业转型和升级的过程中，将其纳入就业帮扶和职业教育的政策统筹范围，一是强化职业教育培训，进一步提升其本领技能，提高其在劳动力市场中的竞争力；二是依法保障外来务工人员的劳动权利，加强企业非法用工的政府监管，维护外来务工人员的劳动和获得报酬的权利；三是改善非正规就业的制度设计，借鉴国外先进经验，科学有效地开展非正规就业的服务管理工作；四是完善社会保障制度，切实将外来务工人员纳入本市社会保障体系。政府相关职能部门在制定收入分配政策，以及居住、医疗、教育和养老等相关社会保障政策时，理应将外来务工人员逐渐纳入政策对象和统筹范围。

B.9

北京市的创业促进与创业
发展新趋势分析

汪琳岚*

摘　要：　推动创新创业不仅对推动北京市经济结构转型和可持续发展
意义重大，而且对社会发展影响深远。2014 年，中央和北京
市推出多项政策促进创业，包括注册资本登记制度改革、大
学生创业引领计划等，进一步明确了鼓励创业的政策导向。
在北京市，创新创业的发展也使公共服务和居民服务的供给
方式发生了不同程度的变化，创业者聚集方式的社区化也开
始重新定义城市空间的使用方式。在倡导创业服务市场化、
专业化发展的同时，政府还需关注外来青年人才、本地就业
困难人群与创业相关的特定需求，为创业对社会建设的进一
步带动创造条件。

关键词：　创业　社会建设　公共服务　社区化　北京

由于经济发展水平相对较高、公共服务相对健全，北京本地户籍大学生等
特定就业群体的压力相对较小，而外地来京移民人口多在经济和就业机会驱使
下来京，流动性较强，因此，在北京市推动创业发展的主要动力在于主动引领
产业结构调整、融合先进的科技和活跃的文化、培育世界范围内有影响力的新
兴产业和龙头企业，并通过创新、创业带动医疗、交通、养老等公共服务模式
的完善，带动城市空间新型使用方式的变革以及就业困难人群谋生方式的革

---

* 汪琳岚，北京市社会科学院社会学所助理研究员。

新。因此，推动创新创业的发展不仅对区域经济发展意义重大，而且对社会发展也影响深远。

一 北京市创业群体发展现状：以青年群体为例

北京市青年创业群体的总体特征是大多受过高等教育、多集中在传统服务业领域、大多月收入不足万元。2013 年 10 月至 2014 年 10 月，北京团市委历时一年，对全市工商注册登记的 57 万余名创业青年进行了抽样调查，发布了《北京市创业青年群体发展状况调研报告》。调研群体的定义是"年龄在 18 至 40 周岁并在北京市工商管理部门注册登记 5 年以内（含 5 年）企业的法定代表人（含合伙人）和个体工商户经营者"。《报告》显示，全市创业青年群体有几大特征：第一，创业青年平均年龄为 32.25 岁，其中 55％ 为没有北京户籍的"北漂"。这些"北漂"青年人不仅在地理位置上经历了迁移，而且在谋生方式上选择了较为有风险的创业。第二，大专及以上学历者在青年创业群体中的比例超过 2/3，5.7％ 的创业青年有留学经历。可见，创业青年大多受过高等教育，这对他们的经营领域和经营方式选择产生影响。第三，青年创业人数最多的三个行业分别是批发和零售业 243691 人，科学研究和技术服务业 119777 人，租赁和商务服务业 81281 人，可见在行业选择上，传统服务业和现代服务业并重。第四，从经营现状来看，赢利、保本、亏损的经营者各占 1/3，73.5％ 的创业青年月收入在万元以下，可见大多数创业青年仍在为维持基本生活而奔波①。

二 创业政策的新动向：从工商登记改革到
特定人群的创业促进

（一）注册资本登记制度改革大举提高新创企业数

注册资本登记制度改革显著激发了创业活力。2014 年，国务院出台《注

---

① 刘旭：《北京 57 万创业青年传统服务行业占比八成》，《北京青年报》2014 年 12 月 19 日。

册资本登记制度改革方案》，注册资本登记制度改革于 2014 年 3 月 1 日全面实施。新制度的推行降低了创业成本，激发了民间的投资活力和创业热情。在改革方案中，对创业最直接的利好是放宽注册资本登记条件。除法律、行政法规以及国务院决定对特定行业注册资本最低限额另有规定的外，取消有限责任公司最低注册资本 3 万元、一人有限责任公司最低注册资本 10 万元、股份有限公司最低注册资本 500 万元的限制。这一制度推出以后，降低了创业的门槛，对小微企业特别是创新型企业的发展有极大的促进作用。北京市工商局的数据显示，注册资本登记制度改革一经推出，2014 年 3 月，全市共登记企业名称 3.62 万个，新设企业 1.56 万户，同比增长 67.75%。新设公司注册资本集中分布在 10 万至 500 万元的传统区间，可见制度改革对中小微企业发展的促进效果尤其显著。

从 2014 年全年的数据来看，北京市企业总数和新设企业的增长速度都大幅上升，如图 1 所示。北京市工商局 2014 年 12 月 25 日公布的数据显示[①]，截至当日，本市企业户数突破百万，达 1000056 户，同比增长 20%；企业创业时间较改革前减少 10 天。新设企业的增长速度比起以往有显著提升。2014 年以来北京市新设企业 17.67 万户，同比增长 56%，远高于以往几年 10% 左右的增长水平。

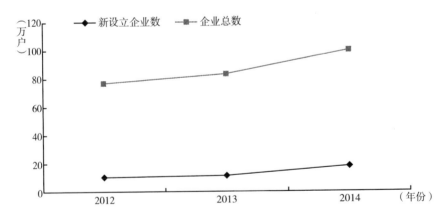

图 1　北京市新设企业数和企业总数变化

---

① http://www.hd315.gov.cn/xxgk/jqdt/sjdt/201412/t20141226_1201636.html，北京市工商局网站，2014 年 12 月 25 日。

（二）鼓励大学生创业的政策导向进一步明确

和以往促进大学生就业的政策不同，2014 年国家推出的一系列政策对大学生创业的引导和鼓励更为明确。以往，大学生创业政策通常是大学生就业政策中的一部分，鼓励政策体现在税费减免、信贷支持、提倡引导等几个具体方面。2014 年 5 月 22 日，人力资源和社会保障部、国家发展改革委、教育部等九部委联合下发了《关于实施大学生创业引领计划的通知》，通知提出实现 2014～2017 年引领 80 万大学生创业的预期目标。并且，在国家出台统一文件的基础上，各省市结合自身特色出台实施细则，从高等院校创业教育、金融机构融资支持、政府部门服务管理、社会力量动员参与等多个方面提出明确的政策，不仅把鼓励大学生创业作为大学生就业工作的一部分，而且希望积极促进创业的质量提升。此后，2014 年 12 月，教育部下发通知，提出高校要建立弹性学制，允许在校学生休学创业，这是国家教育主管部门第一次明确对休学创业予以认可，为大学生创业减少了政策障碍。

北京市人力社保局等十部门 2014 年 9 月发布《北京地区大学生创业引领计划实施方案》，结合"立足新时期首都城市战略定位、首都经济产业结构调整和京津冀协同发展需要"推出一系列有针对性的政策。除贯彻国家政策以外，北京市提出的特有政策包括：第一，明确提出了引领在京创业的大学生人数，并重点提出战略性新兴产业以及生产和生活服务业这两个产业的创业大学生比重稳中有升；第二，北京地区高校的创业教育的重要性以创业基础教育列为必修课的形式进一步明确，将创业教育更深层次引入高等教育体系中；第三，针对经济发展新趋势，提出对开设"网店"创业的大学生和科技型小微企业的扶助政策；第四，为经营大学生创业场所的区县、高校或企业等提供帮助和指导；第五，开设专门服务窗口，为创业大学生提供一条龙服务，使创业大学生办理各项手续更为便利；第六，建立大学生创业工作及相关数据信息定期统计报送制度。

2014 年下半年，北京市为推进大学生创业工作，建立了首批示范性高校创业指导中心和首个市级大学生创业园。北京市教委《北京市教育委员会关于开展北京高校示范性创业中心建设工作的通知》2014 年 10 月发布，力争用三年时间建设 40 个左右示范性高校创业指导中心，已有 24 所高校首批入选。

2015 年 1 月，北京市教委与房山区政府签约共建北京高校大学生创业园。创业园中 5000 平方米的场地用于创业团队入驻，5000 平方米用于创业服务。接收对象为北京高校在校生、应届毕业生和毕业时间两年内的毕业生，并对入驻的大学生创业企业免收两年场地费用。市教委还将通过财政专项对创业团队提供补贴①。

（三）残疾人创业促进鼓励多方参与

残疾人的创业促进经历了以政策资金扶助为主逐步转向政策资金扶助、政府购买社会组织服务促进残疾人就业、借助社会力量孵化残疾人创办企业并举。政府部门、社会组织、市场主体共同参与到残疾人的创业促进和就业工作中。

多年来，残疾人的创业促进政策以财政资金的直接扶助为主。2001 年，市残联曾出台政策，对从事个体经营实现就业的残疾人一次性给予 2000 元的扶持。八年后，2009 年 4 月 1 日实施的《北京市扶持残疾人自主创业个体就业暂行办法》，把开办私人企业的残疾人也纳入政策扶持对象，并大幅提高了个体经营和创办企业的资金扶持额度。2014 年，北京市研究修订残疾人自主创业扶持办法，扶持壮大一批残疾人自主创业企业。

近几年来，随着政府向社会力量购买服务推动公共事业发展的深入和网上创业热潮的推进，出现了通过政府购买服务社会组织服务、社会组织帮助残疾人网上创业的新潮流。以北京市 "I" 创计划——残疾人网上创业行动培训支持计划为例②，该计划通过北京市社会建设专项资金购买社会组织服务项目的评审，并获得 30 万元的市级财政专项资金支持，于 2012 年启动。该计划推出的背景是，北京市劳动年龄段内残疾人有 17.4 万，尚有 3.2 万有就业需求的残疾人未实现就业，重度残疾人达 2.2 万人，而电子商务的发展给了残疾人通过自主创业谋生的空间。该计划采用集中授课与网络学习结合的方法，聘请专家和志愿者对北京市及全国各地有创业意向的残疾人及其家庭开展创业培训，

---

① 张晓鸽：《大学生创业园将落成创业两年内免场地费》，《京华时报》2015 年 1 月 1 日。
② 牧歌：《 "I" 创计划进展情况——帮助残疾人实现网络创业的梦想》，http://www.cjrjob.cn/? action-viewnews-itemid-47280，2012 年 3 月 23 日。

帮助残疾人及其家属实现网上创业,并结合网络时代营销特色探索网络创业新模式。

创业和市场趋势联系紧密,残疾人创办企业也需要借助孵化器平台与市场主体有密切互动、接受创业培训、获取多方面资源。在北京的创业孵化器中,尚没有专门为残疾人创业开办的孵化器。目前,市场上的孵化机构曾为残疾人创办的科技企业提供孵化培训和服务。北京市唯一的一家残疾人创办的科技企业,由曾为盲人按摩店老板的盲人曹军创办的"北京保益互动科技发展有限公司"2013 年进入微软云加速器这一创业孵化器,在此接受创业导师培训、接触其他企业、开阔视野,同时寻求与微软深度合作的机会。该公司专门为盲人开发在移动上使用的软件,通过科技创新服务残疾人的日常生活[①]。截至2014 年,保益互动公司员工有 40 多名,其中 30 多名都是盲人,保益软件的测试和客服团队 22 名全是盲人。

三 创新创业对公共服务和居民服务变革的推动

(一)创新创业对公共服务供给方式变革的带动:以医疗为例

医疗是社会建设的核心领域之一。2014 年,互联网医疗发展势头迅猛,该行业在北京的风险投资案例数在全国居首位。中国互联网医疗有十个细分领域,穿戴式设备、医疗服务、移动医疗应用、健康应用、在线社区、医药电商、医疗设备、基因检测、大数据、门户网站。2014 年中国互联网医疗的投融资趋势中,穿戴式设备这一细分领域引领互联网医疗的投资走向,获得融资企业有 28 家,已公布投资额 19860.86 万美元。在全年投资地区分布上,互联网医疗投资主要覆盖全国 13 个省市。其中北京市场共发生投资 35 起,占总投资数量的 38%,在全国居首位[②]。在美国,2014 年针对互联网医疗领域的风险投资总额已经超过了 41 亿美元,这几乎相当于之前三年(2011~2013 年)

---

① 方彬楠:《海淀园打造创业孵化投资一体完整链条》,《北京商报》2013 年 3 月 18 日。
② 动脉网互联网医疗研究院:《2014 年中国互联网医疗投融资报告》,2015 年 1 月 1 日,http://www.vcbeat.net/8620.html。

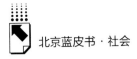

的总和，比 2013 年增长了 124%①。

新技术和新业态已开始对公共医疗服务产生影响。以挂号为例，窗口挂号、114 挂号为传统的挂号方式，2011 年，北京市预约挂号统一平台上线，2013 年推出移动版，此后，2014 年，包括北京大学第一医院、中日友好医院、北京中医医院、同仁医院、北京协和医院在内的共 8 家医院开通微信挂号服务，2014 年 8 月，支付宝与北京友谊医院合作，正式上线了手机客户端的支付宝服务，患者可在手机上完成挂号、交费、排队候诊与支付、取报告等就诊环节，节省多次排队等候的时间。

除医院与大型互联网公司合作开发掌上智能就医平台以外，最近两三年内兴起的创业型公司也开始推出移动互联网产品，参与到医疗的各个细分领域。以 2011 年在北京创办的春雨医生为例，该产品为医生和患者搭建平台，提供医生的在线医疗健康咨询服务，同时还开通了预约挂号、健康管理等服务功能。

（二）创新创业对居民服务的提升：以地下空间改造为例

地下空间是居民小区公共空间中的一种。北京市近年来加大了对地下空间的整治力度。2011 年，北京市政府颁布第 236 号令，对 2004 年颁布的《北京市人民防空工程和普通地下室安全使用管理办法》进行了修改，其中增加的关于出租房屋的规定为，"地下空间的安全使用应当符合本市有关房屋建筑使用安全管理、治安管理和房屋租赁管理的相关规定以及规范、标准。地下空间用于出租的，应当按照本市房屋租赁管理的相关规定办理登记。禁止将违法建设的地下空间出租，禁止将规划用途为非居住用途的地下空间出租居住。"

面对地下空间大量出租的现实需求与管理难题的矛盾，设计师周子书运用设计理念和社会企业的经营方式改造和运营地下空间，引起了社会的广泛关注。2013 年 11 月，周子书找到北京某区县的地下室，在征得出租管理人同意后，开始逐步对地下空间进行改造。他重新粉刷了楼道空间，并以一个房间为试验地，先后设计、粉刷成电影院、工作室，使原本老旧凌乱的空间变得有

---

① Rock Health（美国互联网医疗孵化器）著《41 亿美元的投资新高 Rock Health2014 互联网医疗投资年度回顾》，赵平译，2015 年 1 月 7 日，http：//www.vcbeat.net/8792.html。

序、整洁、温暖。今后，他计划将地下室一部分出租给外地来京的移民，一部分出租给年轻艺术家和设计师，一部分改造为教室和工作坊，一部分开办画廊、咖啡馆，此外，还留一部分空间给楼上居民作公共空间使用。改造后的地下空间功能更加齐备，集办公、居住、公益、休闲为一体，为楼上居民和楼下居民互动、在此租住和办公的居民之间的互动等提供空间，打造为一个有活力的社区。这一地下空间以社会企业的理念运营，用商业反哺公益，一方面符合政府对地下空间作为当地进行社区公益服务的功能定位，另一方面以适当的商业运营维持公益部分的可持续发展。

四　创业、人际互动与城市空间的
重新定义：创业者的社区化

过去以政府主导的、在特定空间内进行资源整合的孵化器正在迅速向市场主导的、专业化、空间形态多样化、社区化方向发展。部分科技型初创企业轻资产、小团队新特点使得创业者对新型创业孵化器的需求逐步增长，政府机构开始对多种孵化器进行集中办公区认定，并给予一系列扶助。2013 年 2 月，海淀在全国范围内率先推出《创业期科技型企业集中办公区管理办法（试行）》，由集中办公区为创业企业提供集中办公住所注册、工商、税务、财务、社保等代理服务及创业咨询、投融资等增值服务。团队人数少、办公需求简单的创业公司注册地不再是难题。符合特定条件的集中办公区经营管理机构向集中办公区联席会提出申请，经联席会审议批准，由区政府统一向社会公布。2013 年首批认定的办公区有 11 家，类型多样，有科技企业孵化器（厚德创新谷等）、市属事业单位（北京技术交易促进中心）和协会组织的集中办公区（中关村创新企业发展促进会）、知名创业投资平台（创新工场）、创业咖啡馆（3W 咖啡、车库咖啡）。2014 年，另有 34 家孵化器入选。这 45 家孵化器均能获得一定的政府补贴。

在以上孵化器中，创业咖啡馆已成为一种值得注意的创业者聚集形态，为创业者提供成本低廉的开放式办公方式，使创业者社区化。2014 年 6 月，海淀图书城一条街改造成为中关村创业大街，截至 2014 年 12 月，共有 13 家机构入驻创业大街，包括创业主题咖啡店、投资机构以及媒体，创业主题咖啡店

提供办公场地、提供投融资信息服务、举办沙龙活动等。以 2011 年 4 月开业的车库咖啡为例，入驻团队只需消费饮品便可在咖啡厅内免费办公一天，咖啡厅内提供了网络、电源等设施，还提供了公共演讲台和小型会议室等空间。创办以来，曾在车库咖啡办公的创业团队中已有几十个获得了投资。

创业者的聚集不仅为创业者与市场上下游和投资人之间搭建了桥梁，而且为创业团队之间密切的面对面互动创造了条件。在当今基于互联网的创业浪潮中，创业者和投资人之间的互动更为紧密，大量创业者提出创业构想，投资人也在海量项目中寻找有发展潜力的项目；此外，科技型初创企业重视新技术的研发和新商业模式的发掘，创业团队内面对面的头脑风暴以及来自外脑的激发有助于创业者不断调整对自身的定位以及对产品的定位。

创业者的社区化发展趋势对城市空间的利用方式提出了新的要求。一方面，创业者对办公空间的需求更为多样，希望在使用时间长短上更为灵活，在使用空间的封闭和开放之间有随意调整的可能。针对这种需求，除以上提到的各类服务初创企业的创业孵化器意外，北京市有房地产商推出了可供短期租赁的办公室，用户可通过官网预定，选择办公位置。租赁人数可以少至 1 人，租赁时间也可以少至 1 周。选定办公位置后，用户可在线支付订单、签订租赁合同。另一方面，办公空间的灵活多样也逐步延伸到对居住空间的重新定义。创业者在办公空间集中办公、面对面互动之后，往往分散到各处居住，在通勤上花费相当的时间和价格成本。近两年来，北京、上海、广州等地出现了面向青年人的公寓，公寓内通过对入住人员的筛选、大型公共空间的设置、文体活动和社交互动氛围的营造、私人住宅区域的时尚化设计，通过入住青年密切互动使公寓成为城市中的新熟人社区，有志于创业的青年也可以在和同行以及各行业居住者频繁的面对面互动中激发灵感。

五 创业领域社会建设的问题及建议

（一）青年创业人才的流失风险

科技创新实力雄厚、各层次人才聚集是北京市的突出优势，然而，创业青年人才也存在潜在的流失风险。由上文的数据可见，北京市的青年创业者中

"北漂"青年占比过半,而北京团市委的追踪调查显示,2014年有大学学历的非京籍青年人才的离京意愿比起2013年进一步增强,受访对象中明确表示打算长期在北京发展的不足三成,60%以上的受访者表示35岁以前就有可能离开北京①。非京籍青年人才包括了有志于创业的青年,他们共同面临居住成本高、通勤成本高的问题,传统的租赁市场提供的住房的稳定性差、权益保障不力、居住环境复杂,外来青年们还需在可支付的租房价格、可接受的居住条件与通勤的时间和经济成本之间做出权衡。

除北京外,各大城市正在陆续推出鼓励创业的各项政策,吸引青年创业人才,而基于互联网的创业以人才为核心,有活力、有冒险精神的外来人才的流失,会对创业生态产生消极影响,长期来看更会影响由创新创业激发的新业态发展。北京市可重点关注刚刚兴起的由社会资本兴建的青年公寓理念,搭建平台,进一步借助社会力量,在产业园区、创业者集中区域附近整合闲置的或者利用率不高的空间区域,通过整合社会资本、设计师、青年管理人才,重新设计适合青年人口租住的公寓,为青年创业人才提供通勤成本低、兼具私密性和社区性、保障居住尊严的空间形态。

(二)创业扶助的人群细分和市场整合

伴随着创业热潮的兴起,创业服务逐步发展起来,内容包括提供办公场所、组织培训、提供法律财务等相关中介服务、促进成果转化、搭建平台与投资人对接等等。创业服务的内容逐渐向多方面延伸,创业服务的提供机制也愈加市场化,创业者不再是埋头苦干的独行侠,他们需要借助创业服务,在瞬息万变的市场环境中快速积累经验、改进产品、改善管理和寻求资本注入。

然而,在创业促进市场化、专业化的发展趋势下,特定相对弱势的已创业人群和潜在创业人群还需得到进一步帮扶,例如以自主创业为生的残疾人,他们的创业领域和经营方式与主流人群存在一定差异,针对这类人群,政府还需创新创业服务机制,一方面搭建桥梁与市场上专业的创业服务进行对接,另一方面推出有针对性的扶助政策。

---

① 北京团市委:《推动青年公寓建设留住首都"人口红利"》,2015年1月24日,中国新闻网,http://www.chinanews.com/df/2015/01-24/7001455.shtml。

北京市可借鉴外省市经验，不断整合资源为残疾人提供创业服务。例如，可通过房租减免、现金奖励等方式鼓励基层单位、社会力量利用闲置场地建立适合残疾人办公或为残疾人提供创业服务的创业孵化中心，为创业者面对面互动和互相激发营造空间，并引导社会组织和市场机构为残疾人展开创业培训和相关咨询服务，对残疾人创业者设计的有发展潜力的创业项目进行评估和追踪，在符合市场规则的情况下给予进一步创业服务。

北京市养老保障建设现状与反思

李金娟*

摘　要：　随着人口老龄化问题的日益严峻，养老保障建设也日益成为政府工作的重点内容。文章梳理并分析了当前北京市养老保障建设中取得的成就与面临的主要问题，并在此基础上提出对策建议：一要基于老年人日益多元化的养老保障需求不断丰富养老照顾内容；二要搞好养老公共政策的协调运行；三要从促进专家团队的多层面介入、加强养老服务人才的培训、对社区工作者进行定期培训以及培育养老服务组织等方面着手搭建养老服务的专业化支持网络；此外，还要在做好上述工作的同时推进老年长期护理保障计划的实施。

关键词：　养老保障　社会化养老　专业化支持　长期护理保障　北京

党的十八届三中全会强调了建立更加公平可持续的社会保障制度的重要性，并在《中共中央关于全面深化改革若干重大问题的决定》中进一步强调了积极应对人口老龄化、加快建立社会养老服务体系和发展老年服务产业的重要性。作为首都和全国经济、政治、文化中心，北京市在养老保障体系建设过程中取得一定成就，同时也存在一些问题，在新时期面临更大的挑战。

＊李金娟，博士，北京市社会科学院社会学所，研究领域为社会福利、文化社会学。

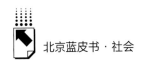

一 北京市养老保障建设现状

（一）养老保险制度覆盖范围进一步扩大

近年来，北京市不断加快建设覆盖城乡社会保障体系的步伐，目前已经建立了以城镇职工基本养老保险制度、机关事业单位退休制度、城乡居民养老保险制度、城乡无保障老年居民养老保障制度为主要内容的养老保障体系。

当前，北京市政府不断通过政策调整的方式进一步扩大了养老保险的受益人群。截至 2013 年底，从城镇职工基本养老保险制度的参保情况来看，北京市参加城镇职工基本养老保险人数为 1311.3 万，参保率为 97.6%；从城乡居民养老保险制度的参保情况来看，北京市一方面通过创立"个人账户 + 基础养老金"的新型农村社会养老保险制度模式每月为参保农民支付基础养老金；另一方面则通过统筹城乡居民养老保险制度的实施实现了城乡全体居民养老保险制度全覆盖。目前全市参加城乡居民养老保险人数为 180.05 万，参保率为 95%；从城乡居民福利养老保障情况来看，全市有 52.09 万名城乡居民享受福利养老金待遇。

2014 年，北京市通过创新一系列养老保险政策，从经济保障的层面进一步提升了城乡养老保障水平。一方面，为做好农民工群体及城镇非从业居民在不同养老制度框架下的养老保险衔接工作，北京市政府制定了《城乡养老保险制度衔接暂行办法》并于 2014 年 7 月开始实行。另一方面，为统一城乡居民养老保险制度，北京市于 2014 年 8 月推出了新的养老保险政策，从制度模式、缴费标准、养老保险待遇、城乡居民和城镇职工养老保险衔接办法、养老金的正常调整机制、基金管理以及养老保险的收缴和发放等方面对北京市城乡居民养老保险制度予以统一。

总之，北京市政府通过创新养老保险政策，不仅在一定程度上保障了日益增多的老龄人口权益，而且促进了老龄化急速发展现实下可持续养老保障体系的建设。

（二）居家养老服务体系建设成效显著

北京市政府分别于 2008 年、2009 年出台了《关于加强老年人优待工作办法》与《北京市市民居家养老助残服务"九养"办法》，并于 2010 年通过实施养老（助残）券服务制度，逐渐改变了传统福利供给和递送的模式，一定程度上满足了北京市老年人的居家养老需求。为不断提高社会化养老服务能力，在全面贯彻《中国老龄事业发展"十二五"规划》、深入实施新修订的《老年人权益保障法》及"九养"政策的基础上，北京 2014 年围绕"9064"养老服务模式，继续积极推动养老福利由补缺型向适度普惠型转变，居家养老服务体系的建设与发展取得了一定成就。

首先，基于服务券使用过程中的一些不便，北京市政府不断探索并于 2014 年 7 月 1 日起在海淀区试行居家养老（助残）服务券变卡工作，未来将在全市实现居家养老（助残）券电子化，即老年人持北京通养老助残卡到签约服务单位消费时，可享受服务费用打折、优先结账等优惠待遇，为老服务更加便捷。

其次，在社区实务的运营上，北京市不断加大社区为老服务的力度，从城乡社区养老餐桌及养老无障碍服务车的配备、城乡社区托老所的建立等方面着手，为老年人提供基本就餐、医疗、出行、应急等方面的便民服务。从社区医疗卫生服务层面而言，截至 2013 年底，全市社区卫生服务机构为老年人建立健康档案 284.8 万份，免收普通门诊挂号费 1231.3 万人次，免费查床 4251 人次，为 43 万老年人免费体检。从社区养老服务设施设置层面而言，统计数据表明，北京市目前已建立约 4240 个养老（助残）餐桌，4363 个托老所并发展了 1.7 万家养老（助残）单位。

除此之外，北京市还注重智能化信息平台的建设与运营，充分发挥"北京市养老（助残）96156 精神关怀服务热线"的作用，目前已累计为老人服务 10 万余小时，通过疏解老年人的不良情绪促进了老年人自身的身心健康水平。

值得一提的是，随着社区养老（专业化的居家养老）作为应对老龄化的有效路径这一共识的形成，为持续有效满足老年人多样化的居家养老服务需求、充分解决"医养结合"问题，北京市人大常委会已于 2014 年启动《北京市居家养老服务条例》（以下简称《条例》）立法工作，试图通过立法构建居家养老服务保障体系，完善居家养老制度和体制机制建设。

（三）多元化养老服务体系建设力度加大

基于家庭小型化、空巢老人、高龄和失能老人数量的不断增多，以及老年

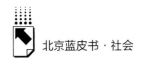

人养老服务需求从经济供养到多方面需求的转变，北京市近年来坚持将养老服务体系作为创新社会管理的重要抓手，围绕"9064"养老服务模式，一方面不断推进老年福利适度普惠制的形成并加快养老机构建设步伐，另一方面开始注重养老服务照顾产品的高品质要求与内容丰富性的拓展。

第一，扩大了老年福利制度覆盖范围。北京市政府在2014年10月发布的《北京市人民政府关于加快推进养老服务业发展的意见》中首次将失独老人纳入政府的福利保障体系。

第二，社会福利机构建设步伐加快。截至2013年底，全市养老服务机构共410所，其中政府办211所，社会办199所，投入运营的养老服务机构床位总数达80516张。

第三，北京市政府2014年继续积极推动政府购买服务机制的建立与运行，支持社会组织开展为老服务行动，有效发挥了社会组织服务社会、服务老龄群体、服务民生的作用，推动了老年社会福利事业多元化支持网络的日益完善。

二　北京市养老保障建设的主要问题与挑战

（一）未富先老、急速老龄化是养老保障建设的严峻现实

当前，随着老龄化进程的加快，北京市养老保障服务体系建设的重要性日益凸现。实现社会养老保险的全覆盖、保基本、体现公平性等是北京市养老保障发展的目标，但现有的养老保障体系如何实现对现有老龄人群以及即将进入老龄阶段人群的全覆盖，是未来这项制度面临的最大挑战。

根据2014年9月29日发布的《北京2013年老年人口信息和老龄事业发展状况报告》中的数据显示，全市户籍总人口为1316.3万人，北京市60岁及以上户籍老年人口279.3万人，在2012年的基础上增加了16.4万人，占总人口的21.2%；80岁及以上户籍老年人口47.4万人，比2012年增加4.8万人，占总人口的3.6%[①]。由此可见，在老龄人口基数大的前提下，北京高龄人口

---

① 北京市老龄工作委员会办公室：《北京市2013年老年人口信息和老龄事业发展状况报告》，2014年9月29日。

的持续上升也为养老照顾工作带来了不小的压力与挑战。预计到 2020 年，全市老年人口将达到 450 万，占到总人口的 20%，人口老龄化形势将更为严峻。与此同时，人口老龄化的急剧发展也导致了老年人口抚养比的上升。截至 2013 年底，"按 15~59 岁劳动年龄户籍人口抚养 60 岁及以上户籍人口计算，北京市总抚养系数为 46.5%，其中老年抚养系数为 31.5%，较之 2012 年增加了 2.1 个百分点，北京的老年人口抚养系数首次突破 30%"①。

上述数据表明，随着老龄化进程的加快，北京市社会基本养老保险的负担也越来越重，有待在未来得到缓解。

（二）养老服务供需矛盾突出

1. 养老照顾产品较为单一

随着物质生活水平的逐渐提高，老年人的养老需求内容也发生了显著的结构性变化，主要表现为：一方面，正在从以经济供养为主转向基于经济保障基础的集日常生活照料、精神慰藉以及个性发展于一体的多方位照护需求。另一方面，基于经济水平和社会地位的差异，老年人群内部的养老需求也呈现出多层次、多元化的异质性特征。

而与此同时，由于目前我国养老服务市场尚未形成体系，老年人对于养老照顾服务的使用率还处于较低水平。北京市西城区的一项调查数据表明，"47% 的被访老年人有上门看病的需求，但目前能够经常使用该项服务的老人不足 1%"②，而这一状况在有着强烈照护需求的高龄老人和失能失智老人人群中表现更为严峻，"接近一半的失能老人最急需的是生活起居照料，如帮助穿衣、洗澡、如厕等，其次为取药看病，比例为 14.0%，……目前仅有 25% 的失能老人接受过社区专门的服务"③。

归根结底，养老照顾产品的缺乏一方面是由于配套政策不到位，社区内各

---

① 北京市老龄工作委员会办公室：《北京市 2013 年老年人口信息和老龄事业发展状况报告》2014 年 9 月 29 日。

② 宋卫东、赵巍：《北京市西城区老年人社会养老服务现状及需求分析》，《中国社会报》2014 年 4 月 2 日。

③ 宋卫东、赵巍：《北京市西城区老年人社会养老服务现状及需求分析》，《中国社会报》2014 年 4 月 2 日。

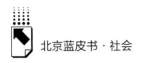

类养老资源还处于一种比较松散的碎片化状态，照顾需求与养生健康以及养老消费市场尚未形成良性互动；另一方面则是由于养老公共政策间协调不足、从事一线养老服务的社会组织严重短缺。

2. 养老服务机构数量不足且分布不合理

2013年，北京市养老床位总量为80516张，虽然较之2012年约71500万张的数量有所增长，但是对照16.4万老年人口的增长量，机构床位的缺口显然还比较大。另外，统计数据表明，截至2014年6月底，"北京全市已开业运营养老服务机构400家，养老床位总量10.2万张，百名老人拥有床位3.5张，养老床位总量偏少与结构性空置并存"①。

以北京市2013年老年人口数据为准，如果以每年增加近20万的老年人口数量估算，2014~2020年，北京市60岁及以上老年户籍人口数量将增加百万左右。而按照目前养老床位的增加速度来看，预计到2020年能够达到16万张床位②，届时约每24名老人拥有1张床，与"每5名老人拥有1张床"的国际标准还相差甚远。由此可见，北京市养老机构在未来的运行压力还比较大。

此外，据统计，北京市老年人口主要分布在朝阳、海淀、丰台和西城4个区；而养老机构则主要分布在远郊区县，空间上主要分布在五环以外③。而对于大多数有照料需求的老年人而言，更倾向于选择在熟悉的社区养老而非空间距离较远、费用较高、亲人不便探望的养老机构，一定程度上造成了养老院居高不下的空置率。与此同时，由于入住门槛高、机构由于风险规避而拒收失能老人等因素，一些急需获得专业照料的失能老人反而老无所护，无法获得照料中心及养老院的专业服务，形成养老真空。

3. 专业养老护理人才匮乏

所谓从事养老服务行业的专业人才，一方面是指通过专业职业教育或继续培训的形式进入北京市各类养老机构从事相关工作的养老护理员及管理人员

① 《北京：力争2020年全市养老床位达到16万张》，http：//news.xinhuanet.com/local/2014 - 09/24/c_ 1112613683.htm。
② 《北京：力争2020年全市养老床位达到16万张》，http：//news.xinhuanet.com/local/2014 - 09/24/c_ 1112613683.htm。
③ 参见《北京市养老机构发展研究报告》，2014年第三届北京国际老龄产业博览会。

等；另一方面也指介入社区为老服务的社会工作者、心理咨询师及医护人员等等。

从养老护理员的层面来看，未来对专业养老护理员的需求极为迫切。目前，北京市在册登记的养老机构（含市属、区属、民办）共 388 家，护理人员约有 5500 名，且多是"文化素质低、专业技能差、年龄普遍偏大、流失严重"[1] 的"40、50"人员，缺乏系统的专业培训。如前文所述，预计到 2020 年，北京机构养老床位会达到 16 万张；按照每 4 个老人配备一名工作人员的比例计算，届时北京至少需要 4 万名机构护理人员（这还不包括社区、居家养老服务的护理人员）。

另外，从社区养老现阶段获得专业支持的层面而言，专业社工人才、心理咨询师等专业人员的介入也极为有限。例如，目前北京市持证社会工作者（指通过社会工作者职业水平考试的社工师和助理社工师）已达 1.5 万余人，还在以每年 2000 人左右的速度增长，其中在社区工作的占 60%[2]；然而，在这些持证社工中能够介入社区养老服务的并不多。"同样的现象也表现在心理学领域，尽管在北京持证的心理工作者也有近万人，能够参与社区养老服务的人员并不多"[3]。

三　对策建议

根据《北京市贯彻落实国务院政策措施整改工作方案》精神，北京市对社会保障的主要任务做了相关规定，其中一项重要的任务即"大力发展养老服务"。大力发展养老服务业的任务包括统筹推动养老服务业发展，建立基本养老服务制度，推进基本养老服务均等化；完善养老公共服务设施，支持社会力量进入养老服务领域，扶持居家和社区养老服务发展等。而如何在当前老龄

---

① 陈卓颐、陈伟然：《我国养老护理员队伍建设现状与对策》，《长沙民政职业技术学院学报》2009 年第 4 期。

② 北京市民政局党校"三社联动"课题组：《"三社联动"推动基层社会服务与管理创新研究》，2013。

③ 缪青、李金娟：《以社会创新来解决老有所养：社区照顾的愿景和实现路径》，《北京社会发展报告（2013~2014）》，2014。

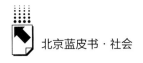

化趋势日益严峻的现状下促进养老保障体系建设的持续发展，将各项政策方针及优惠措施具体落实到为老服务工作中，还需从以下几方面着手进行。

（一）丰富养老照顾内容

从服务产品的种类而言，包括生活照顾、健康和营养咨询、心理服务、护理服务、社交及康乐服务，还包括对养老照顾者（志愿者和社区工作者）的支持服务①，以及对专业化照顾的评估与信息服务等。除了围绕着上门护理和托养服务所展开的助餐、助浴、助医和陪伴等轻护理的活动，计算机网络支持的信息化服务层面，包括呼叫平台、云平台、物流网以及老龄健康电子档案等智能化服务平台也是养老照顾内容协调运行的技术保障。因而老年手机、呼救器、老年电子保姆、社区托老管理软件的开发与应用也会成为一些企业关注的领域。

由上可见，企业一方面应研发、生产多样化的产品以满足老年人的多样化需求。另一方面，企业还可以通过分析老年群体的需求信息和服务绩效，逐步形成服务资源与服务群体需求的紧密对接，为社区内养老资源的进一步整合提供技术基础。②

（二）搞好养老公共政策间的协调

一种养老模式的选择，取决于地区经济发展水平、社会结构包括家庭结构以及文化类型等多种因素。随着经济、社会的发展以及近年来北京老龄人群养老需求的日益多样化，政府主导、社会参与、市场运作相结合的方式也逐渐成为养老服务运作模式的应然要求。与此同时，也就对现阶段养老公共政策之间的协调提出了更高要求。

首先，协调养老政策首先需要市一级的跨部门协调机制，将民政、劳动保障、卫生、残联等部门的养老行政资源统筹考虑，构建跨部门的协调机制。

其次，做好规划目标与实施细则之间的衔接也很重要。例如，2014 年 8

---

① 缪青：《发展社区照顾是幸福民生的重要工程》，载《北京市社会科学普及讲座集粹》，北京出版社，2011。
② 参见北京华安峰兴软件科技有限公司课件《服务零距离管理系统》。

月国务院刚刚发布的保险"新国十条"强调:"把商业保险建成社会保障体系的重要支柱。商业保险要逐步成为个人和家庭商业保障计划的主要承担者、企业发起的养老健康保障计划的重要提供者、社会保险市场化运作的积极参与者"①,但是如何支持有条件的企业逐步建立商业养老健康保障计划,如何对推动递延型商业养老保险税收优惠政策,还有大量工作要做。又例如,财政部和国家税务总局为更好地发挥税收政策鼓励民间资本投资养老服务业的引导作用,于2014年12月联合下发了《关于支持文化服务出口等营业税政策的通知》,规定对现行养老机构提供的养老服务免征营业税,这在一定程度上降低了养老服务业的经营成本,但养老服务业由于其作为民间投资关注的重点领域以及不同于其他服务行业的特殊性,还需要政府进一步进行相关细则调整,持续改善优化养老服务业的发展环境。

(三)搭建养老服务的专业化支持网络

1. 依托专家团队的多层面介入提供养老服务知识

养老服务质量的提升还有赖于涉老行业协会、专家团队的专业化介入。一方面,街道在充分利用地区医疗资源优势,积极探索无院墙式养老院管理服务模式的同时还应不断畅通各个领域如社会工作领域、心理学领域的专家团队介入社区的路径,具体可以通过邀请不同领域专家举办讲座等活动来多层面促进、落实老人身心健康。另一方面,街道还可以组织具有较高专业水准的专家团队交流多学科专业信息和制定养老服务的规范,来为政府和社区规划社区养老提供方案,提供人员培训和专业评估等等。

2. 应加快养老服务人才培训,包括院校教育和社区教育

鉴于现阶段养老服务业的专业人才短缺现状,社区培训可以很多地利用智能化服务平台,利用远程教育的网络技术,实施开放式教学和线上评价来传授养老服务知识,提高服务质量和提高养老服务的职业声望。

3. 针对社区工作者进行定期培训

目前,"北京市持证的社会工作者(指通过社会工作者职业水平考试的社

---

① 《国务院:把商业保险建成社会保障体系的重要支柱》,http://www.chinanews.com/gn/2014/07-09/6369078.shtml。

工师和助理社工师）已达 1.5 万余人，还在以每年 2000 人左右的速度增长，其中在社区工作的占 60%"[1]，由此可见，社区工作者在社区养老服务中扮演着重要的角色。一方面，随着老龄化进程中街道面对的老年服务对象的增多及其对于高质量养老需求的要求，针对专业服务人员的专业教育工作至关重要。另一方面，日益趋于多元化的养老需求对于社区工作者的知识结构、综合协调能力等也提出了较大挑战，那么还应该针对社区工作者围绕一定专题进行定期培训。培训内容主要围绕康复护理、中医保健、信息技术等，培训形式可灵活多变，具体可由政府部门、企业、社会组织及行业协会等组织进行。

4. 积极培育养老服务组织

基于现阶段老年人养老保障的多层面需求，除上述努力之外，还需要在政府和行业协会帮助下在社区一级建立养老服务组织的准入和退出机制。一方面，养老服务组织和公司应搞好内部治理、确立品牌意识以提升质量；另一方面养老服务业要在行业联盟和政府的指导下实施多层面质量监管。要给予从事一线养老护理的组织、公司和服务人员更大的政策支持。

（四）推进老年长期护理保障计划的实施

关于老年人的护理保障，目前一些城市已经进行了初步探索。例如，2013年，上海市已在基于前期对于老年护理需求进行评估、制定费用结算措施的前提下推出"老年护理保障计划"并在 6 个街镇进行试点。明确规定对于达到80 岁以上，居住在家或在养老机构，经过评估因为疾病、生理功能衰退而达到轻度、中度、重护理需求等级或患有慢性疾病的独居老人，给予"老年护理费用专项"。

2014 年，青岛市参照日本"长期护理保险"的制度设计，试行长期医疗护理保险制度，即投入一定护理保险费由机构、社区为生活不能自理的老人提供照护服务。

当前，针对老年护理服务的刚性社会需求，一方面应在老年人数量多、需求大的地区建立社区老年护理院，主要面向一些没有自理能力的高龄、空巢及

---

[1] 北京市民政局党校"三社联动"课题组：《"三社联动"推动基层社会服务与管理创新研究》，2013。

失能老人。另一方面，可参照上海等地经验，实施高龄老人医疗护理保障计划试点，不断完善老年护理筹资、评估、支付、服务等体系，逐步扩大老年人常用药品和医疗康复项目的基本医疗保险支付范围，减轻老年人的医疗康复负担，进而建立完善符合北京市实际的老年人长期护理保障制度。此外，如何发挥商业保险在养老保障中的作用，支持保险机构拓展企业年金、职业年金等补充养老保险业务，还有待进一步研究。

B.11
从民生视角看北京公立医疗体系改革

刘 阳*

摘 要： 北京医改已取得重要突破和阶段性成绩，但离市民的要求和
期待仍有很大差距。本文简要回顾了北京医改的过程和取得
的成绩，重点分析了公立医疗体系改革中存在的问题和今后
改革应该采取的思路。北京公立医疗机构改革注重公益性和
发挥市场机制作用两者的结合，通过初步改革激发了各主体
进一步深化改革的动力，在指导思想和方法策略上都较得
当。今后应进一步明确深化医药分开这条主线，注意医事服
务费改革与医药产品流通机制改革之间的统筹联动，同时突
出信息化建设的战略意义，从而逐步做实分级诊疗制度，为
最终实现减少疾病、促进健康的医改目标创造条件。

关键词： 北京医改 公立医院改革 社区卫生服务 机构改革
医药分开 分级诊疗

北京医疗卫生体制改革已取得重要突破和阶段性成绩，但离市民的要求和
期待仍有很大差距。市统计局发布的 2014 年度社会管理满意度调查报告显示，
本市居民对社会管理总体满意度明显提升。但在调查涉及的 15 个问题中，看
病问题仍以 57.7% 的被反映率，超过养老和食品安全等问题，排在被调查者
最关心的社会问题的第一位①。公立医疗体系是医疗服务的主要提供者，也是

---

* 刘阳，北京市社会科学院社会学所助理研究员，在站博士后。
① 《去年北京社会管理满意度提升》，《北京日报》2015 年 1 月 8 日。

医改的难点和主要对象。本文从民生视角，对近几年北京医改已经取得的成就、仍然存在的问题进行梳理，并提出对策建议。

一　北京市医疗卫生服务现状

（一）医疗资源投入保持增长，结构优化，人均占有量稳中有升

2013年末，全市医疗卫生机构数达10141家，全市卫生人员数29.4万人，每千常住人口卫生人员13.9人，增长0.5人；每千常住人口执业（助理）医师4.1人，增加0.1人；每千常住人口注册护士4.8人，增加0.2人；2013年，扣除驻京部队医院床位数后，全市每千常住人口实有床位4.9张，增加0.1张。2013年全市医疗卫生机构总支出达到1311.7亿元，比2012年增长14.1%。财政补助206.5亿元，较2012年增长了8.4%，但占总支出的比例为15.7%，较2012年减少0.9个百分点。

2013年末，全市社区卫生服务中心（站）1926家，其中：社区卫生服务中心316家，社区卫生服务站1610家。社区卫生服务中心人员数27775人（其中卫生技术人员23058人），每个中心平均87.9人；社区卫生服务站人员数2548人（其中卫生技术人员2064人），每站平均1.6人。与2012年比较，社区卫生服务中心（站）增加29家，卫生人员增加1282人。2013年全市社区卫生服务中心（站）总支出为111.0亿元，比2012年增长了18.6%；财政补助38.8亿元，增长9.1%。

2013年末，全市村卫生室2918家，比2012年减少63家，乡村医生和卫生员3572人，比2012年减少97人；但全年总支出增长13.4%，为8956万元，上级补助收入为4413万元，增长了83.6%①。

从以上数据不难看出，2013年北京市医疗资源投入量在继续增长，人均资源占有也稳中有升；社区、村卫生投入增长速度超过全市总体水平，体现出医疗资源投入结构的优化；此外，财政投入在医疗总支出中的比重下降，体现出医疗改革的初步效果。

---

① 相关数据引自《2013年北京市卫生事业发展统计公报》，北京市公共卫生信息中心网站。

以上趋势在 2014 年继续保持①。2014 年末，全市医疗卫生机构数较 2013 年增加 123 家，达 10264 家；卫生技术人员较 2013 年增长 6.9%，为 24.6 万人，每千人常住人口卫生技术人员增长 5.2%；医疗机构实有床位总数较 2013 年增长 4.1%，达 127827 张，每千人实有床位数增长 2.4%。2014 年，全市医疗机构（含驻京部队医院）诊疗人次、出院人数预计较 2013 年分别增长 6.3% 和 10.4%，将分别达到 23251 万人次和 322 万人次。

（二）卫生保健事业保持高水平发展新方向

传染病防控取得显著进展。2014 年呼吸道传染病病原学监测体系覆盖全市，属于在全国率先；改进艾滋病检测治疗模式，检出和治疗水平提前实现联合国 2020 年目标；乙肝防治水平达到全国先进；在全国率先引入脊灰灭活疫苗②并全面实施，提高免疫安全水平。

更值得一提的是"阳光长城"计划的实施。随着医疗卫生水平的提高、生活方式的改变及居民年龄结构的变化，慢性病已经取代其他因素成为威胁市民健康的头号杀手。市卫生局自 2012 年开展"阳光长城"慢病防治行动，针对心、脑、肿瘤等方面的问题开展针对性的干预。该计划既强调专业性也强调参与性，每一个项目都包括健康教育活动、危险因素筛查和管理、人员培训及其科技攻关等各环节。在成果上，通过社区与定点医院联动的癌症早期筛查工作模式，实现了实时数据管理，把高危人群筛查、预约、临床检查、随访和信息统计分析整合起来，使大肠癌的早诊率达 96%③。

在康复护理方面，截至 2014 年 10 月，全市共开设康复医学科的医疗机构 156 家，开放床位 2314 张，其中康复医院、护理院和疗养院 17 家。积极鼓励

---

① 有关数据引自《关于 2014 年北京市卫生计生工作情况及 2015 年工作思路的通报》，市卫计委官网。
② 我国多年来通过给新生儿接种减毒活疫苗（俗称"糖丸"）来预防脊髓灰质炎（小儿麻痹症），但减毒疫苗仍有活性，使被接种婴儿有百万分之四的概率感染脊髓灰质炎；而灭活疫苗没有活性，因此没有感染危险。
③ 相关数据和资料综合了《关于 2014 年北京市卫生计生工作情况及 2015 年工作思路的通报》及"阳光长城"计划官网。

社会资本举办康复医院，2013 年以来新批准设置 6 家社会办康复医院，共 960 张床①。

（三）医疗保险保障水平进一步提高

2013 年度，北京市参加城镇职工基本医疗保险人数为 1354.8 万，比 2012 年增加 75.1 万，增长 5.9%；参加城镇居民医疗保险人数为 160.1 万，比 2012 年增长 5.4%；参加新型农村合作医疗的人数为 254.4 万，参合率达到 98%②。而根据最新数据，2014 年第三季度，全市参合人口 242.4 万人，农业人口参合率提高到 99.52%③。

除三大医疗社会保险保持较高覆盖率外，近期在保险种类和保障水平上也有重要的利好消息。第一，北京市自 2014 年 1 月 1 日起，对参加城镇居民医疗保险和新农合保险的居民，实施大病保险，符合要求的医疗费用，在基本医疗保险报销之外，5 万元以内报销 50%，5 万元以外报销 60%，上不封顶，且 2013 年发生的费用亦可报销。此项保险政策的推出，显著强化了医疗表现的化解风险功能。截至 2014 年 9 月底，全市共计补偿 15471 人，大病患者实际补偿比提高 7 个百分点，达 56.3%，补偿费用共 9249.96 万元。

第二，城镇居民医疗保险的筹资水平不断提高。2013 年筹资标准从每人平均 640 元提高到 680 元，其中个人筹资标准不变，仍是平均 140 元；2014 年筹资标准大幅度提高到不低于 1000 元，其中个人筹资标准仍不变，政府补助从 540 元提高至 860 元；2015 年筹资标准进一步提高到 1200 元，其中个人缴费部分提高 60 元，政府补助提高 140 元，达到 1000 元。

第三，新农合筹资水平也与城镇居民医疗保险基本同步提高。2013 年全市统一筹资标准从每人每年 640 元提高到 680 元，其中财政补助不低于 580 元，提高 40 元；2014 年筹资标准提高到 1000 元，个人缴费始终不低于 100 元。截至 2014 年 9 月底，当年到位筹集资金 25.08 亿元，支出 16.3 亿元；门诊实际补偿比为 35.9%，住院实际补偿比为 49.14%；15 类重大疾病补偿

---

① 有关数据引自《关于 2014 年北京市卫生计生工作情况及 2015 年工作思路的通报》，市卫计委官网。
② 相关数据引自"2013 年年度数据·社会福利政法"，北京统计信息网。
③ 《关于 2014 年北京市卫生计生工作情况及 2015 年工作思路的通报》。

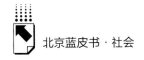

8754 人次，实际补偿比达 59.8%。

医疗社会保险的迅速普及和保障水平的快速提高，不仅是重要的惠民成果，也为深化医疗卫生体制改革创造了有利的前提条件。

二 北京公立医疗体系改革进展和成绩

经过多年研究酝酿，党中央和国务院 2009 年 3 月下发了《关于深化医疗卫生体制改革的意见》，我国新医改大幕正式拉开。《意见》扭转了一段时期以来医疗体系片面市场化、产业化的发展方向，明确了公共医疗卫生的公益性质，确定了我国医疗卫生体制改革完善四大体系、七大机制等任务①，同时强调了近期五项"重点改革"②。国务院配合下发了《关于印发医药卫生体制改革近期重点实施方案（2009～2011 年）的通知》，对上述五项近期改革进行具体部署。2010 年 6 月，经过一年多的起草酝酿，北京市政府发布了《北京市 2010～2011 年深化医药卫生体制改革实施方案》，把中央《意见》和国务院《方案》的主要要求都囊括进来，并结合北京市医院管理主体多元的特点，突出了医疗管理体制改革。

2010 年 10 月，首都医药卫生协调委员会（"首医委"）成立，该机构由部队、武警、高校、国务院有关部委、北京市与区县政府等 54 个单位共同组成，这是北京公立医院推进行业属地化管理、落实管理体制改革的第一步，从民生角度，群众能直接感受到的就是 2010 年启动了预约挂号平台建设，中央、部队等各类医疗机构相继纳入此平台。2011 年 7 月，为落实公立医院管办分开，北京市医管局正式成立，负责办市属公立医院，卫生局则专管行业。这一举措，既是为完善公立医院治理机制创造条件，更是为了使得其他权属层级和其他所有制类型的医院都有可能纳入北京市卫生局的平等属地行业管理，实现多元化办医格局。

---

① 四大体系为公共卫生服务体系、医疗服务体系、医疗保障体系、药品供应保障体系；七大机制为协调统一的医药卫生管理体制、高效规范的医药卫生机构运行机制、政府主导的多元卫生投入机制、科学合理的医药价格形成机制、严格有效的医药卫生监管体制、可持续发展的医药卫生科技创新机制和人才保障机制、实用共享的医药卫生信息系统。此外，《意见》还要求健全医药卫生法律制度。

② 包括"加快推进基本医疗保障制度建设""初步建立国家基本药物制度""健全基层医疗卫生服务体系""促进基本公共卫生服务逐步均等化""推进公立医院改革试点"等五项。

（一）市属公立医院改革试点成效

北京市医疗资源丰厚、政府财力充裕，加上市委、市政府高度重视，因此，新医改启动后，国务院确立的医改五项重点改革的前四项大都有较快进展，本文第一部分提到的医疗资源投入结构的优化、基层卫生保健事业的发展、医疗保障水平的迅速提高等，都可以看作新医改推进的成果。但是，人民群众最担心、要求最强烈的公立医院改革，推进起来难度和风险最大，在全国层面也进展最慢，以至于到2013年，"医改四年无样本""医改根本没有改"的质疑声不时响起①。

虽然公立医院改革在国家医改整体任务体系中只有"试点"的地位，但它却是整个医改的关键和枢纽。在医改五大任务中，没有有效的公立医院改革，医疗保障的水平高也只是造成资金虚耗，难以得到优质优价便利的医疗服务；基本药物制度完善也抵挡不住"以药养医"机制的扭曲；基层医疗服务体系一方面在公立医院的竞争下难以获得自身发展所必要的患者资源，另一方面即使发展起来也面临跟公立医院相同的激励扭曲的困境；也由此，医疗基本公共服务均等化也无从实现。

2010年2月，原卫生部等五部委下发《关于公立医院改革试点的指导意见》，在全国确定了16个试点城市，其中并不包括北京。2011年4月，时任国务院副总理的李克强到北京友谊医院调研，并亲自将北京确定为公立医院改革第17个试点城市；此后，又先后做出批示十几次，要求国家有关部门关注和支持北京医改。2012年5月，李克强视察一年后，《北京公立医院改革试点方案》出台，试点正式启动。

北京市公立医院改革试点主要内容是实施管办分开、医药分开；建立医保付费机制、财政价格补偿调控机制②。选择朝阳医院等五家市属三级医院进行试点。医药分开是改革的核心，试点医院通过增设医事服务费巧妙地"平移"

---

① 《公立医院改革"北京模式"》，《21世纪经济报道》2013年12月18日；"政协委员热议公立医院改革：试点至今无实质突破"，中新网，http://finance.chinanews.com/jk/2013/03-11/4630914.shtml。

② 官方说法是实施"两个分开"、建立"三个机制"，除上述两个机制之外还有医院法人治理机制，但这个机制目前运转还比较薄弱，效果不太明显。

了医院原有的 15% 药品加成收入，这样，医院和医生不能通过多开药赚钱，至少在门诊部分，只能通过改进服务，多吸引患者就诊来赚医事服务费；同时，实施医保总额预付，医院节约的医保基金可以留用，不足的部分医院与财政共担，这样，医保患者的药费反而成为医院的成本，从而大大提高医院加强管理、控制医疗费用的积极性。财政方面，除了保障医院基本投入之外，改变现行的按人头给医院补助基本经费的补偿方式，建立与服务量和公益性绩效考核挂钩的财政补偿机制，以此来进一步平衡医保总额预付给医院服务积极性带来的不利影响。

试点的效果比较好，甚至比改革设计者的"预期还要好一些"①。2013 年底，北京市对 5 家公立医院改革试点的评估显示，试点改革取得了"两降两升四变"的综合成效："两降"，与改革前比，医保患者门诊次均费用下 16.1%，住院患者例均费用下降 7.2%；门诊医保病人次均自付费用下降 19.7%，住院患者例均自付费用下降 1.9%；药占比下降了 8.7 个百分点。"两升"，医务人员积极性、医院管理水平实现了两提升，试点医院医务人员的收入改革后增加 31%。"四变"，一是利益机制变化，医院与患者、医保的利益取向趋同；二是医院管理理念、管理重点、管理手段等都发生了变化；三是医生行为变化，医疗行为进一步规范，医生与患者交流更充分（有的患者就诊时间达到 42 分钟），门诊和住院患者平均达到 85% 和 90% 以上的满意度；四是患者就医行为变化，部分常见病、慢性病的患者合理分流到普通门诊②。

这样，通过联动，医、药、医保三方取得了共赢：一方面弱化以药养医机制、减轻患者负担；另一方面实现了医院收益不下降，医生收入有所增加；医保作为第三方，虽然医事服务费报销增加，但由于大处方的减少，总支出并没有增加。2013 年，医保总额预付制度已在全市二级以上医院推广。

除了集中精力破除以药养医这个核心问题之外，北京医改还对公立医院医疗服务模式进行了多方面创新。一是改善就医环境和流程，利用医疗信息网络开展预约挂号、"通柜"服务、"京医通"、医保即时报销等创新服务。目前，市属

---

① 韩晓芳：《北京市公立医院改革试点的实践与思考》，《东方早报》2013 年 5 月 28 日。
② 参见"北京医改五年成就介绍"，首都之窗，http://zhengwu.beijing.gov.cn/gzdt/bmdt/t1368507.htm；封国生：《北京市属医院改革的实践与体会》，《医院院长论坛》2014 年第 1 期。

22 家三级医院已全部实现分时段预约就诊。二是改革管理服务模式，积极开展优质护理及岗位管理、主诊医师负责制等，医疗质量管理更加规范化、精细化。

（二）其他方面的主要成绩

对照国家医改方案突出医疗卫生服务公共性、公益性的导向，以及北京市医疗资源丰厚但分布高度不均衡的特征和矛盾，在公立医院改革试点之外，北京还推动了多方面的改革，取得了显著的成绩①。

1. 建立了城乡全覆盖的基层医疗卫生体系，从硬件、医保、药物、服务模式等各方面加强基层医疗服务能力

通过社区卫生服务中心（站）标准化建设，使城区、郊区、山区半山区群众分别在 15 分钟、20 分钟、30 分钟路途内就可以到达医疗机构；实施向基层倾斜的医保政策，城镇职工社区报销比例最高达到 90%（大医院报销比例 70%），城镇居民除"一小"外实行社区首诊制度，引导患者到基层就诊；改革药物制度，2013 年将 224 种用于治疗常见病、慢性病和老年病药品纳入了社区药品医保目录报销范围，社区药品报销目录增加到 1435 种；创新服务模式，在全市推广家庭医生式服务，2014 年全市共建立社区卫生服务团队 3445 个，累计签约家庭 431.4 万户 936.2 万人；全市社区卫生服务机构通过转诊预约向上级对口医院转诊患者 18324 人。2013 年底，出台了《北京市政府办公厅关于进一步推进基层医疗卫生机构综合改革的若干意见》，对下一阶段深化基层改革进行了全面部署。

2. "控、疏、提、援"综合施策，缓解医疗资源过于集中的局面

一是"控"，即在五环路内不新建政府办综合性医疗机构，不增加政府办医疗机构床位总量。二是"疏"，即引导中心城区三级医院压缩中心城区院区规模，在远郊区区县举办分院，提升扩大分院服务能力和规模。在五环路外布局优质医疗资源，推进北大第一医院、北大国际医院、天坛医院、积水潭医院、北京清华长庚医院等 10 家医院新院区外迁工程建设；重点支持了一批重大医疗设施项目和 11 个新城区域医疗中心等项目建设。三是"提"，即核定新一批 3 家

---

① 参见《北京医改五年成就介绍》；《关于 2014 年北京市卫生计生工作情况及 2015 年工作思路的通报》，卫计委官网，http://www.bjhb.gov.cn/wsxw/201501/t20150120_ 105255.html。

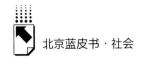

区域医疗中心为三级医院。四是"援",即组织城区 80 多家二、三级医院,对远郊区县 150 家医院进行对口支援,提升郊区县的医疗服务能力与水平。

更进一步,通过建立和完善医联体制度,实现城市外围共享中心城区的医疗资源。出台了《北京市区域医疗联合体系建设指导意见》,截至 2014 年 12 月底,各区县共成立了 30 个区域医联体,共包含 30 家核心医院,296 家合作医疗机构。朝阳建立了 4 个医联体、海淀建了 5 个,两区率先实现医联体对辖区内居民的全覆盖。

3. 建立了公平可及的基本药物制度

《国家基本药物制度实施意见》颁布后,在国家 307 种基本药物基础上,结合北京现有社区零差率 328 种药品,形成 519 种基层医疗卫生机构用药目录;2013 年,按照《国家基本药物目录(2012 年版)》,将北京市基本药物目录增加到了 699 种 3971 个品规。所有基本药物进行统一招标,2013 年中标价格较前一年下降超过 20%;全市所有规划内基层医疗卫生机构全部使用基本药物,并实行零差率销售。北京市 181 家基本药物目录品种批发企业全部加入中国药品电子监管网,实现批发企业对中标的基本药物 100% 扫码上传,目前有 300 余家药品批发企业、20 家药品连锁企业、约 1000 家门店实现药品追溯。

4. 社会办医政策环境改善,多元化办医格局初步形成

制定出台了支持社会办医十八条政策。2012 年 6 月,市政府办公厅印发通知①,从医疗市场开放、基本医保政策、税收、价格、土地、资金等 18 个方面对社会力量举办医疗机构给予支持;出台《北京市医疗机构设置规划》,提出通过控制公立医院规模数量,为社会办医疗机构预留发展空间;印发了《首都卫生发展科研专项资金管理办法(试行)》《关于社会资本举办医疗机构卫生专业技术人员职称考试与评审暂行办法》,明确规定社会办医机构在科研、职称考试与评审方面与公立医院享受相同待遇。随着这些政策的出台,北京市社会办医机构进入快速发展阶段,截至 2013 年底,全市共有社会办医疗机构 3735 家,占全市的 37.4%;民营医院 374 家,占全市的 57.8%;社会办医疗机构实有床位 17845 张,占全市的 17.15%。涌现出一批较高水平的社会办医机构,使北京社会办医结构明显优化,总体水平和社会信任度大幅度提高。

---

① 《关于进一步鼓励和引导社会资本举办医疗机构若干政策的通知》(京政办发〔2012〕35 号)。

三 改革目前存在的问题与对策

（一）公立医院改革中出现的问题

作为医改的关键领域，公立医院的改革试点中仍然存在很多需要完善的地方，包括管理体制、治理构架、考核评价机制等各方面，但核心仍然是医药关系，这里只集中谈这方面的问题。

1. 医药分开不彻底

门诊医药分开了，有了医事服务费来补偿药费差价，但住院的服务费并没有设立，试点医院还在靠住院的各种仪器检查赚钱。这首先造成住院病人负担难以减轻，从前文的数据可以看到，试点医院住院病人的次均自付费仅下降了1.9%。其次，更重要的是，造成三级公立医院出于自身利益的考虑，不愿把术后病人及时转移到下级医院、社区或专门康复机构，使宝贵床位被不合理占用，影响其技术优势的充分发挥，也影响康复医疗业的发展。最后，从全局看，当前医联体建设的关键是上下转诊渠道的通畅，目前从社区卫生服务中心、二级医院向上转诊逐步发展，但试点医院向下转诊还非常少，部分原因就是试点医院在住院病人身上的利益使然。

2. 医药分开不全面，造成药价"洼地"

试点医院取消药物差价，普通门诊的医事服务费几乎全额由医保支付（病人只需付2元），再加上社区卫生服务中心基药品种受限，造成大量病人到试点医院的普通门诊拿药，甚至出现外地医保规定某些药只有到北京的试点医院购买才能报销的荒唐现象①。这样，不但没有实现不同层次医疗机构之间的向下分流，反而出现了患者从基层到三级医院的倒流。这个问题非常明显，可能是公立医院试点虽然取得显著成效但近三年也未扩大范围的主要原因之一。

3. 医事服务费的设立虽然"平移"了显性的药品加成，但并没有从根本上切断医药之间的利益关联

药品流通环节的利益链条仍然存在，一种药品进院，还有进院费、勾标

① 韩晓芳：《北京市公立医院改革试点的实践与思考》。

费、医生的处方费等各种名目的灰色成本等因素，加上加成费，可能占到药品价格一半①。2013年，北京市属医院药占比为43.05%，而在香港，药品支出只占医疗总费用的9%，在德国该数据仅为4%②。对北京公立医院而言，仅取消15%的加成费，药品价格虚高的问题仍得不到缓解。另外，如果简单取缔医院在药品流通环节的灰色收入，随着医改深入发展，社会办医壮大和医生多点执业全面铺开之后，公立医院如何留住优秀的医务人才，将成为严峻的挑战③。在医保预付费机制下，医药产品费用进入医院的成本，医院有动力在这方面降费，但前提是降下来的费用同时要变成医院提供医疗服务的价值、变成医院合理合法的收入，不然医院还是拿不到，降下来的费用仅仅成为医保基金的盈余。

4. 医保总额预付核算标准不科学

北京公立医院改革试点初步成功，最关键的机制是医保总额预付，但目前预付总额制的确定，仅根据定点医疗机构历史费用或当期费用进行核算，忽视了服务数量、服务人群稳定性、医疗质量、技术风险难度等因素。这种方式造成两方面的弊端，一是如果医院因更好的服务或更低的价格吸引了更多患者，医院的成本支出相应增加，但医保预付费不增加，收益反而降低；二是如果医院控费得力，当年结余多，第二年预算反而减少。这两种情况都属于"鞭打快牛"效应，不是改革应该产生的激励导向。但是，如果按照服务患者数量来确定预付总额，又会强化跟下级医疗机构争抢患者的局面。

（二）社区卫生服务中存在的问题

从北京医改的总体目标和布局来看，在公立医院之外，北京医改的问题

---

① 参见张晓岚、程薇《关于北京市公立医院改革试点工作的探索与研究》，《中国医药导报》2014年9月；刘阳、李鹏《北京市公立医院改革中"医药分开"的初步成效与问题探讨》，《内蒙古中医药》2014年第8期。在药品流通环节尚未采取有力改革措施，可能是北京医药分开改革的降费效果不如其他一些地方的主要原因。不过，这里要有通盘考虑，本文对策建议部分会进一步讨论。

② 相关数据参见《北京公立医院改革将有新亮点》，《健康报》2014年12月16日；《北京药品市场格局重塑，22家大型公立医院药品拟统一配送》，《中国医药报》2012年7月24日。

③ 例如，在通过科学严格的药品流通制度改革消除了虚高药价的福建省三明市，虽然实行了公立医院管理者和医师高薪制，但仍然存在很大的人才流失隐患。参见《三明医改能否为公立医院改革提供药方?》，《中国经济时报》2015年2月13日。

主要在社区卫生服务机构。北京自 2010 年开始推行社区"家庭医生"制度，但媒体 2014 年调查发现，该制度实行四年后，仍"形同虚设"①。西城区是家庭医生制度的试点区，但调查发现，到 2014 年签约比例才有 32%，更有 22.6% 的居民不知道选择此项服务要签约②。上文"签约家庭 431.4 万户、转诊患者 18324 人"的官方数字比例，即平均 2 万多户签约家庭 1 年才有一个转诊病例，其实也印证媒体调查的结论。家庭医生制度总体上数字和形式大于内容的事实，是社区卫生服务体制机制中所存在的问题的一种体现。

1. 社区卫生机构医保报销药品种类仍不足

目前实行的北京医保药品目录（2010 版）的药品种数为 2510 种，而社区医保药品目录在 2013 年 7 月调整增加后，仍只有 1435 种，比之医保目录有较大差距；同时由于药物配送机制中存在的问题，社区目录中的有限药品实际也有不少没有下放至基层③。这明显影响了患者去社区卫生机构看病配药的积极性。

2. 医务人员的数量不够

如本文第一部分数据所示，北京市每千常住人口执业（助理）医师 4.1人、注册护士 4.8 人、实有床位 4.9 张，总体医疗资源不算缺乏，但由于大型医院畸形膨胀，占据大量资源（三级医院与社区卫生机构卫生技术人员分别为 112448 人和 25122 人，比例接近 4.5∶1），社区卫生机构医务人员数量捉襟见肘。按照本市社区家庭医生式服务工作规范要求，每个家庭医生团队至少负责 600 户居民，但即使是试点家庭医生制度的西城也远远达不到这个标准，按标准该区需配置 767 支团队，实际全区目前有 264 支团队④。

3. 信息化程度不高

北京市已建的社区卫生信息系统与市级医院之间无法实现医疗信息互

---

① 《中国式"家庭医生"因何遇冷推行四年形同虚设》，《北京商报》2014 年 11 月 5 日。
② 王敏等：《北京市西城区家庭医生式服务的实践与思考》，《中国社会医学杂志》2014 年第5 期。
③ 《2015 版北京医改路径渐明》，《北京商报》2015 年 1 月 28 日。相关信息为北京医改办主任韩晓芳接受采访时透漏，权威性较强。
④ 王敏等：《北京市西城区家庭医生式服务的实践与思考》。

联互通，社区医生无法及时将转诊患者的情况告知三级医院，后者也无法将患者的诊疗情况及时传递给社区医生，这也对分级医疗产生很大的阻碍①。

4. 激励机制存在很大问题

为保障医保控费，防止基层出现过度医疗，北京市社区卫生机构在财务上实行"收支两条线"，且工资总额封顶，多干不能多得，严重影响社区卫生工作者的工作动力，包括家庭医生制度推广不力的问题，在很大程度上与此有关。

四　进一步深化改革的对策建议

北京人口和医疗资源体量大、医疗体制又最复杂，在医改中具有无可替代的示范作用。尽管从全国范围看，北京医改目前取得的效果并不是最突出的②，但它坚持了更好地发挥市场和政府两只手作用、实现公益性和竞争性相结合的正确改革方向，在核心领域和关键环节取得了突破，通过改革倒逼问题，引导和激发了各方主体顺藤摸瓜、继续深化改革的动力，为全新医疗保健格局的形成布好了开局。在现有局面的基础上继续深化改革，本文认为应该明晰以下思路和目标。

（一）全方位深化医药分开，创造分级诊疗的激励条件

1. 试点医院的医药分开深化到住院医疗服务

规范各种仪器检查收费，调整住院服务的医师服务费用标准，使医院不用

---

① 张向东等：《北京市社区卫生家庭医生式服务模式及激励机制探讨》，《中国全科医学》2014 年第 7 期。

② 公立医院改革是医改的枢纽。从目前的情况看，福建三明市的公立医院改革取得的成绩最为突出。财政部 2013 年年底调研报告指出，三明市通过最近一年多的努力，22 家公立医院通过改革实现"三方共赢"：患者医药费用下降；医院收入的结构得到了很大的改善，药占比下降，医生收入增加；医保基金扭亏为盈，可持续性增强（参见《三明医改能否为公立医院改革提供药方？》，《中国经济时报》2015 年 2 月 13 日）。2014 年 6 月，国家卫计委和财政部主办的城市公立医院综合改革试点座谈会在三明举办，可以看作国家主管部门对三明医改的高度肯定。

多做检查也能挣钱；同时，为了促进分级医疗，通过费用标准设定和医保付费的相关配套规定，使三级医院进行常见病诊治变得不挣钱。

2. 深化版的医药分开推广到在京所有公立医院

这样才能避免"药价洼地"。由于在京公立医院权属关系复杂，这一步看似简单，操作起来也很不容易。

3. 在医药产品采购中建立真正的市场机制

医药分开后，特别是医事服务费改革到位后，由于医药产品费用进医保付费总额，成为医院的成本，医院在理论上成为医药产品市场中寻找更低价格和更好质量的市场主体。在当前医事服务费改革迫切需要资金来源的情形下，需要充分利用这一改革成果，真正实现市场机制对药价的调节作用。政府应该设立集中、透明的药品、器械采购平台，让医院自主在平台上采购，价格、数量都由市场主体自行协议。这样既能降低虚高的药价，让更多的医保资金用于支付医务人员的专业服务费用，也能更有效地激励医药企业的产品创新，推动医药产业健康发展。

4. 在社区卫生机构推行医药分开

社区卫生机构实行"收支两条线"和有限的报销药品目录，都是在"以药养医"背景下防止社区医务人员为牟利而进行过度医疗。通过推行医药分开，消除"以药养医"对医疗行为的扭曲，就可以取消以上两条管制性措施，给社区卫生机构更大的自主性和激励来服务社区群众。

在所有公立医院和社区卫生机构都实行医药分开，就为理顺各级公立医疗机构的医事服务价格创造了条件，从而也就是为依靠市场机制实现分级诊疗创造了条件。

北京市的下一步改革措施已经体现了上述思路，医疗服务价格改革、社区卫生机构医药分开将在 2015 年展开，关于公立医疗机构医药产品采购的意见也已经发布①，但医药分开这个重点似应进一步加以突出，特别是医疗服务价格改革与药品采购改革应统筹考虑：应先对医药产品采购改革将产生的费用结

---

① 《关于 2014 年北京市卫生计生工作情况及 2015 年工作思路的通报》，市卫计委官网；《2015 版北京医改路径渐明》，《北京商报》；《关于建立和完善公立医疗机构医药产品阳光采购工作的指导意见》，京政办发〔2014〕63 号。

155

余进行测算；在此基础上，按照"平移"的思路，让医疗服务价格调整一步到位，充分体现相关服务价值和引导分级诊疗的需要，由此形成的资金缺口暂时由财政补助；等药品采购改革生效，结余的医药费用再用来"平移"支付医疗服务价格改革后增加的费用。

（二）推进信息化，打牢分级诊疗的技术基础

深入推进分级诊疗，除了医药分开，还有一个重要的条件就是医疗体系的信息化。信息化在医疗产业发展研究中很受重视，但在医改研究中重视程度似乎还不够。医疗体系信息化也有三个面向，第一个是患者面向，患者相关信息应做到全市各医疗机构按权限共享，这样分级转诊才方便。第二个是诊疗行为面向，实现不同层级医疗机构之间的远程医疗，社区卫生机构的医生可以实时向上级机构专家咨询，上级专家可以实时了解患者的情况，这样既方便患者在基层就得到高质量的医疗服务，增强基层医疗机构的吸引力，也有利于基层医师在实践中高效地学习提高专业技能。第三个是医生监管面向。监管方式越科学有效，被监管者的能动性就越大，为社会创造价值的空间就越大。在信息技术不发达的情况下，政府对医疗行业的监管主要是监管医疗机构，而由医疗机构来监管医生。在信息技术发达时，政府就可以在监管医疗机构的同时直接监管医生。特别是在国家进行事业单位养老体制改革之后，政府通过对医生进行直接监管，可以打破政府办医院的旧思路，大大解放医疗活动的活力，推动医疗资源的有序流动。推进分级诊疗，最大的障碍就是基层医疗机构的医生水平问题。全科医生培养和得到社区居民信任不是一朝一夕的事，况且全科医生也需要良好的实践环境才能成长。扭转现有格局的关键还是现有的专家能不能有效向下流动。北京市于2014年改革了医生多点执业制度，放开了执业地点数量，简化了程序，起到了一定作用，但要使此项制度完全落实，还有赖于医生电子执业制度、电子处方制度的实施，以及对医保定点制度的改革，除了医疗机构，医师个人也可以拥有提供医保服务的资格。只有专家资源能顺畅有序地向下流动，分级诊疗制度才能真正立足。

北京市也在推医疗体系信息化，目前重点建设市级区域卫生信息平台。已经启动的项目一期建设范围预计将覆盖30家三级医院、5个试点区县，最终

市级平台将对接北京市全部 90 家三级医院和 16 个区域卫生信息平台。与信息平台建设相关联的是居民的电子病历、健康卡，目前已在通州开展试点，预计 2020 年全市完成①。这个速度不太符合医疗行业日新月异的信息化形势，也不能满足北京医改对信息化的要求。北京市应该将其作为医改和医疗产业发展的重要战略支撑，结合落实国务院在公共服务领域发展云计算的政策要求②，改变卫生系统分级自建信息系统的传统思路，通过政府购买公共云计算服务，快速高效地推进医疗系统的信息化建设。

（三）逐步建立医保按人口预付费机制，最终实现从疾病诊疗到健康管理的转变

分级诊疗不应该是医改的最终目标。所谓"上医治未病"，医疗行业应把促进健康、减少疾病作为真正的目标。在传统的医患双方关系下，疾病是医疗行业存在的前提，医疗从业者自身的利益决定其不可能把整个人群的健康作为自己的工作目标。但现代医疗保险制度作为第三方引入，就有可能在医疗领域建立现代化的治理构架，使医、患、保三方都有激励把促进健康、减少疾病作为自己的目标。

前文已提到，目前市属公立医院改革试点中的一个根本性问题是，按照上一期医疗费用支出来计算下一期费用的医保预付费方式不科学。从根本上讲，只有根据确定的人群情况进行预付费，才能最有效地激励医疗机构以促进健康、减少疾病为自己的目标。在当前患者自由选择就诊医院的体制下，医院的服务对象不是确定的人群，无法实行这种预付费方式。随着医联体和分级诊疗有效实施，医联体中的三级医院、区域诊疗中心和社区卫生机构形成紧密的业

---

① 《2015 年北京医疗信息化重头戏》，环球科技网，http：//www.univalsoft.com/6316.html；张文中：《北京市 2014 年医疗信息化建设重点工作》，数字医疗网，http：//news.hc3i.cn/art/201404/29421.htm。

② 《国务院关于促进云计算创新发展培育信息产业新业态的意见》（国发〔2015〕5 号）。文件要求：大力发展公共云计算服务，发展安全可信的云计算外包服务，推动政府业务外包；鼓励应用云计算技术整合改造现有电子政务信息系统，实现各领域政务信息系统整体部署和共建共用，大幅减少政府自建数据中心的数量；重点在公共安全、疾病防治等领域，开展基于云计算的大数据应用示范，支持政府机构和企业创新大数据服务模式。

务链条，再实行以区域人口状况为基础的医保预付费制度①，把它们变成紧密的利益共同体，协力促进社区和人群的健康管理。

参考文献

韩晓芳：《北京市公立医院改革试点的实践与思考》，《东方早报》2013 年 5 月 28 日。

封国生：《北京市属医院改革的实践与体会》，《医院院长论坛》2014 年第 1 期。

张文中： 《北京市 2014 年医疗信息化建设重点工作》，数字医疗网，http：// news. hc3i. cn/art/201404/29421. htm。

刘阳、李鹏：《北京市公立医院改革中"医药分开"的初步成效与问题探讨》，《内蒙古中医药》2014 年第 8 期。

王敏等：《北京市西城区家庭医生式服务的实践与思考》，《中国社会医学杂志》2014 年第 5 期。

张向东等：《北京市社区卫生家庭医生式服务模式及激励机制探讨》，《中国全科医学》2014 年第 7 期。

张晓岚、程薇：《关于北京市公立医院改革试点工作的探索与研究》，《中国医药导报》2014 年 9 月。

---

① 为避免公立医疗机构垄断区域医保医疗服务造成服务质量下降，居民接受社会医疗机构服务的情况，也应该作为消极性因素，纳入区域公立医疗机构的医保付费计算中。作为公立医疗系统的重要补充，社会办医也是北京医改的一个重要领域，限于主题和篇幅，本文未予涉及。

流动人口随迁子女义务教育：
问题与对策

——以北京市为例

胡玉萍*

摘　要： 随着"两为主"原则的贯彻执行，北京市已经很大程度上解决了流动人口随迁子女义务教育问题。但是，由于教育经费、教育管理制度及社会排斥等原因，使流动儿童义务教育仍然存在一些问题。为此，要完善流动人口子女教育经费政策及配套措施、均衡义务教育资源、提高教育规划应对能力、采取更为灵活的学校管理方式、发挥学校和社会支持作用等以提高公办学校接受流动人口随迁子女教育的适应性。

关键词： 流动人口　随迁子女　义务教育　北京

一　引言

近年来，由于农村富余劳动力的劳务输出，流动人口大量涌入北京，其子女也随之进京学习、生活。2014年末，全市常住人口2151.6万人，常住外来人口818.7万人，占比38%。2001年、2003年、2006年、2008年国家层面针

---

* 胡玉萍，法学博士，现为北京行政学院、北京市委党校社会学教研部、北京人口研究所副教授，硕士生导师。基金项目：北京市社会科学基金项目"北京市流动人口随迁子女后义务教育供需状况与政策选择"（项目编号：14JYB016）。

对流动儿童教育的四个文件陆续出台，清楚地表明流动儿童教育政策变化的脉络是从限制到支持，责任主体则从流出地政府转到流入地政府。越来越多的流动儿童进入公立学校学习生活。调研显示，在京接受义务教育的流动人口随迁子女已由 2000 年的 9 万人增长到 2013 年的 47.3 万人，其中 82.5% 在公办中小学就读。随着"两个为主"（以流入地政府为主，以公办学校为主）原则的贯彻落实，流动人口随迁子女义务教育阶段的"入学难"问题基本得到解决。

表1 2013 年北京市各级教育外省市学生就读情况

项 目	外省市借读生		其中:民办学校	
	2013 年(人)	占在校生总人数(%)	2013 年(人)	占在校生总人数(%)
幼儿园	95645	27.43	47461	13.61
小学	369583	46.83	67507	8.55
特殊教育	737	8.83	35	0.42
普通中学	124835	25.06	21701	4.36
初中	103470	33.32	15036	4.84
高中	21365	11.39	6665	3.55
中等职业学校	72596	34.81	5513	2.64
合 计	788231	33.53	163918	6.97

资料来源：北京市统计局、国家统计局北京调查总队《北京统计年鉴 2014》，中国统计出版社，第 421 页。

"两个为主"政策扫除了流动儿童义务教育的入学障碍，但从教育公平所蕴含的价值理念的角度来看，流动人口随迁子女入学机会的获得还仅仅是实现教育公平的第一步，能否获得高质量的教育，能否得到学业、心理、行为习惯方面的帮助，能否很好地适应学校生活、融入城市都是摆在我们面前的新问题。

二 流动人口随迁子女义务教育中的主要问题

尽管北京市采取了多种措施，基本解决了流动人口随迁子女义务教育问题，但由于教育经费、教育资源与布局、社会观念等影响，流动人口随迁子女义务教育仍然面临一些问题。

（一）教育经费压力

目前我国义务教育经费投入实行国务院和地方各级人民政府根据职责共同负担，省、自治区、直辖市人民政府负责统筹落实的体制。义务教育经费的划拨仍然是以地方为主和以户籍为准的体制。作为流动儿童义务教育责任主体的流入地政府还很难得到来自中央和流出地政府的经费补偿，其实早在1998年国家教委和公安部联合颁布的《流动儿童就学暂行办法》就已经指出"流入地政府和流出地政府要互相配合，加强联系，共同做好流动儿童少年接受义务教育工作"，但并没有对流出地和流入地政府如何配合，如何加强联系做出明确规定，此外国家教育经费转移体制还不健全，每年仍以户籍为准给流出地划拨义务教育经费。[①]

在"地方为主"和"户籍为准"的义务教育经费体制下，一方面影响了流入地政府解决流动儿童义务教育的积极性，另一方面也影响了流动儿童就读的公立学校的办学条件，北京市一些流动人口聚居区域接收流动儿童入学的压力比较大，成为当前落实流动人口子女义务教育政策的突出问题。

（二）局部地区教育资源压力

从义务教育在校生数据来看，尽管21世纪以来北京市义务教育在校生中非户籍学生规模逐年增长，但由于户籍学生规模逐年递减，整体来看，北京市义务教育在校生规模先降后升，2010年之前，北京市义务教育在校生规模逐年递减，由2001年的129.2万人减少到2010年的96.3万人。2011年，义务教育在校生规模开始止跌回升，增长到98.3万人，2013年增长到近110万人。[②] 因此，总体来看，目前北京是有能力接收流动儿童在公立学校入学的。但是事实上由于流动儿童就学的空间区域基本上与外来人口聚集的空间区域是大致重合的，近年来，与流动人口的分布变化趋势相一致，流动人口子女就学也主要集中在城市功能拓展区和城市发展新区。在各区县中，朝阳、丰台、海

---

① 何崇军：《流动人口子女义务教育政策分析》，《经济视角》2011年第5期。
② 北京市统计局、国家统计局北京调查总队：《北京统计年鉴2014》，中国统计出版社，根据第403、421页数据计算。

淀、昌平、大兴、通州等区县流动人口学龄儿童较多，这些区县小学教育资源压力较大。

近年来，为了落实"以公立学校为主"的政策，一些流动人口集中区域加大了撤并打工子弟学校，增加公立学校接收流动人口子女就学能力的力度，加之城市改建扩建的提速，一些流动人口相对集中的城乡接合部公立学校出现就读学生激增的情况。从我们的调研来看，有些学校学生规模已经远远超出了应有的办学规模，不得不改造库房、休息室等增加教室，由于教室少、人数多，一些媒体设备无法安装，同时为了应对激增的学生和班级，学校不得不增加临时聘用教师，教学环境和教学质量都很难得到保证，急需加大经费投入，改善办学条件，合理配置流动人口聚居区教育资源。

（三）事实上的分校

调查显示，"两为主"的原则使大多数流动人口子女得以进入公立学校读书，而且公立学校也实行的是混校就读。但是由于社会上普遍存在的对流动人口的排斥和歧视，事实上却形成了接受户籍儿童的公立学校与接受流动儿童的公立学校之间的隔离。流动人口及其子女在城市面临的文化歧视最集中地体现在心理层面，其根源在于长期城乡二元结构造成了巨大的城乡差别。此外，整体来看，在城市生活的流动人口经济条件、生活环境都与城市人群有一定差距，这也造成城市人群对流动人口的心理歧视。现实中接受流动人口子女的公立学校成为名副其实的"公立打工子弟学校"，与京籍儿童形成事实上的分校，一方面是由于接受流动人口子女的公立学校是相对薄弱的学校，有能力的京籍家长选择了更优质的学校，另一方面也反映了京籍家长对流动人口及其子女心理上的排斥。吴新慧指出，文化的排斥导致了流动儿童边缘化的归属感，从而产生出更多被剥夺、被歧视感以及对城市敌对的态度。[1] 这种事实上的隔离的存在，也同样会带来学生学校适应的后果。阻碍了流动儿童对自己生活的这个城市的了解，固化了流动儿童与城市的距离感，不利于其城市公立学校的适应。

---

[1] 吴新慧：《关注流动人口子女的社会融入状况——"社会排斥"的视角》，《社会》2004 年第 9 期。

（四）家庭支持不足

2010 年"六普"数据显示，北京市 72.8% 的流动人口从事商业、服务业和运输设备操作及相关人员，流动人口大多分布在劳动强度大、工作条件差、经济效益低的行业。加之流动人口平均受教育程度较低，处于城市的低层，是社会典型的弱势群体之一。儿童的社会化离不开家庭、学校和社会的共同支持，然而由于处于宏观的城乡二元结构之中、生活在城市社会底层的流动人口在经济条件、社会心理、文化习惯等方面的弱势地位不仅不利于其子女的学校适应和城市融入，还会以代际传承的方式传递给流动人口子女，在流动人口子女的环境适应和城市融入方面就表现为家庭社会化功能的不足，调查显示，多数流动人口家庭流动频繁，流动儿童转学次数较多，学校巩固率不高；流动人口家长忙于生计，对子女关注和支持不足，与子女沟通、交流有限；流动人口家庭和社区环境简陋，缺乏良好的学习环境和条件；流动人口家长受教育程度较低，教育方法不当。这些都影响了流动儿童学校适应的很多方面。

（五）义务教育初中阶段流失严重

现行针对流动人口子女的后义务教育政策也一定程度上影响了流动儿童义务教育阶段的学校适应。由于户籍限制，流动儿童在北京上高中的机会很少，因此初中阶段就读公立学校的流动儿童就要考虑未来的选择了。尽管按照中央的要求，目前各地都在研究制定本地关于流动人口随迁子女后义务教育阶段升学考试制度，但总体来看，各地对流动人口随迁子女后义务教育阶段的政策仍然是以控制和限制为主。这种教育制度化障碍是影响流动人口随迁子女学校适应的重要因素。在我们调查的中学学生的流向显示，中学阶段流动人口子女有很强的流动性，具体表现为：初一升初二时约有 20% 的学生转学离开北京；初二升初三时约有 15% 的学生转学离开北京。离开的学生大部分回原籍重新读初二，个别优秀的直接读初三，也有个别学生选择在北京周边，比如河北寄宿制学校学习。经过两次集中流动，初三开学时一般就只剩下入学时的 62% 左右了。这剩下的 62% 的学生基本上是学习成绩处于中下游的同学，所以这些学生毕业后的选择基本为职业高中，其中较优秀的也能进入北京的普通高中学习。其比例为：升入职业高中的占毕业生总数的 35%，升入普通高中的占

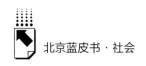

毕业生总数的5%，占到毕业生总数60%的学生直接步入社会，当然其中有一部分学生（10%）无法跟踪到去向。

三　落实流动人口随迁子女义务教育政策的几点建议

流动人口子女的学校适应和平等教育权利的实现除了受限于流动人口家庭的支持，学生自身的学习、适应能力外，更重要的还依赖于政府宏观政策和制度保障以及学校微观的干预。因为教育不平等既包括来自个体能力、社会地位、文化资本等方面的差异，也包括来自教育资源的提供和配置、学校制度、选拔制度等社会制度性因素的影响。因此，在实现流动儿童教育权利平等的过程中，也要体现对弱势群体倾斜性的补偿原则。弥补流动儿童在自然的、经济的、社会的或文化方面的低下状况，使之尽可能从教育制度本身得到补偿。

（一）健全流动人口随迁子女义务教育经费保障制度

流动人口子女教育问题的解决必须依靠流入地政府大力的支持，因此首先要消除流入地的后顾之忧。中央政府作为资源配置的主体，应该对全国范围内的义务教育资源进行统筹规划、合理配置，比如义务教育财政拨款制度改革，一方面应当提高中央政府在义务教育投资中的比重，另一方面必须打破户籍制度的限制，以实际在校学生数为基数划拨义务教育经费，保证义务教育经费随学生流动，解决流入地政府解决流动人口子女教育问题的经费压力。真正实现教育环境的"同城同待遇"，为流动人口子女良好的学校适应提供环境保证。

（二）均衡义务教育资源，打破事实上的分校

关于将流动人口子女安置在与流入地户籍儿童混合的公立学校，还是将流动儿童单独安置在规范化、合法化的打工子弟学校或其他公立学校，学者们也有不同的看法。有研究者认为为了流动儿童免受公立学校教师和本地户籍儿童的歧视，可以实行户籍儿童和流动儿童的分校。[1] 也有研究认为，从教育公平的角度

---

[1] 李晓巍、邹泓、张俊等：《流动儿童歧视知觉产生机制的质性研究：社会比较的视角》，《心理研究》2008年第1期。

出发，流动儿童和本地户籍儿童应该享有同样的教育环境，应该实行合校。事实上有更多的研究表明，公立学校就读的流动儿童学校适应状况好于打工子女学校。这种适应结果除了由于公立学校的教学设施、师资配备好于打工子弟学校外，更因为其可以给流动儿童提供与城市儿童共同学习交流的机会，促进其学校适应。①

近年来，北京市依照区域内－城乡间－区际－校际逐步来实现义务教育均等化政策取得了一些积极成效，但是义务教育发展在区域之间、城乡之间、校际之间办学条件和教育质量上仍然存在不少差距，在坚持义务教育阶段学校规范化、标准化要求，保证地区之间、学校之间办学条件、教育质量均衡发展的同时，还要严格执行"划片招生，就近入学"的政策，打破优势学校集中本地户籍孩子，薄弱学校集中流动儿童造成的流动儿童与本地户籍儿童事实上的分校局面，促进流动儿童更快、更好地适应学校和融入城市。

（三）积极探索，稳步推进解决流动人口子女后义务教育阶段教育问题

当前，关于流动人口子女义务教育的政策思路已经很明确，流动人口子女义务教育入学问题基本上得到解决。对于流动人口子女后义务教育阶段的问题还处在探索阶段，目前流动人口较多的大城市对流动人口随迁子女开放高中阶段教育做了一些有益的探索，对于"异地高考"，各地按照国务院要求也先后出台了随迁子女升学考试方案。

现行高考制度、流入地教育发展水平、城市人口规模调控等相关因素的制约，使得诸如北京这样的流动人口规模比较大的城市对开放流动人口子女后义务阶段教育都保持审慎的态度。这种情况反映了流动人口随迁子女教育的复杂性，也具有一定的现实性。但从理论上讲，教育作为一种公共服务，每个公民都有平等受教育的权利，从法理上讲，公民也都有在国境内迁移和受教育的权利。② 因此在考虑其现实制约性的同时也要看到看到其合理性。从根本上来说，户籍制度改革是解决流动人口随迁子女后义务教育阶段教育问题的关键，破除城乡二元结

---

① 项继权：《农民工子女教育：政策选择与制度保障——关于农民工子女教育问题的调查分析及政策建议》，《华中师范大学学报》（人文社会科学版）2005 年第 3 期。

② 桑锦龙、雷虹、郭志成：《我国城市流动人口随迁子女高中阶段入学问题初探》，《教育研究》2009 年第 7 期。

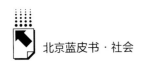

构，建立以常住人口为基数的公共教育服务体制，循序渐进、稳步推进解决流动人口后义务教育阶段教育问题，是保障和改善民生、促进教育公平的客观要求，也对促进流动儿童学校适应、城市融入，维护社会和谐具有重要意义。

（四）实行流动人口义务教育适龄儿童登记制度，提高教育规划应对能力

北京市常住人口中非京籍人口达到 700 多万，社会管理体制逐步从户籍人口为主向覆盖常住人口转变，与之相配套的公共服务体系也在逐步完善。要统筹兼顾户籍人口和非户籍人口的权益，根据常住儿童的规模合理做好教育规划，当务之急是要进一步摸清流动人口随迁子女底数，掌握流动人口变动和义务教育阶段随迁子女就学情况，据此及时预测北京市，特别是流动人口相对集中区域义务教育需求状况，提高教育规划和布局的应对能力，改变局部教育资源的紧张对流动儿童就学公立学校办学条件的影响，为促进流动儿童学校适应提供良好的学校环境。

（五）采取更加灵活的流动人口子女公立学校教育管理形式

流动儿童社会化家庭方面的支持不足也促使我们更加重视学校和社会支持网络在流动儿童的学校适应和城市融入方面的作为。因为学校和社会不仅要担负起自身在促进流动儿童学校适应方面的责任，还要尽可能弥补来自家庭的不足。

针对流动人口群体家庭支持不足这一特殊状况，接受流动儿童的公立学校应该采取更为灵活的管理形式。一是允许流动人口子女随时插班就读，提供早到学生的管理、延长课后管理时间等，创造更加灵活的流动儿童就读方式，减少学校管理的规章制度对流动儿童入学造成的影响。二是有条件的学校可以对流动儿童实行寄宿制管理，一方面可以为流动儿童提供更好的学习环境和条件，弥补流动人口家长对子女教育的力不从心和社区环境对流动儿童学校适应的不良影响；另一方面也可以减少学生频繁流动对学校教学和管理带来的困难。三是针对流动人口群体家庭经济条件有限的情况，允许流动儿童自愿订购校服和自愿参加需交费的集体活动，也可实行分期缴费。四是在学校评价上增加多样性和灵活性，针对流动儿童学习基础、学习习惯比较薄弱，改变一些文化差异，比如语言差异对学习的影响都需要一个过程的情况，探索更加灵活的

学校评价标准，鼓励流动儿童积极参与到学校的学习和日常活动中去。总之，可以通过探索更有针对性的学校日常管理方式为流动儿童的就读和学校适应提供更为宽松的学校环境。

（六）发挥学校和社会支持网络作用，给予流动人口子女补偿性支持

儿童的社会化离不开家庭、学校和社会的共同支持，然而由于处于宏观的城乡二元结构之中，生活在城市社会底层的流动人口其经济条件、社会心理、文化习惯都处在弱势地位，这种弱势地位不仅不利于其子女的学校适应和城市融入，还会以代际传承的方式传递给流动人口子女，在流动人口子女的环境适应和城市融入方面就表现为家庭社会化功能的不足，这方面的改善还有赖于宏观层面的调整和假以时日。

因此，针对流动儿童特点，探索各种形式的学校和社会支持方式是非常有必要的。流动人口生活环境和教育方式造就了流动儿童群体有着自身特点，一方面他们朴实、吃苦耐劳、独立性较强，另一方面知识面有限，自信心、表达能力不足，生活和学习习惯不良。从学校层面来看，除了日常教学和管理中要体现出对流动儿童的针对性外，还可以通过组建各种学生组织和举办各类活动，让流动儿童在参与集体活动的过程中增进相互了解、发现自身的长处与不足，同时也可以在活动中体验成功，增强自信。从社会层面来看，在流动儿童的学校生活中引入各类社会组织和志愿者服务，可以组织针对流动人口子女的集体辅导，也可以是一帮一的方式，采取多种帮扶形式，发挥社会支持网络的作用。此外，还可以发挥社区在流动儿童学校适应和城市融入方面的支持作用，例如提供贴近流动人口需要的社区服务和社区活动，促进流动儿童和家庭的社区参与，增加与城市儿童交流沟通，降低社会对流动人口的排斥，促进流动人口及其子女的城市适应和文化融合。

儿童是祖国的未来，进入城市的流动儿童也将是一个城市的未来。流动儿童接受良好的教育，尽快融入城市社会，不仅有利于流动人口素质的提升，更关系未来整个城市居民的素质。正因为如此，必须从整个社会的城市化发展和城市的现代化角度认识和解决流动人口子女学校适应性问题。

B.13
社会治理与北京社会组织管理体制改革创新

李晓壮*

摘 要： 站在21世纪新起点上，北京社会组织发展面临新的政策机遇与发展形势，社会组织将大有可为。但是，也要清醒地认识到，在新的发展阶段，北京社会组织管理体制改革创新面临诸多老问题还没有得到根本解决，还不能适应当前北京现代化国际大都市实际和建设中国特色世界城市目标的需要。为此，必须全面深化改革，在社会治理的架构下，加快推进北京社会组织管理体制改革创新，构建符合首都北京特色的新型社会组织发展道路。

关键词： 社会治理 社会组织 管理体制 改革创新 北京

一 政策机遇：从社会管理走向社会治理

党的十八届三中全会通过的《中共中央关于全面深化改革若干重大问题的决定》（以下简称《决定》）提出，"全面深化改革的总目标是完善和发展中国特色社会主义制度，推进国家治理体系和治理能力现代化。"《决定》提出全面深化改革的总目标一个是完善和发展中国特色社会主义制度，一个是推进

---

* 李晓壮，社会学博士，北京市社会科学助理研究员，主要研究领域：社会结构、城市社区治理等。

国家治理体系和治理能力现代化，两者共同构成全面深化改革的总目标。完善和发展中国特色社会主义制度是全面深化改革的总目标是很好理解的，因为我们党始终领导全国各族人民不懈努力奋斗，不断深化改革，最终目的就是完善和发展中国特色社会主义制度。但是，将推进国家治理体系和治理能力现代化也作为全面深化改革的总目标的表述是前所未有的。由此可见，国家治理体系和治理能力现代化在未来的全面深化改革中、在完善和发展中国特色社会主义制度中具有举足轻重的地位。我们理解，国家治理体系应该是由经济、政治、文化、社会、生态以及党的治理方略共同构成，国家治理能力现代化也就是要实现这"六个方面"的治理能力全面现代化。缺少哪一个方面都不能构成完整的国家治理体系，缺少哪一个方面的治理能力现代化也不能构成完整的国家治理能力现代化。其中，社会治理作为其中一个方面，理所应当是国家治理体系的重要组成部分，当然，"社会治理"能力的现代化也是国家治理能力现代化的重要组成部分。

就理论基础与实践逻辑而言，"社会治理"也是中国特色社会主义事业总体布局中"社会建设"的一个重要领域。

《决定》同时还提出"创新社会治理体制"的要求。我们认为，这是当代中国社会建设进程中一次深刻变革和重要突破，是中国特色社会主义制度与中国特色社会主义事业总体布局的综合改革，也是中国在新的发展阶段，适应全面深入改革的必然抉择。

这次《决定》将"社会管理"改成"社会治理"，虽然仅有一字之差，但史无前例，意义非凡。可以说，我们将从"社会管理"的时代迈向"社会治理"的时代。这一个格局的转变，必将极大地推进社会建设以及国家治理体系和治理能力现代化的前进步伐。

那么，"治理"在当代中国社会建设语境中意味着什么呢？我们理解，至少涉及以下三个方面内容。

第一，社会建设主体的多元化。社会管理的主体是政府，其管理源于"党的一元化领导"体制[①]，是政府基本职能之一。社会治理的主体是多元化的，包括政府、市场、社会（社会组织、社区）以及公民个人，强调社会建

---

① 俞可平：《中国治理变迁30年》，社会科学文献出版社，2008，第4页。

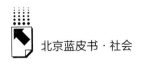

设与管理主体的多元性，而不是政府单一主体的"独唱独奏"。

第二，社会建设渠道的开放性。"推进国家治理体系和治理能力现代化"，所谓现代化，开放性是应有之义。而"治理"主要特征也是开放性，强调主体之间多向度的参与合作。因此，"推进国家治理体系和治理能力现代化"的提出，为多元主体多向度地参与社会建设与管理开辟了更为开放性的渠道。

第三，社会建设原则的保障性。社会建设的基本原则是促进社会公平正义。社会管理的理念和方式往往是自上而下的，官僚的，僵化的，独行的。而社会治理的理念和方式则更多强调自下而上的，协商的，沟通的，合作的。良好的社会治理体制可以形成良好的协商、沟通、合作机制，制衡权力与资本失序，公平合理配置社会资源，实现多元主体共赢，保障社会公平正义。

当然，需要强调的是，社会管理走向社会治理并不是说用"治理"取代"管理"，因为老百姓确确实实解决不了的事情，政府还是要管的。所以，"管理"与"治理"应该是共生协作的关系。

二 形势所需：社会组织大有可为的时代已经来临

一个现代化的社会应该是有组织的社会。社会组织作为与政府机关、企事业单位并列的第三部门，是各类组织中最基本、最广泛、最活跃的一支社会力量，承接政府与社会、市场与社会之间相互联系的纽带和桥梁，在弥补政府失灵、市场失灵方面具有独特优势。同时，社会组织作为社会建设主体之一，决定社会资源、机会配置和利益关系协调的走向，直接关系到社会安定有序。

2013年9月17日，习近平主席在中南海召开的党外人士座谈会上发表重要讲话指出，"改革是由问题倒逼而产生"。我们认为，当代中国社会组织的发展也是遵循这样的一个逻辑，主要表现在以下三个方面。

第一，经济分化诱致社会分化日益加剧。改革开放以来，随着经济体制改革不断深入，所有制结构发生了深刻变化，不同所有制经济体之间利益关系日益复杂化。与此同时，社会体制改革也发生了深刻变动，产生了不同的社会利益群体，诉求更加多元化。因此，急需"第三只手——社会组织"担当整合各方利益诉求的承载者和领航者。

第二，计划统合化走向社会成员原子化。计划经济时期具有强统合能力的

"单位制""人民公社"在改革开放大潮冲击下很快解组，组织方式发生了深刻变化。也就是说，社会成员去"组织化"，有问题找组织、找单位已经是不大可能的事情（非公有制经济不具有"管理"功能，公有制经济也不完全具有管理功能）。因此，需要将原子化的社会成员进行再组织化的过程，以凝聚社会力量，形成合力，共同将中国特色社会主义事业推向前进。

第三，"全能型政府"向服务型政府转变。"全能型政府"是政府包办一切社会事务，这种政府职能模式已经严重不适应新时期经济社会发展的新需要，加快行政管理体制改革，简政放权，推进政府职能转变，构建服务型政府形势十分紧迫，特别是十二届全国人大一次会议通过的《关于国务院机构改革和职能转变方案的决定》，对政府职能转变提出明确要求。也就是说，随着政府职能转变步伐加快，政府必将"释放"出以往不该管、管不好、管不了的公共事务和社会服务交由市场或社会承担。因此，需要守纪律、有规范、高效率的社会组织来承接政府职能转变过程中移交给的社会事务，准备好，承接好，服务好，发挥好当代社会组织的独特优势。

这些新变化、新情况、新问题，预示中国特色社会主义建设事业需要用好社会这只"手"。时代呼唤社会组织崛起，激发社会活力。

三　新阶段老问题：当前北京社会组织
管理体制面临的问题

面对新的政策机遇，发展良机，北京社会组织管理体制改革相对滞后，存在一些久拖不决的老问题，这些老问题凸出表现在社会组织制度建设滞后；社会组织规模不够；政社不分，官办多、民办少；"双重管理"体制，社会组织运行服务管理不到位；社会组织内生发展存在困境等问题。这些内外问题已经严重阻碍了北京社会组织的良性发展。

（一）社会组织制度建设滞后于形势发展

1998 年国务院颁布的《社会团体登记管理条例》《民办非企业单位登记管理条例》以及 2004 年国务院颁布的《基金会管理条例》在引导、规范、推进社会组织发展中起到较大作用。但是，这些管理制度已经严重滞后于社会组织发展速度，与当前中国特色社会主义市场经济体制也是不相适应的，而且一些发展社会组织的政策在某种程度上已经造成社会组织发展的失序格局。例如，2011 年北京市民政局放开工商经济类、公益慈善类、社会福利类和社会服务类社会组织直接注册登记，社区社会组织备案。党的十八届三中全会《决定》要求，放开行业协会商会类、科技类、公益类、城乡社区服务类社会组织直接注册登记。两者在社会组织政策上出现一点分歧，当然，分歧并不大，但是说明，地方政策与中央政策存差异。在宏观层面，没有全方位、统一的规范，难免诱致政策偏差，社会组织管理细则无可靠政策可循而无法出台，社会组织改革方案也不好确定，实践层面也无法操作。

（二）总量相对不足，无法满足社会需求

截止到 2014 年 12 月 27 日，北京市在民政部门登记注册的三类（民办非企业单位 5129 个、社会团体 3825 个、基金会 315 个）社会组织合计 9269 个。2014 年北京常住人口约 2151 万，按此人口数据计算，2014 年北京每万人拥有社会组织数量约 4.3 个，远低于国内的南京、上海、青岛等其他城市，与德国（120 个）、法国（110 个）、美国（52 个）、日本（97 个）、新加坡（15 个）、中国香港（25 个）等发达国家和地区差距更大，无法承担北京社会建设主体角色；无法起到有效整合社会力量的作用；无法有力承接政府职能转变交由社会组织承担的社会事务；无法起到有效化解社会矛盾和调处利益关系冲突，促进社会和谐的作用。

（三）政社不分，官办多，民办少

"政社不分，官办多，民办少"是当前北京社会组织管理体制改革面临的主要问题。社会组织承担"中介性"的角色，发挥政府与社会、市场与社会之间的桥梁和纽带作用，加之北京一些国字号的机关企业单位较多，同时，一些社会团体及民办非企业单位自身运行问题，政府与一些社会组织形成互嵌，相互依赖性较强。因此，北京社会组织"官民二重性"的特征比较明显，社会组织社会化程度低。从调研情况看，政府力量介入成为社会组织创建的一种制度惯性。例如，北京市某县 2013 年在民政部门注册登记的社会组织共计202 个，55% 以上属于官办，其法人代表大多由行政官员或退休官员兼任。尽

管北京市民政局社团办依据党的十八届三中全会《决定》有"完善并严格执行领导干部亲属经商、担任公职和社会组织职务"的规定，领导干部不得担任社会组织法人，以及其他社会组织法人不得兼任社会组织法人的规定，但是，调查中，审核并不是十分严格，实际运行中仍存很多漏洞，行政色彩较浓，而且，一些社会组织成为某些领导干部利用公共权力或自身影响谋取私利的特殊载体。其中，民办非企业单位应该是最具非政府性特征的社会组织，但是，实际调查中，有相当一部分行业协会、商会属于政府部门"翻牌"。由此，社会组织如何脱离政府或行政角色，如何隔离某些领导干部谋取私利的工具，回归社会本位，调动社会组织积极性，发挥社会组织作用，这是当前北京社会组织管理体制改革的重要问题之一。

（四）"双重管理"体制与社会组织运行服务管理不到位

2011 年，北京市民政局放开工商经济类、公益慈善类、社会福利类和社会服务类社会组织的登记审批。据调查了解，事实上并没有引起社会组织注册登记"蜂拥而上"。主要因为政府相关部门（主要指业务主管部门和注册登记部门）还是担心"一放就乱，责任谁担"的问题。因此，名义上是放开的，但相关制度未跟进，实际仍采取"双重管理"体制，限制约束性机制较强，培育、发展社会组织积极性不高，扶植力度不够。此外，在现有制度管理框架下，政府工作重心仍偏向于规范和监管社会组织登记行为与日常活动运作（实际上，由于对发展社会组织重视不够，政府监督管理人员也不职业、不专业），而对社会组织运行服务管理等内容涉及较少。政府对社会组织服务工作创新意识不强，不主动改革，不仅挫伤社会组织发展的积极性，而且削弱社会活力。加之，一些本身运作能力不强、管理不规范的社会组织因得不到政府的相关服务、指导与扶持，其生存与发展受到较大限制（例如，有的社会组织存在业务不熟，换届时相关程序缺位，材料缺少等现象，导致后续办理事件过程中遇到很多问题）。

（五）社会组织内生发展存在困境

社会组织的专业化程度低，管理人员的职业化水平低，注册资金、场地以及运行经费不足等因素是当前制约各类社会组织内生发展的共同难题。主要表现：

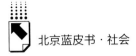

第一，社会组织专业化程度低，内部运行不规范。主要表现为规章制度不健全、不规范。此外，社会组织开展活动的专业性程度也比较低。第二，社会组织管理人员兼职多（例如，据笔者调查，社会组织的财务人员大都是兼职），专职少，且年龄老化。由于缺乏专职人员，社会组织运作能力受到较大限制。此外，缺少专业化人才，社会组织年检、审计、换届等业务实施不畅，影响社会组织年检、评估与运行。第三，注册门槛高，一些社会组织"法外生存"。例如，市级社会团体注册资金一般为3万元，基金会注册资金一般为200万元，民办非企业单位30万元、100万元不等。社会组织成立的基本原则就是社会公益性质，不营利，较高的注册门槛卡住了一些热爱公益事业的人士参与社会建设。而且，也导致一批社会组织交不起注册费而"法外生存"。第四，运转经费来源少。据调查，官办社会组织资金状况相对较好，其工作人员工资、运行经费、活动场所基本都能得到保障。但是，自愿成立的社会组织，只能依靠捐赠或寻求与政府合作资助，到处"化缘"来维持运行。例如，笔者参加北京市社会科学界联合会第六次代表大会分组讨论中，许多社会组织代表都谈到自身运作的可获得资源太少，不被政府重视。此外，北京土地资源寸土寸金，90%以上的社会组织活动场所租用或借用他人产权房开展业务活动，这成为制约其内生发展的又一主要因素。

四 深化改革：加快推进北京社会组织管理体制改革创新

进入新世纪以来，党和政府已经意识到培育、壮大社会组织发展对加强社会建设与治理的重要作用，做了很多有益的工作。尤其是党的十八届三中全会"治理"概念的提出，使当代中国社会组织进一步得到合理性、合法性的定位与发展空间。可以说，当代中国社会组织发展面临前所未有的大好机遇。但是，也要清醒地认识到，从北京社会组织管理体制中所存在的问题可以窥见，当前社会组织管理体制还不能适应中国特色社会主义制度与中国特色社会主义事业总体布局发展新形势的需要，同时，社会组织自身内部结构建设也存在这样那样的问题。为此，我们建议需要做好以下五个方面的工作，以加快推进北京社会组织管理体制改革创新，开创符合中国特色的北京新型社会组织发展道路，以为全国示范。

（一）加快研究制定《社会组织法》

加快社会组织法制建设势在必行，不能再走先发展后规范的老路，而且，经过多年的实践，有条件对社会组织进行立法工作的研究与制定，社会组织管理体制亟须进行第二次制度改革。因此，必须加快研究制定《社会组织法》，以法律的形式与权威来规范社会组织发展，使社会组织彻底走上法制化的轨道，以落实社会组织的依法管理要求。例如，党的十八届三中全会《决定》提出，"加强对社会组织和在华境外非政府组织的管理，引导它们依法开展活动"。但是，如果严格来说，并没有一部规范社会组织的法律，那么，所谓的"引导它们依法开展活动"的法也只能是刑法、民法等其他法律法规。这不利于社会组织的规范和发展。

（二）加快研究制定《社会组织中长期发展规划》

根据新形势需要，结合市情，加快制定符合北京特色的《社会组织中长期发展规划》（以下简称《规划》），明确指导思想，确立基本原则，制定实施细则，设定发展目标，有计划、有步骤地积极推进社会组织大发展。同时，在《规划》制定中要注重"规划横向的配套性"和"纵向的完善性与可行性"。

所谓"规划横向的配套性"是指，社会组织规划涉及社会体制的各个领域，在制定社会组织规划的同时，需要跟进社会体制领域的其他规划，即在社会体制的宏观架构下，各领域统筹兼顾，整体推进。所谓"纵向的完善性与可行性"是指，社会组织规划涉及顶层设计和"摸着石头过河"的问题，因此，就社会组织规划自身而言，要从顶层设计到河里的石头之间形成一根线，体系完善，无缝衔接。社会组织规划只有做到"规划横向的配套性"和"纵向的完善性与可行性"才有利于促进社会组织快速、健康发展。

（三）正确处理政府和社会关系，加快推进"政社分开"步伐

党的十八大提出经济体制改革的核心问题是处理好政府和市场的关系，那么，我们认为，实际上，社会体制改革的核心问题也应该要处理好政府和社会的关系。社会组织体制改革是社会体制改革的重要组成部分，也是创新社会治理体制的重要组成部分。就目前而言，对社会组织体制改革，主要问题是

"政社不分","官办多,民办少"。为此,必须加快社会组织"政社分开"步伐,激发社会组织活力,主要切入点有以下几个。①借鉴当年"政企分开"改革的主要经验教训,正确处理"政社"之间的关系。②限期行业协会商会等社会组织与行政机关真正脱钩,做好社会组织分类甄别工作,并逐步探索已有其他具有"官办"色彩的社会组织分类分期"脱钩"工作,更要遏制新注册登记社会组织的"官办"色彩,尤其是法人的自然人角色监管。③从政府改革和规范行政职能的角度,逐步理清政府交由社会组织承担的公共事务与社会服务清单。④建立专项资金,通过政府购买社会组织服务的方式,推进社会组织参与社会建设与治理。⑤完善政府购买社会组织服务机制的制度化、规范化,营造公开、公平、公正、诚信的社会组织竞争环境。避免政府专项资金错投、乱投,依法严格监管。

需要强调的是,在社会组织管理体制改革中,首先需要规范、扶持社会性社会组织,也需要加快改革政府官办的社会组织,限期脱钩、剥离,同时,也要试验"工青妇"、红十字会等政府行政社会团体社会化、民间化进程。也就是说,当代中国社会组织管理体制改革,问题核心是处理好政府与社会的关系,工作重心是有计划、有步骤地推进各类社会组织分类分批改革,目标方向是"三轮(体制外社会组织、半体制内社会组织、体制内社会组织)①"驱动社会组织管理体改革制全面创新,真正实现社会组织的社会化、民间化。

(四)加快完善社会组织运行服务机制

目前对社会组织的管理是"重登记管理,轻运行服务",这对培育、发展、壮大社会组织很不利。为此,必须将社会组织工作作为一项系统工程,既要注重登记管理,更要注重社会组织运行服务机制建设。主要有七个方面:①完善注册登记制度;②创新服务管理制度;③完善监督评估制度;④完善退出制度;⑤建立人才队伍建设与管理制度;⑥建立人才职业化,组织运作专业化制度;⑦依法打击非法组织制度建设。

---

① 体制外社会组织:一般意义上的社会化的社会组织;半体制内社会组织:具有官办色彩的社会组织;体制内社会组织:工青妇及红十字会等官方社会组织。

（五）加强完善社会组织内生型发展

社会组织自身运作不规范，人员兼职多、专职少，管理不专业，生存能力差是阻碍社会组织内生发展的主要障碍。在加快"政社分开"的背景下，如何培育好、发展好社会组织是亟须破解的问题。主要思路有八点：①高度重视社会组织运作服务维护工作；②教育和提高市民组织意识、参与意识、公益意识；③培养社会组织专职管理者；④提供税收等优惠政策；⑤合法广泛吸收社会资源；⑥通过社会领域党建工作，在加强对社会组织领导和管理的同时，做好社会组织服务帮扶工作；⑦加强社区社会组织服务管理工作。在社区（村）居委会设置专职人员，负责社区组织服务和管理工作；⑧加快社区组织备案登记工作。将有条件的社区组织，通过引导规范为"合法"的社会组织。

可以预见，当代中国社会组织在"社会建设"与"社会治理"共有空间中应该能够成为推进国家治理体系和治理能力现代化的重要依靠力量，同时，在推进国家治理体系和治理能力现代化进程中，当代中国社会组织也必将得到大发展。而北京在社会组织管理体制改革中要敢为天下先，先行先试，为推进北京社会治理体系和治理能力现代化夯实基础，为全国及其他省市推进社会组织管理体制改革率先示范。

总之，当前需要转变观念，高度重视社会组织重要性，牢牢抓住政策机遇，客观分析形势，不断破解北京社会组织发展中的体制机制难题，创新社会治理体制，激发社会活力，加强和推进社会建设，打造符合现代化国际大都市、符合中国特色世界城市、符合全面建成小康社会目标的北京特色的社会组织管理新体制。

在京草根青年社会组织核心骨干成员调研报告

李国武　孙力强*

摘　要： 草根青年社会组织的蓬勃发展为新时期开展青年工作带来巨大挑战。在通过问卷调查和个案访谈获得的经验资料基础上，本报告描述了在京草根青年社会组织核心骨干成员的群体特征和组织参与状况，以及草根青年社会组织的发展状况，分析了青年创办和参与草根社会组织的积极意义和潜在问题。最后，对新形势下如何引导和培育草根青年社会组织发展、如何构建政府与青年社会组织的关系进行了初步的政策思考。

关键词： 草根青年　社会组织　核心骨干　群体特征　社会治理　北京

一　调研基本情况

社会组织是我国改革开放以来新出现的一种组织形态，除了在民政部门正式登记的社会组织之外，还有大量民间自发成立但没有在民政部门登记的社会组织，也被称为草根社会组织。① 这些草根社会组织中有很多是以青年为成员

---

* 李国武，中央财经大学社会发展学院，博士、教授、硕士生导师，主要从事经济社会学、组织社会学的研究；孙力强，共青团北京市委员会社会部。青年社会组织调研课题组组长：郭文杰，共青团北京市委员会副书记；青年社会组织调研课题组成员：孙夏男、王朔、倪爽、张亮，共青团北京市委员会；尉建文、王修晓，中央财经大学社会发展学院；余跳、孙晓纯、高雪天，北京青少年社团发展促进中心。

① 王名：《中国民间组织30年》，社会科学文献出版社，2008。

主体或以青少年为主要服务对象的。在北京市这类草根社会组织数量非常庞大，众多青年参与其中。

为了解参与这类社会组织青年的主要特征及组织发展状况，2014 年 6～9 月，共青团北京市委员会、中央财经大学共同开展了针对在京草根青年社会组织核心骨干成员的问卷调查和个案访谈，本调研属于北京团市委"青年群众大调研"的一部分。

此次调研的调查对象为北京市草根青年社会组织的负责人，以及年龄在40 周岁以下的骨干成员。草根青年社会组织，指的是既没有在民政部门正式登记也没有在企事业单位、街道乡镇备案、挂靠，且以青年为成员主体或以青少年为主要服务对象的社会组织。负责人指这类社会组织的创建者或组织核心人员，骨干成员指社会组织中除负责人之外的主要专兼职工作人员，或者经常参与该组织活动的成员。

调研团队在团市委联系、掌握的 1305 家草根青年社会组织中，参照社会组织的 14 类行业分类，选取了 238 家作为样本框，此后，在 238 个样本框内的 14 类社会组织中，按城区郊区 2∶1 的比例随机抽取出来 78 家草根青年社会组织，调研访问了组织中的 301 名青年，其中组织负责人 67 人，骨干成员234 人。

本次调查样本的平均年龄为 31.3 岁，其中男性占 48.8%。同时，调研选择不同行业领域的 23 家草根青年社会组织进行了深度访谈，其中访谈负责人22 名，骨干成员 18 名。

需要说明的是，由于在京草根青年社会组织数量巨大、类型很多且边界较为模糊，调研团队无法获得精准、完整的抽样框，所以本次调查的样本在代表性上可能存在一定的不足。

二　调研主要发现

（一）样本的人口学特征和工作生活状况

1. 文化水平较高，流动人口比例较高，宗教信仰比例高于其他青年群体

草根青年社会组织的负责人和骨干成员的学历都较高，86.6% 的人具有大

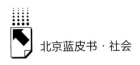

专及以上学历，他们毕业于北京地区高校的比例（47.5%）高于毕业于北京以外高校的比例（26.2%）。负责人的学历在本科及以上的比例（71.6%）大大高于骨干成员（57.3%）。

草根青年社会组织吸引了大量外来流动青年的参与。调研结果显示，草根青年社会组织参与者中外地户籍青年占比为55.2%，这一比例大大高于在体制内单位就业的青年群体，与在新经济组织中就业的青年群体户籍结构类似。

相比于其他青年群体，草根青年社会组织核心骨干群体的宗教信仰比例较高，15%的人员信仰宗教，主要信仰佛教（10.3%）。

2. 很多核心骨干成员还从事有报酬的其他工作，绝大部分人的收入不完全来自社会组织

兼职参与和不以获取报酬为目的是草根青年社会组织核心骨干成员的两大突出特征。调查显示，61.2%的草根青年社会组织负责人还具有获得报酬的其他职业身份，如私营企业主、企事业单位管理人员、销售及服务行业人员、专业技术人员等。40.2%的骨干成员并非社会组织的专职工作人员，他们也是一般办事人员、企事业单位管理人员、销售及服务行业人员等。

绝大部分负责人和骨干成员的收入不完全来自社会组织，而是还有其他收入来源。61.2%的负责人没有从社会组织中获得任何收入，只有17.9%的负责人全部收入是从社会组织获得的；56.4%的骨干成员没有从社会组织获得任何收入，仅有17.5%的骨干成员全部收入来自社会组织。

大多数草根青年社会组织的核心骨干成员并不期望从所在组织中获取经济报酬，这与已登记社会组织从业青年群体存在明显不同。

3. 部分草根青年社会组织核心骨干成员面临经济、住房或发展提升方面的困难

超过80%的草根青年社会组织核心骨干成员的收入部分或完全不是来自社会组织，这说明很多人参与社会组织不是为了经济回报，但这并不意味着这些人生活无忧或者不在乎收入。实际上，草根青年社会组织核心骨干成员的平均收入水平和生活水平并不高，骨干成员的平均月收入只有4388元，负责人的平均月收入水平相对更高一些，为7825元。

住房费用是草根青年社会组织核心骨干成员的主要支出。草根青年社会组织负责人的月均支出为4644元，其中每月用于住房的费用（房贷或房租）平均为 1838 元，住房费用占月总支出比重为 39.6%。骨干成员的月均支出为 3021 元，其中每月用于住房的费用（房贷或房租）平均为 1097 元，住房费用占月总支出的比重为 36.3%。而且，55.2% 的负责人和 63.2% 的骨干成员没有自购房，13.4% 的负责人和 19.2% 的骨干成员住在合租房中，3% 的负责人和 5.1% 的骨干成员人均居住面积在 5 平方米以下。

总体而言，草根青年社会组织核心骨干群体所承受的压力主要来源是经济方面（31.5%）、工作方面（30.4%）和生活/保障方面（15.2%）；面临的主要困难依次是住房困难（22.6%）、发展提升困难（18.6%）和经济困难（17.6%）；最希望得到帮助的方面依次为提高收入（28.2%）、更稳定的生活（9.6%）、租金低廉的住房（9.3%）和职业技能培训（9.0%）等。

（二）社会组织参与状况

1. 绝大多数成员出于兴趣和公益动因参与社会组织，且持续参与意愿强烈

负责人创办社会组织的主要动因是满足社会需求（50%）和自己的兴趣爱好（42.6%），只有 1.9% 的人回答是为了解决个人就业。骨干成员主要是出于被组织吸引而非个人就业原因加入社会组织，他们加入社会组织的主要原因依次是认同其理念（50.9%）、喜欢其氛围（45.7%）、符合个人的兴趣爱好（45.3%）和喜欢其公益活动（43.6%），选择"暂时解决就业问题"的只有 3%。

调查结果表明，很多人是在工作之余从事和参与社会组织活动，也不以从社会组织中获得收入为主要目的，这表明草根青年社会组织参与人员呈现明显的社会参与活动与工作相分离的倾向。

绝大多数核心骨干群体继续参与所在社会组织活动的意愿强烈。当问及"您还准备在该组织工作多少时间"时，负责人中，85.1% 愿意继续做下去，只有 3% 的人随时准备离开；骨干成员中，71% 愿意继续做下去，只有 5.1% 的人随时准备离开。

如果可以选择的话，50.7% 的负责人把社会组织作为最理想的就业单位，在 15 个选项中比例最高；40.2% 的骨干成员把社会组织作为最理想的就业单位，在 15 个就业选项中比例排在第四位。这一点明显有别于其他青年群体。

2. 草根青年社会组织核心骨干群体互联网使用率较高，依托网络开展活动的社会组织大量涌现

47.8%的草根青年社会组织核心骨干成员闲暇时间主要活动是上网，45%的人每天上网在 4 小时以上，这种情况高于其他青年群体。他们参加组织或群体活动最常用的联系方式是 QQ、电话和微信。

草根青年社会组织对互联网的运用非常普遍，其中58.2%以网络宣传作为发展会员、成员的主要方式，62.7%设有组织的微博、博客、微信等社交网络账户，56.7%建有组织的网站。

互联网的普及大大降低了协调和活动组织成本，主要依托互联网技术开展活动的社会组织大量涌现，有的是进行兴趣交流、有的是进行信息传播、有的甚至从线上互动延伸至线下活动。在组织形态方面，这些网络类的草根青年社会组织绝大多数是没有层级结构的扁平化网络社群，也有部分将实体组织机构与虚拟社区结合起来。

3. 核心骨干成员积极参与社会组织活动，并希望以这种方式参与公共事务管理

草根青年社会组织核心骨干成员积极参与社会组织的活动，为社会组织贡献大量时间。负责人每天的工作时间平均为 14.5 小时，骨干成员每周为所在社会组织工作的时间平均为 19.5 小时，每月参与所在社会组织的活动平均为 4.6 次。

33.8%的骨干成员除了参与所在社会组织的活动之外，还参与其他社会组织的活动，他们参与其他社会组织的平均数量为 1.86 个。骨干成员每月参与志愿服务活动的平均时间为 15.86 小时。

草根青年社会组织核心骨干成员中，选择通过"加入社会组织"方式作为最愿意采取的参与北京公共事务管理途径者，比例明显高于其他青年群体。对负责人而言，选择"加入社会组织"方式参与公共事务管理的比例为31.3%，排在各种参与方式选项的首位；对骨干成员而言，选择这种方式参与公共事务管理的比例为 24.8%，排在第二位。

（三）草根青年社会组织发展状况

1. 成立时间较短，规模较小，很多未在民政部门登记

草根社会组织在我国快速发展起来不过十来年时间，其间不断有新组织产生，也有的由于负责人退出或资金困难等原因而解散消失，大部分处于初级发展阶段。从我们的调研数据来看，有76.1%的草根青年社会组织在近十年内成立，37.3%在近五年内成立。

草根青年社会组织由于成立时间短、争取资源能力有限、开展活动特点、专业化程度等原因，专兼职人员规模通常较小。调研数据显示，草根青年社会组织40岁以下的专职工作人员平均数量为7.93人，40岁以下的兼职工作人员平均数量为19.52人；非会员制的草根青年社会组织多于会员制的草根青年社会组织，且不同草根青年社会组织的会员或成员数量差异较大，提供服务覆盖的人群数量差异也较大。

调研数据显示，由于难以在民政部门登记，有30%的草根青年社会组织选择在工商行政管理部门注册，77.6%的负责人表示希望能在民政部门登记，有59.7%曾经尝试过在民政部门登记。60%的负责人认为未在民政部门登记对社会组织的运行发展带来的阻碍非常大或者比较大，障碍主要表现在吸引社会捐赠和获得政府购买公共服务项目上。

2. 提供的服务内容丰富、方式多样，很多已形成相对持续稳定的活动项目

草根青年社会组织以公益服务类和兴趣爱好类为主，其提供的服务内容丰富、方式灵活，已成为一支重要的社会治理力量。调研数据显示，草根青年社会组织中能够提供各类型服务项目的比例（单个组织可有多项，所以以下数值加总不等于100%）依次为：志愿服务（52.2%）、社区发展（34.3%）、体育健身户外活动（31.3%）、扶贫助学（28.4%）、学术研究及交流（26.9%）、文化艺术交流（25.4%）、联谊交友（25.4%）、环境保护（20.9%）、养老服务（17.9%）、心理咨询（17.95%）和专业社会工作服务（16.4%）。提供服务的方式主要有培训训练（53.7%）、开展教育启蒙活动（46.3%）、交流沙龙（34.3%）、信息咨询（26.9%）和义演义卖活动（20.9%）等。

在我们调查的草根青年社会组织中，有92.5%已形成相对持续稳定的活动项目，而且举办活动次数较为频繁，平均每年举办的活动为56.7次。

3. 资金与办公场所缺乏是制约草根青年社会组织发展的最突出问题，不同社会组织的筹资渠道差别很大

调查显示，缺乏资金、缺乏办公场所与办公设备是制约草根青年社会组织发展的最突出问题，64.2%的负责人认为需要提高组织的资金筹集能力。

不同社会组织的筹资渠道差别很大，有的社会组织资金来源较为集中，有的则较为分散。草根青年社会组织各资金来源渠道平均所占比例依次为企业提供的赞助及捐赠（16.79%）、开展服务的收入（14.31%）、政府项目经费或财政拨款（12.27%）、会员费收入（7.64%）、国外基金会资助（1.87%）和国内基金会项目经费（1.72%）。

草根青年社会组织的各项费用支出，平均所占比例依次为活动经费（41.22%）、员工费用（17.97%）、办公费用（14.76%）和其他支出（5.07%）。

4. 相当比例草根青年社会组织积极与党政部门建立联系或开展合作，得到过党政部门的帮助

很多草根青年社会组织在创办、开展活动、资源获取和申请登记等方面积极与党政部门建立联系或开展合作。

调查显示，37%的草根青年社会组织在创办时得到过团组织的帮助，25.9%得到过政府行政部门的帮助。个案访谈也表明，很多草根青年社会组织主动与有关政府部门或党团组织沟通过，希望能在民政部门登记、取得正式组织身份。随着各类向社会组织购买公共服务工作力度的加大，参与承接党政部门购买服务项目也成为草根青年社会组织获取资源的一个渠道，有47.8%的草根青年社会组织曾申报过购买服务项目。在活动开展过程中曾与政府部门、党组织和团组织合作过的草根青年社会组织比例，分别为47.8%、25.4%和56.7%。另有49.3%的草根青年社会组织曾向政府部门提出过政策建议。

在实地调查中我们也发现，由于其所开展活动的敏感性或者对政府的不信任，少量草根青年社会组织不希望与党政部门有太多接触；还有些草根组织由于在申请登记、争取购买服务项目等方面遇到过政策障碍，对党政职能部门存在不满和抵触情绪。

三 对群体与组织的分析、研判

（一）草根青年社会组织核心骨干成员具有很强的志愿和公益精神

草根青年社会组织及参与其中的青年是一支非常宝贵的社会公益力量，践行了"奉献、友爱、互助、进步"的志愿精神，在倡导社会新风尚方面发挥了积极的示范作用。调研数据表明，大部分青年（90%以上）出于满足社会需求和个人兴趣爱好创办和参与草根社会组织；很多组织的创办者甚至投入个人资金，或者利用个人社会关系筹集资源开展活动，很多组织中的骨干青年利用业余时间参与社会组织活动、进行志愿服务，自愿持续地参与社会组织所致力的某类公益事业。

（二）草根青年社会组织为青年就业创业和成长成才提供了重要渠道

随着近年来社会组织的蓬勃发展和国家治理体系的深刻变革，越来越多的青年不再只青睐传统的"体制内"单位，而是希望在新经济组织和新社会组织领域寻找发展机会；此次调研数据显示，约51%的草根青年社会组织负责人和约40%的草根青年社会组织骨干将社会组织作为最理想的就业选择。这也表明，作为政府和企业之外的第三部门，新兴的社会组织为青年人实现自我价值与职业发展提供了新的途径。

社会组织的蓬勃发展不仅为广大青年创造了新的就业发展空间，更为青年成长成才提供了新的多元化渠道。调研表明，很多青年在创办或参与社会组织过程中锻炼了技能、陶冶了情操、赢得了社会赞誉、实现了个人价值。对草根青年社会组织优秀骨干和志愿者的激励和宣传，有助于在全社会树立青年新风尚，吸引更多青年投身志愿服务、公益活动。

（三）草根青年社会组织是社会治理的重要参与力量

草根青年社会组织应现实需求而生，扎根基层社会，熟悉所服务社区和群体的特征与实际需求，能够更有针对性、更灵活地开展各种公益型、互益型服务。调研显示，草根青年社会组织提供的服务内容丰富、方式多样，为完善社会治理机制、建设和谐社会做出了不可忽视的贡献。

调研数据显示，经过实践探索，相当比例（90%以上）的草根青年社会组织已形成相对持续稳定的活动项目，举办活动次数较为频繁（平均一年近60次），取得了较好的社会效果。在政府无力触及或者无法提供的一些社会服务领域，这些组织能够拾遗补阙、发挥自身优势。事实表明，绝大多数草根青年社会组织符合当前国家社会治理的需要，是可以信任和需要鼓励的社会治理正能量。

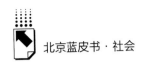

（四）各类草根青年社会组织持续涌现，多处于起步阶段，且对互联网的依赖程度较高

自发成立的各类草根青年社会组织不断涌现，是我国经济社会深刻变革的必然产物，也是北京这一特大型、国际化大都市发展中的必然现象。随着国家治理体系现代化的深入推进、社会利益主体多元化程度的日益提升，青年选择以结成社会组织的方式参与公共事务管理、表达诉求、面向特定群体开展公益或者互益型服务活动，将更加普遍。同时，各类草根青年社会组织数量巨大，多处于发展起步阶段，存在资源和人才缺乏、组织能力不高、专业化程度不足等内部治理机制不规范问题。党政职能部门、团组织在促进其规范化发展，加强对组织骨干的团结、集聚、培育、引领方面，需要加大工作力度。

并且，随着互联网、移动互联网的日益普及，草根青年社会组织无论在吸收成员，还是在日常宣传与活动开展等方面，都对互联网有较高的依赖程度（建有网站，设立微博、微信、博客的组织均在60%左右）。对于各类在网上活跃传播信息、结合线上宣传开展线下活动的草根青年社会组织，团组织、党政职能部门与社区、村等居民（村民）自治组织尤其应予以关注，并加强网上舆情收集、热点问题研判，开展常态化的重点引导工作。

四 政策建议

（一）集聚培养青年社会组织人才，选树典型，加强青年社会工作队伍建设

通过政府资助、企业捐赠和基金会支持等多种渠道筹集资金，为青年社会组织人才搭建培训和交流的平台，定期开展青年社会组织骨干人员培训，完善"青年社会组织骨干训练营"活动，提升组织骨干的公益领导能力。

建立青年社会组织核心人员数据库，通过集聚组织骨干加强对社会组织的联系。各级青联应增设青年社会组织界别，吸纳一批积极向上、热心公益的核心骨干人才进入青联委员队伍，并吸纳部分具有较强社会服务功能的青年社会组织成为志愿服务联合会、青年企业家协会、青年科技工作者协会等组织的会

员单位，使之成为团组织有效联系、可团结、可引领的社会正能量。

政府应出台政策引导大学毕业生到社会组织工作，鼓励青年群体进行公益创业，比如，放宽社会组织登记条件，出台为大学生到社会组织工作提供社会保障补贴、予以助学贷款减免等优惠政策。

对青年社会组织的公益品牌项目、先进个人，应加大宣传表彰力度，选树典型，推荐青年社会组织中的先进集体和个人参评青年文明号、五四红旗团组织、五四奖章、青年岗位能手等团内、团外各级荣誉奖项，树立青年新风尚，营造崇尚志愿、公益和慈善的社会氛围，提高全社会对青年社会组织和社会公益事业的认知度和认可度。①

认真贯彻落实《关于加强青少年事务社会工作专业人才队伍建设的意见》，建立青少年事务社会工作专业人才与青年社会组织骨干志愿者队伍的协同、联动体系，鼓励符合条件的青年志愿者通过学习、培训、考证等方式进入社会工作岗位。

（二）提供平台和资源支持，团结集聚社会组织参与协同共治

党和政府应不从管控而是从治理的角度建立与社会组织的新型关系。一方面，要发挥社会组织的重要功能，政府与社会组织之间构建功能互补、合作共治、积极协作的伙伴关系；另一方面，要发挥工会、妇联、共青团等人民团体和各类枢纽型社会组织的作用，加强对各领域草根社会组织的整合、集聚，协助党和政府，在联系、服务和引导各类组织规范、健康发展的过程中发挥主导作用、体现影响力。

要为社会组织开展活动提供资金、场地、业务指导和教育培训等方面的帮助，以资源支持、能力建设作为党和政府加强与社会组织联系的重要纽带。同时，加大政府向社会力量购买服务的力度，既发挥各类社会组织在公共服务提供方面的比较优势，又可借此缓解社会组织的资金困难。对各类达到一定规模、影响力和专业化程度的草根社会组织，尤其应加强摸底和联系力度，对于其中社会认可度高、项目效果突出的组织，应以支持项目开展、给予培育引导的方式促进组织规范化发展，使其达到登记为正式组织的标准。

---

① 刘俊彦、杨守建、王鹏、汪永涛：《我国城市青年社会组织发展状况研究报告》，《青年与青年社会组织》，中国青年出版社，2014。

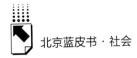

搭建青年社会组织综合服务平台,做好"社区青年汇"与社会组织的对接。北京的共青团组织可通过"社区青年汇"这个基层综合服务平台,为青年社会组织提供人员培训、制度建设、绩效评估、活动场地等基础性服务。依托综合服务平台的空间资源,充分发挥各类青年社会组织的专业优势,面向辖区青少年和其他群体开展有益的活动和服务。

共青团组织具有政治优势、组织优势和资源优势,而社会组织则具有活力强、工作方式灵活和特定领域专长等优势,因此团组织与青年社会组织可以优势互补、协同合作,建立完善共青团与青年工作的项目发包机制,选择具有一定影响力与社会功能的青年社会组织承接团的工作项目,开展首都社会治理、青少年发展促进等类公益服务活动,并联合青年社会组织发动广大青年参与社会协同共治。

(三)放宽社会组织登记条件,完善社会组织发展的制度环境

改变"重审批,轻监管"的社会组织管理现状,在放宽社会组织登记条件的同时,要完善对社会组织的过程监管制度。①

真正落实行业协会商会类、科技类、公益慈善类、城乡社区服务类社会组织直接登记的政策,降低社会组织登记门槛,为这些类型的社会组织提供更为宽松的准入条件。这样不仅有利于将游离于政府监管之外的草根社会组织纳入监管范围,也可以使当前工商注册的社会组织得到应有的组织身份,享受应得的政策待遇与发展机会。

对于承接政府购买服务项目、接受社会捐赠和享受税收减免政策的社会组织,不仅要加强财务审计,还要建立财务等重要信息披露制度。在政府监管力量有限的情况下,应完善公众监督和征信记录机制,加强社会组织的内部治理机制建设和社会监督机制建设,促进社会组织按章程依法自治、提高规范化程度,使良莠不齐的社会组织"优者胜,劣者汰"。

(四)系统化、制度化地开展青年社会组织调查,构建团组织与青年社会组织的同心圆格局

联合专业机构,设计、开展面向在京青年社会组织的调查、研究,了解活

---

① 李国武:《公共服务领域政府与社会组织关系研究》,《科学决策》2011 年第 7 期。

跃草根青年社会组织形态、分布，掌握青少年事务相关的已登记青年社会组织专业特长、主营业务等情况，并结合组织调查了解青年社会组织核心骨干群体的特征、利益诉求。

在此项工作基础上，开展共青团与青年社会组织的"伙伴计划"，以北京青年社会组织"主题沙龙""公益项目竞赛"，摄录推广品牌青年社会组织的宣传节目等工作，紧密团结、联系一批优秀青年社会组织，与之建立团组织主导、优秀青年社会组织协同合作的伙伴关系，并带动外围青年社会组织健康发展，在新时期的基层青年工作体系中，构建团组织与各类青年社会组织的"同心圆"格局。通过服务、引导型备案，促进在京青年社会组织提升规范化程度，实现健康、可持续发展，并建立团组织主导、优秀青年社会组织协同合作，适应新时期青年社会参与特征、满足青少年成长成才需求的基层青年工作体系；进而配合民政登记等职能部门，做好青年社会组织的登记推荐、备案管理、孵化培育等工作。

社会治理篇

Social Governance

B.15
北京城市社区居民自治问题调研报告

张 坚*

摘　要：　本调研报告以北京城市社区居民自治为主题，对全市社区和居委会的概况作了调查，总结了社区居民自治的六种主要成功经验做法，指出社区居民自治中存在的四大突出问题，并从四个方面对问题成因展开分析，最后从转变认识、完善法律规章、理顺政府部门与自治组织的关系、扩大社区居民参与、加强居委会与其他社区组织的合作等方面提出对策建议。

关键词：　社区　居委会　居民自治　居民参与　北京

社区是城乡开展服务管理活动的最基本单元，是落实基层群众自治这一国

---

* 张坚，北京市委社会工委副书记、市社会办副主任、研究员。

家基本政治制度的主要方面。社区居委会作为社区居民自治的基本组织形式，在听取群众呼声、反映群众诉求、开展服务管理、化解矛盾纠纷、维护居民权益等方面担负着重要的法定责任。党的十八届三中全会提出"促进群众在城乡社区治理、基层公共事务和公共事业中依法自我管理、自我服务、自我教育、自我监督"；四中全会强调"深化基层组织和部门、行业依法治理，支持各类社会主体自我约束、自我管理"。这都要求我们要以加强社区居民自治为重点，加强依法治理，扎实推进社区治理体系和治理能力现代化以及法治社会建设。发展基层自治，培育和增强居委会的自治功能，既是贯彻十八届三中、四中全会精神的具体行动，也是深化首都社会治理体制改革的一项紧迫任务。尤其在首都城市规模过大，人口资源环境矛盾突出，政府服务管理负担过重，社会协同与公众参与有待提升的情况下，完善和发展城市社区自治更具现实意义。

一 北京市社区和居委会概况

（一）分布和组成

目前，北京市的社区与居委会是一对一的关系。每个社区都设有一个居委会。截止到 2013 年 10 月，全市共有 2778 个社区。其中，城六区有 1754 个，占社区总数的 63.1%；郊区县有 1024 个，占总数的 36.9%。按照现行规定，居民户数达到 1000 ~ 3000 户即可成立居委会。目前，社区规模在 1000 户以下的占 20%，1000 ~ 3000 户的占 63%，3000 户以上的占 17%。居民最多的是朝阳区劲松街道八棵杨社区，有 11000 户，居民最少的是石景山区八宝山街道电科院社区，只有 149 户。面积最大的是丰台区长辛店街道芦井社区，占地 29 平方公里；面积最小的是石景山区八宝山街道电科院社区，占地仅 1 公顷。

社区居委会下设社会福利、综合治理、人民调解、公共卫生、人口计生、文化共建 6 个委员会。居委会原则上配备 5 ~ 9 名成员，1000 户以下的配备 5 人，1000 ~ 2000 户配备 7 人，2000 户以上配备 9 人。社区居民超过 3000 户的，居委会成员人数由各区县自定。2012 年完成的第八届社区居委会选举共选举产生社区居委会成员 17877 人，其中，社区居委会主任与党组织书记"一

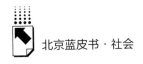

肩挑"的有 1559 人，占 59.7%；党员 8408 人，占 47%；女性 13650 人，占 76.4%。

社区经费主要来自财政拨款，占到社区全部经费的 90%。其中，市财政拨款占 1/4，区财政拨款占 3/4。经费支出分为四个方面：一是社区服务设施管理、运营、维护等经费，包括社区办公和服务用房、绿化、卫生、治安等公共服务设施建设。二是社区公益事业专项补助金。按规定，社区规模在 2000 户以下的每年 8 万元，超过 2000 户的每年 15 万元。这笔经费主要用于开展社区困难群体帮扶、助老、助托、助残等服务项目，培育扶持社区社会组织，以及开展公益活动所需要的场地、器械、宣传、奖品、劳务等费用。三是社区办公经费，按照社区规范化建设标准为每户不少于 50 元。主要用于会议、办公用品购置、学习培训、水电气暖、电话、报刊订阅等日常支出。目前，在这项经费上，大部分区县没有达到标准。四是社区工作者的工资、福利，社区信息网络建设及管理、运营、维护等经费。社区协助完成上级行政部门有关工作事项所需经费，按照"费随事转"原则，由相关部门拨付。

（二）社区自治的主要做法

1. 社区居民常务会议

东城区东四六条社区率先探索在社区建立社区居民会议常务会工作机制，作为在社区居民会议闭会期间，对社区建设中的重要事项进行民主议事、民主协商和民主监督的常设机构，在社区搭建一个反映社情民意、议事协商、评议监督的平台。社区居民常务会具有反映群众意见与诉求，代表社区居民会议对社区建设中的重要事项进行民主决策和民主监督，参与社区发展规划、年度工作计划的制定，对社区居委会成员及下属委员会的工作进行监督检查和民主评议的职责。对于社区内涉及公众的重大事项，坚持通报社区居民知晓、坚持认真听取社区居民意见、坚持交由社区居民常务会全体人员讨论决策，充分发挥反映诉求、矛盾调解、决策监督等方面的重要作用，使社区和居民的联系更加密切，社区居民日常监督更加常态化，社区居民群众民主自治的主体地位更加突出，居民的利益诉求表达渠道更加顺畅，有力地提升了社区居民自治水平。

2. 四方共议机制

以海淀区世纪城西区社区为代表，建立了由社区党委、居委会、业主委员会和物业公司共同组成的四方联席会议制度，建立了共同协调处理重大事项、共同化解矛盾纠纷、共同部署落实任务、共同评议监督效果的四方协调议事工作机制。"四方共议"机制的主要做法，可以总结为"协调、协商、协同、协力"，即：协调决定重大事项、协商化解矛盾纠纷、协同落实工作任务、协力共建幸福家园。"四方"形成了相互支持、责任共担、工作共促的良好氛围，扬长补短、增强了合力，在解决社区公共事务管理问题、反映社情民意、化解社区矛盾、提高物业服务质量、服务社区居民物质文化生活等方面收到良好成效。

3. 组建"自组织"

朝阳区针对无物业管理的老旧小区，试点成立"小区管委会"这一准物业管理的自治组织，借助政府前期支持，通过拟定章程，动员居民开展互助，实现了400余个老旧小区"有治安防范、有绿化保洁、有维修维护、有停车管理"的目标。西城区红莲中里社区的"阳光工作室"，对于经多次调解仍不能解决的社区矛盾纠纷，经当事双方同意，召开"社会评议团"会议，召集法律心理专家、社区人民调解员、社区居民代表，按照一定比例组成社会评议团，对纠纷进行表决，将社区舆论影响力引入矛盾调解的评判和化解中。丰台区永善社区的"市民劝导队"，对辖区违法和不文明行为通过劝说引导，把违章建筑、乱丢垃圾、无照游商、张贴小广告等难题矛盾化解在社区内。

4. 社区网格化

依托区县、街道（乡镇）、社区三级信息化管理平台，建立收集民意、与公众互动的信息渠道。能够及时了解掌握格内居民群众的基本情况，及时了解社情民意，反映群众意愿和需求，及时发现社区内存在的问题和隐患，及时排查化解矛盾，并动员居民积极参与社区各项事务，为居民自治提供了一张互联互通的网络。

5. 改进居委会工作方式

通过推行分片包户、上门走访、服务承诺、结对帮扶等做法，积极利用信息化网络技术，创建社区论坛、社区聊天室等新载体，加强居委会与居民之间的沟通，增强居委会的民主自治功能。主要有朝阳区呼家楼北社区通过"十必访—公开—畅通"工作法（即社区居民婚、丧、嫁、娶必访，优抚对象必访，下岗失业人员必访，矛盾纠纷必访，残疾、特困家庭必访，新迁入、迁出居民必访，离休、知名人士必访，空巢老人必访，流动人口必访，社区矫正、刑释解教帮教人员必访；向社区居民公开自己的家庭电话和手机号码；畅通群众利益表达渠道），掌握辖区居民的家庭情况、困难情况，为开展社区服务管理打下重要基础；朝阳区南沙滩社区的"走动式工作法"，要求社区两委一站成员每周到各自管辖的区域走动办公，提高与居民的见面率、交谈率、熟知率，拉近与居民之间的距离，畅通民意诉求渠道，为居民解决难事、烦心事；海淀区运用社区官方微博、社区飞信等社区信息化手段，推动社区居委会与居民及时、高效、广泛互动。

6. 实施"为民解忧"工程

朝阳区在街道开展"为民解忧"工程，探索在街道工委领导下的新型社区民主自治模式。"为民解忧"工程把过去"我们要为百姓做什么"转变为"群众需要我们做什么"，"政府单向决策、居民被动接受"转变为"政府和居民双向互动、共同决策"，建立"问政、问需、问计于民"常态化议事平台，建立"知忧、议忧、解忧"工作流程，推动了社区的公共治理。通过问政，做到了想为民所想，急为民所急，办为民所需，干为民所盼。形成的决策，反映了最广泛的群众意志，对群众积极参与本地事务是一种实实在在的激励，居民的主人翁意识和辖区单位的社会责任感明显提升。

二 社区居民自治中存在的突出问题

（一）服务管理事务繁重，居委会做了许多不该做也做不好的事

据 2007 年社区工作任务调查统计，全市各类社区承担的年度工作任务平均多达 253 项，内容涉及社会保障、劳动就业、社区服务、综治、普法、文化、教育、科普、环境、卫生、计生、群众团体等十多个领域。根据现行文件要求，居委会在社区自治方面要负责办理的事务有七大方面，内含近 20 种事项。要求居委会协助基层政府及其派出机构开展的工作，大项不下 20 个，具体事项数不胜数，涉及的政府部门和人民团体多达 10 个以上。台账报表多、调查材料多、证明盖章多、会议活动多、检查考核多、机构牌子多、硬性指派任务多是社区普遍存在的情况。而根据现行规定，居委会工作人员平均配备七

个左右。面对上述众多任务，人手不足、负担过重是显而易见的。为减轻居委会的负担，从 2008 年开始，全市普遍推行了"居站分设"，由社区服务站来承接政府部门下派的任务。但由于社区居委会和服务站的负责人大多是相互兼任，所以在完成下派任务时，场所、经费、人员的使用也大多混在一起，居委会依然解不了套。在协助政府部门工作中，居委会勉为其难地做了不少分外之事。如全国经济普查，动用了大量的居委会工作人员作调查员，其中大部分人既缺少经济知识也不懂统计工作；还有诸如消防检查、食品安全检查、违章建筑查处以及居民个人身份确认，都要由居委会"协助"。许多同志感到既力不从心又不堪重负。

（二）"身份"不清，名义上是自治组织，实际上是政府部门的"腿"

主要表现在三个方面。其一，不是政府部门却干了许多政府的事。有调查显示，在居委会承担的各项事务中，属于政府部门发派的占 2/3。这表明，政府发派任务成了社区工作的主体，自治事务被置于从属地位。其二，不是公务员却被当作公务员用。过去，居委会工作人员主要是无业者中的积极分子或退休职工。近些年为加强社区工作，引入了不少大专以上学历的年轻人。但社区工作者的身份却一直含糊不清，在国家职业序列中找不到相应的种类。其三，不在体制内却拿财政的钱。居委会不是行政部门也不是事业单位，但其办公和活动经费大部分靠市、区两级财政拨付，由街道统一管理。因为不是独立法人，无法设立账号，经费使用都需经街道批准后才能支取，基本没有自主权。

（三）居委会自身建设薄弱

一是社区工作队伍专业化程度较低。目前还未将社区工作者列为一个职业门类，没有建立职业资格准入制度与专业技术职级体系。大部分社区工作者没有接受过社会工作相关专业系统教育，基本不掌握专业社会工作技术和方法，有效应对各种社会问题，提供个性化、多样化、系统化专业服务的能力不足。二是工作水平有待提高。很多居委会习惯于行政性工作思维，不善于挖掘自身自治功能，也不擅长开展自治服务项目，对社区居民需求了解不足，社区居民的需求与政府部门及社区组织的供给之间存在较大差距。政府推动的事居民不

关心，居民热心的事政府不知晓。三是居委会在处理与物业公司、业委会、驻区单位以及社会组织等的关系上，在协调调动各种社会资源上远不能满足居民自治的实际要求。

（四）居民的认同感、归属感和参与度普遍不高

日常参与社区活动的主要是"老少贫"三类人，处于主体地位的中青年参与社区活动的普遍不多。从参与的主要形式来看，主要是动员式、执行性参与，即社区居民在社区工作人员的动员、说服下被动地参与社区管理机构业已形成决定的事项。从参与内容看，主要是街道、居委会举办的各种文体活动、公益活动等社区具体事务的实施，以及与社区居民日常生活相关的参与，而很少参与社区规划、社区事务决策与社区公共权力运作监督。居民参与是衡量社区民主自治程度的重要标尺，居民参与水平低说明社区居民对社区的认同感、归属感不足，对社区发展关注度较低。居民很少把居委会认同为"自己的组织"。

三　对上述问题成因的分析

（一）认识不统一，居委会自治组织地位未能得到尊重和保障

对社区治理体制和基本制度的思考和讨论一直都在进行。主要的问题是：社区工作中如何摆放政府事务与居民事务的位置？居委会是社区工作的"主角"还是"配角"？如何理解居民自治的本意并在社区工作中充分体现？基层政府与自治组织的关系怎样才是合理的？关于这些问题，主要有三种看法。

第一种看法，政府是社会服务管理的主体，但在社区层面，政府部门没必要事事都管，也不可能满足居民种类繁多、变化无常、细小琐碎的日常需求。社区事务应采取自治的办法解决。政府部门应由"划桨"转变为"掌舵"，将主要精力集中于宏观决策，发挥好指导、支持、帮助的作用。

第二种看法，政府作为社会服务管理主体的角色不仅应体现在宏观也应体现在基层。服务上门，把问题解决在当地是基层政府的职责所在。现行有关法律和文件都规定居委会负有协助政府开展工作的责任，事实上居委会是政府部

门在城市开展各项工作的基本依靠力量。如果离开居委会这个抓手，基层服务管理的很多工作就会落空，因此把行政事务交给居委会完成既无法避免又理所当然。

第三种看法，政府应从社区服务管理事务中解脱出来，集中力量做好宏观上的事情。社区的事务应主要由居委会通过居民自治来处理。但鉴于目前居委会自治能力普遍不足，而城市服务管理任务紧迫且庞杂，从实际出发，居委会应把协助政府部门开展工作作为当前的重点任务。

应该说，思想认识的不一致导致了行动上的"因循守旧"。这是造成社区自治能力不足，发育缓慢的重要原因。

（二）法规不健全，对社区自治如何运作的指导性、规范性不够

1. 法规内容滞后，不能适应现实需要

我国涉及社区基层组织的法律法规主要有《城市街道办事处组织条例》《城市居民委员会组织法》《物业管理条例》。《城市街道办事处组织条例》已于2009年废止。《城市居民委员会组织法》形成较早，对居委会结构、功能、范围、组织、产生等方面的规定与当前社区治理的要求有很大差距，可以说实践已经突破了法律所调控的范围。如《城市居民委员会组织法》规定："居民委员会根据居民居住状况，按照便于居民自治的原则，一般在一百户至七百户的范围内设立。"随着城市集中化程度的提高，住房制度的改革和社区的发展，一般社区规模均在1000户以上。法律的滞后还表现为立法空白，关于社区新兴组织，如物业公司、业委会、志愿者组织等与居委会、街道办事处的关系缺少法律规范，社区各类组织之间的权利界限模糊，权利纠纷时有发生。

2. 规定过于笼统、原则，对实际操作的指导和规范不够

现行法规涉及社区民主自治的规定都比较笼统、原则，社区居民自治的概念和边界比较模糊、责权不明。比如，现行法规对社区民主自治范围的表述，主要是从居委会职能出发，为社区自治提供了一个原则性的职能范围，并未解决社区自治的具体职能问题。对社区民主自治缺乏程序性设计，对社区民主自治的具体事项、运行机制、工作方式、行使自治权的程序缺乏明确规定。同时，法律保障无力，有法不依现象比较普遍，政府部门或街道办事处对社区发

派任务的随意性过强，而居委会必须"招之即来"。

3. 社区内部自治规章制度不完善

主要包括社区的自治章程、居民公约以及单项性规章等。目前的不足主要表现在：一是社区制度缺乏群众基础。居民对社区制度很少了解，也很少关心。在制定过程中居民参与度低，很多是由基层政府（区或街道）代为订立，而不是由居民根据生活的实际需要共同约定，居民自觉遵守的意愿不强。二是社区制度的完整性不足。大都集中于对居委会地位、职能和权力等方面的规定，对居民会议和其他自治组织的活动缺乏明确的制度规定，居委会工作制度也大多流于一般化、原则化，缺乏操作性、程序性的规定。三是社区制度的权威性差，不具有强制力，对违反规定的现象大多听而不闻、视而不见。

（三）社会组织对社区事务的参与和支持非常有限

社会组织应是社区治理的重要参与方，其在提高社区居民参与意识、提升参与的组织化程度、提供参与渠道等方面可发挥相当大的作用。同时，将一些专业化要求较高的工作交给相关社会组织完成，也有助于减轻居委会的负担，使其有更多的精力投入社区自治。但目前，社会组织发育还较薄弱，仍处于发展初级阶段，面临着发展速度缓慢、发展不平衡、缺乏财力支撑、缺乏法律支持、社会资源保障不足、服务能力弱、社会信用度低等问题，分流社会职能的能力较低下。尽管目前全市备案的社区社会组织有 17985 家，但绝大多数属于居民文化、体育、休闲、娱乐类或兴趣类的，对社区事务和服务的参与和支持也仅限于相应活动内容范围。同时，社会管理体制改革相对滞后，社会职能分工不清，很多本应由社会承担的职能未能有效转移，仍掌握在政府手中，发育"社会"的观念和氛围还未形成，在依托社会组织开展服务管理工作上还未放开手脚。需要进一步加大对社会组织的培育发展力度，研究解决社会组织在发展中遇到的资金、法律、管理等实际问题，创造有利条件，提供广阔空间。

（四）社区工作与居民利益衔接不紧

社区居民参与社区自治的积极性不高，主要是因为没有抓住社区居民共同的利益关切点，社区居民未能形成利益共同体。虽然居民越来越多的由"单位人"转为"社会人"，但从相当一部分社区来看，特别是在新建社区，居民构成非常多元。社会背景、经济条件、文化程度、生活习惯都存在很大差异。在人际关系上尚未整合成一个成熟社区，需要一个"磨合"的过程。从社区角度来看，大部分社区所掌握的"资源"微乎其微，居民能够从社区获得的社会支持少之又少，他们对通过社区解决生活中的问题几乎不抱希望。社区组织的活动和居民的实际需求脱节，对居民来说参与价值不高，所获实惠也不大。这些都使居民将社区居委会视为替街道办事处分担具体事务的下属机构，而非代表和维护居民利益的自治组织，很难对社区产生认同感和归属感。

四　改进社区自治的建议

党的十八届三中全会强调社会治理创新，特别明确要实现政府治理和社会调节、居民自治良性互动。居民自治第一次在中央文件中被摆在与政府治理、社会调节同等重要的位置；十八届四中全会强调建设法治社会，深化基层组织、行业依法治理，支持各类社会主体自我约束、自我管理，发挥市民公约、乡规民约、行业规章、团体章程等社会规范在社会治理中的积极作用。因此，进一步做好社区自治工作既是贯彻中央精神也是回应基层呼声更是满足群众需求的重要举措和实际行动。

（一）转变理念观念，形成新的共识

1. 政府从包揽过多往逐步向社会让渡转变

社会活力既表现为社会生活的丰富多彩，也表现为社会事务的纷繁复杂。主体多元、利益多元、诉求多元是当今社会的共性特征。面对这些"多元"，政府部门已不可能再像过去那样对社会事务大包大揽，必须收缩"战线"、明确责任、慎重用权。根据社会生活的新变化、新问题、新需求，把工作的着眼点和着力点放到行政体系的改革完善上，放到法治政府、法治社会的建设上，放到对社会力量的培养发展上，放到对全体居民的思想、文化、行为的教育引导上。

2. 从依赖行政手段向注重平等协商转变

主体多元是当今社会的一大特征，主体多元的背后是利益多元，处理利益问题单纯靠行政手段是难以奏效的。从社会现实和未来发展看，政府部门一家独大，各方听命而行的情况将越来越少。在处理社会事务中，政府部门必须适应与其他各类主体在地位平等的前提下协商议事。由过去的居高临下、简单命令，转变为就工作目标、标准、条件、责任等协商一致后的合作。

3. 从忙于临时突击向强化基础建设转变

临时突击多数是基层为应付考核、评比、创建、视察等而进行。这种做法往往落得疲于奔命、表面光鲜，群众和基层干部都不满意。政府部门应根本转变这种做法和作风，把精力更多地投向扶持基层自治组织、增强基层自治能力上来，投向宣传、动员基层群众积极参与社区建设上来，投向完善基层开展自治活动必需的设施条件上来。

（二）加强法治保障，完善社区自治法律规章

1. 明确社区居民自治的范围

社区居民自治内容主要包括民主选举、民主决策、民主管理和民主监督。法律法规应进一步明确这四个民主的具体内容，增强可操作性。民主选举主要是按照公开、公平、公正的原则，依法选举、罢免和撤换居委会工作人员。民主决策包括社区重大事项的决定权和社区建章立制权，主要由社区居民大会和社区居民代表大会行使。民主管理是指管理社区公共事务、公益事业的权力，主要由居委会掌握。民主监督主要是监督社区居民会议、社区居委会以及社区其他自治组织的行为是否符合法律法规、自治章程、自治制度的权力，主要形式为居务公开、民主评议、民主听证等。

2. 明确居民行使自治权的范围和层次

对居民会议及居委会的权责范围做出明确规定。凡涉及社区公共利益的重大事项必须由居民会议民主决定，如居委会成员的选举、罢免和补选；社区发展规划、居委会工作计划、工作报告和财务收支报告；居委会资产的管理和使用；居民公约等社区自治章程和规则的制定和修改；政府委托工作的实施方案、本社区办理公益事业所需经费的筹集方案、本社区重大群众性活动的举办方案、社区服务的发展方案、社区工作人员聘用方案的制定；社区经费预算及

预算执行情况的审查和批准；社区各种社会组织，特别是服务组织的建立和进入；否决和修改居委会不适当的决定和决议；听取和反映居民、社区单位意见、建议，责成社区居委会采取有效措施解决居民反映的热点、难点问题；以及涉及本社区居民利益的其他重要事项。居委会组织居民行使自治权主要包括：执行社区居民会议的决议，并定期向社区居民会议报告工作；制定社区建设规划年度工作计划和各项管理制度，提交社区居民会议审议；向政府部门或街道办事处反映社区单位、社区居民的意见、建议和要求；监督社区单位、社区居民、监督委员会执行社区自治章程、社区公约和社区管理制度的情况；召集社区居民会议，办理本社区居民的公共事务和公益事业；开展便民利民的社区服务活动，兴办有关服务事业，推动社区互助服务和志愿服务活动；组织居民积极参与社会治安综合治理、开展群防群治，调解民间纠纷，及时化解社区居民群众间的矛盾，促进家庭和睦、邻里和谐；管理本社区居民委员会的财产，推行居务公开；宣传宪法、法律、法规和国家的政策，教育居民遵守社会公德和居民公约、依法履行应尽义务，开展多种形式的社会主义精神文明建设活动，引导居民参与社区自治。

3. 合理划定社区规模和居委会构成

当前，对多数社区特别是规模大的社区来说，社区服务管理事务非常繁重。应根据社区履行自治权的需要，重新确定居委会的管辖范围，避免社区过大或过小，在居委会内部组成人数、工作经费划拨等方面也要把社区规模作为基本因素加以考虑。完善社区民主管理组织体系，健全充实居委会下属的委员会设置，选齐配强居民小组长、楼院门栋长，积极开展楼院门栋居民自治，延伸拓展居民自治，把居民小组、楼院门栋群众性自治发展作为社区居民自治的最基础性环节，形成社区居民委员会及其下属的委员会、居民小组、楼院门栋上下贯通、左右联动的社区居民委员会组织体系新格局。

4. 完善社区自治组织的工作机制

对居委会行使自治权利的形式和程序做出较为具体的规定。比如，规范社区居民参与社区事务决策程序，设置听证－磋商－决策程序，社区的重大事项要组织召开社区居民会议讨论和审查，举行公共听证会，听取社区居民意见，通过磋商达成共识。又如，健全社区监督评议机制，通过社区听证会、评议会、咨询会等多种形式加强对居委会自治工作的评议，对涉及具有社会性、公

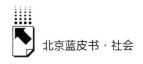

益性、群众性的社区事务进行议事协商、协调联络、监督评议，把居民对居委会的满意度测评作为衡量居委会工作的最基本依据。再如，对居委会工作方法进行规范，推行分片包户、上门走访、服务承诺、结对帮扶、走动式工作等做法，鼓励居委会工作人员多下社区了解问题、听取意见、问询情况，密切与社区居民的关系，掌握社区需求情况。

5. 健全社区自治规章制度

真正发挥社区居民主体作用，社区自治规章要切实由居民会议根据国家法律政策和社区实际共同讨论制定并以书面形式固定下来。健全《社区自治章程》《社区组织机构章程》《社区居民公约》等综合性规章，对社区自治的目的、性质、组织机构的设置和产生形式，活动内容和程序以及居民行为做出全面规定。同时，围绕社区管理制度、社区财务制度、社务公开制度、选举制度等方面健全完善单项性规章制度。要保证这些规章制度对于居民的公共生活是方便有用的，反映社区社会结构和生活方式特点，满足社区调整社会关系、维护社会秩序、解决社会问题的现实需要。

6. 加快推进社区工作者专业化、职业化建设

加快推进包括社区工作者在内的社会工作者职业体系建设，建立职业资格准入制度和专业技术职级体系。完善与首都社区建设相适应的社区工作者职业规范、评价指标等方面的政策，建立易于操作的社区工作者晋升制度，提高其社会认可度。借助社工事务所，加快社区专业社工岗位设置，为居委会开展社区服务引入职业社工力量。完善社区工作者薪酬待遇和福利保障，建立社区工作者待遇合理增长机制，落实各项社会保障措施，在体检、年假、加值班、倒休等方面做好保障。

（三）明确职能分工，理顺政府部门与自治组织的关系

1. 明确政府部门在基层社会服务管理中的角色、职能和作用

政府的角色应由指挥者转变为指导者、支持者、合作者。政府的职能应由微观转向宏观、由直接转向间接、由"派活"转向扶持。政府在基层社会服务管理中主要发挥以下几个方面的作用。首先，发挥好法律保障和政策导向作用。完善有关社区发展的法律法规。根据社区所处位置、地域范围、居民构成等基本情况对社区的功能建设、环境建设及与周边地区的关系进行合理规划，

为社区发展提供基本的轮廓性纲要。对社区自治的组织建设和制度建设加强指导，促其建立和完善日常工作机制，实行规范管理。其次，为发展自治创造基本条件和经费保障。政府要履行社区投资主体和资源配置主体责任，建设社区公共设施，注入社区建设资金，满足居委会开展工作的基本要求和建设服务需求。再次，负责提供基础性、专业性、关键性的社区公共服务。包括满足居民生活最基本需要的公共服务，消防、食品安全检查等专业性很强的公共服务，以及应急救援等必须由政府介入并组织调动各方面资源共同完成的关键性服务。

2. 对市、区（县）政府部门需要居委会协助的工作进行规范，并采取购买服务的方式进行

对需要社区协助的事项，要有法规和政策依据，凡属街道办事处及政府部门职责范围的工作，不应交给社区承担。对现行法规规定的"协助内容"进行梳理，明确规定具体协助事项、协助方式、协助条件和工作责任，作为社区的常规性工作。凡非常规性、临时性工作需交由社区承担的都要实行"准入制度"，由街道办事处统筹，各级政府部门不得直接向社区派任务。政府部门需要社区协助完成的工作应逐步以购买服务方式为主，为社区提供完成工作的条件和支持。清理整合政府部门在社区设立的工作机构。规范印章管理，按照"明晰责任、审批用印"的原则，规范社区用印权限，市、区（县）政府部门职责范围内的社会管理事务和证明核实事项不得转嫁给居委会。规范政府部门对社区居委会的检查评比和绩效考核，统一由街道办事处对居委会进行综合考评，各职能部门不再单独考核居委会。

3. 尊重社区自治组织的主体地位并满足社区需求

在市、区两级，涉及社区居民切身利益的重大事项的决策必须有社区代表参与，如果政府部门与居委会意见不一致时，应当协商解决，不能由政府部门单方面拍板决定。在街道层面建立起街道和社区自治组织代表的月度联席会议制度，建立"问政、问需、问计"常态化议事平台，定期指导、帮助社区自治组织解决社区治理过程中面临的困难和问题，对于社区提出的需要政府部门支持的需求，要认真研究解决，居委会有权对政府职能部门、街道办事处在具体期限内没有做出答复的问题向其上级主管部门反映。健全居委会对政府职能部门、街道办事处及工作人员的评议机制，考评结果作为考核基层职能部门、街道办事处及其工作人员的重要依据。

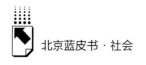

（四）扩大社区居民参与，培育社区共同利益

1. 提高社区居民参与意识，培育社区居民公共精神

强化宣传教育，培养社区居民的权利意识、社会意识、参与意识、责任意识，形成公共精神。培养社区居民接受自治理念，信奉公共福利和公共目标，自觉维护社区公共规范，熟悉和掌握自治规则，并具备相应的行为能力和习惯。

2. 让社区居民真正参与社区决策

落实公民基本政治权利，逐步扩大居委会直接选举的比例和覆盖面。基层政府要转变职能，涉及居民群众利益的社区事务，要让居民群众直接参与讨论和决策，让居民群众自己做主。加强居民群众对公共政策的听证评议，动员组织居民参加各级政府部门组织的价格、规划、预算、建设项目等与居民群众的切身利益相关的听证恳谈活动，保障居民的知情权、参与权、表达权。

3. 坚持居民需求导向原则，培育社区共同利益

注重用共同需求、共同利益来调动居民参与的积极性。居委会要善于发现并与社区意见领袖协作，充分了解、收集居民需求，从本社区客观实际出发，把解决各类社区成员尤其是大多数居民群众的实际需求放在首位。以居家养老等与群众利益密切相关的事务为突破口，培育社区公共利益，使社区公共事务与居民切身利益紧密相关，构筑居民社区参与的动力机制。

4. 完善社区参与机制

针对社区的具体特点，在社区自治管理条例中明确各参与主体的责、权、利，参与内容、途径、程序、方式等细节要求。还要在具体操作层面上积极开拓多种渠道，如居民大会、主任接待日、网上论坛、民情恳谈、社区对话等民主形式，敞开居民广泛参与的大门。全面打造居民社区参与公开、实时、有效的监督机制，建立经常性和规范化的政务、财务、信息公开制度，扩大居民知情范围和知情度，为居民有效参与社区事务创造基本条件。

5. 充分发挥"两代表一委员"作用

"两代表一委员"应有一定比例由社区居民推荐产生，保证"两代表一委员"下社区的频率，在社区建立专门的"两代表一委员"工作室，坚持定期接待社区居民制度，形成定时、定点联系群众机制，规范对居民诉求的登记、接待、处理、反馈工作流程。

（五）妥善处理各类关系，加强居委会与其他社区组织的合作

1. 加强社区党组织的领导

居委会自觉接受社区党组织的领导，社区党组织扮演好政治指导者、利益协调者、思想引导者和社区治理统筹者的角色，支持和保障居委会依法充分行使职权，统筹社区管理，为新型社区管理体制的形成和有效运转提供政治保证和组织保障。

2. 理顺与业委会、物业服务企业的关系

居委会要做好对业主大会、业委会和物业服务企业的指导、支持、监督工作，对业主大会、业委会做出的决定认真研究提出意见建议；对业委会成员加强教育培训，提高其组织自治的能力；指导、配合业主大会、业委会通过法定程序选聘、续聘或解聘物业服务企业；指导、配合业主委员按照有关协议、合同，定期考核、检查物业服务企业的工作，监督其收费、服务情况；与业委会共同了解居民的意见和建议，并向物业服务企业反映居民的意见和要求，指导、帮助他们改进工作，提高服务质量；充分发挥自身优势，动员和组织居民支持和配合物业服务企业做好物业服务工作；积极参与业主与业主之间、业主与业委会之间、业主与物业服务企业之间的纠纷调处，维护各方的合法权益。建立居委会、业委会、物业服务企业三方协商对话制度，通过交叉任职、建立联席会议、定期协商等方式加强沟通和协作，共同讨论处理社区事务。探索将业委会纳入社区自治组织体系中，确立居委会在自治组织体系中的主导和综合性地位，明确居委会的自治功能是辖区内居民公共事务和公益事业的管理，业委会的功能是保障实现私权利，不得做出与物业管理无关的决定，不得从事与物业管理无关的活动。

3. 充分调动驻区单位参与热情

积极推动驻区单位参与社区建设，将文化、教育、体育等活动设施向社区居民开放，将服务性、公益性、社会性事业逐步向社区开放，帮助解决社区建设的人力、智力、财力、物力和场地困难。完善共驻共建机制，建立社区党组织、社区居委会、驻区单位联席会议制度，定期研究资源共享、社区共建事项。

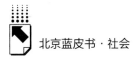

4.积极培育社区社会组织并充分发挥作用

放宽建立社区社会组织的条件,实行登记备案制度,经居委会初审,街道办事处审批,社会组织管理机构备案,即可开展社区服务和社区建设活动。建立政府购买服务等多渠道筹措资金投入机制,为社区社会组织提供必要的经济支持和政策保障,积极搭建社区社会组织融入社区的工作载体和活动场所。加强居委会与社会组织之间的协作,将食品安全检查、传染病预防、燃气安全检查、普查工作等专业性要求高、居委会无法胜任的社会服务管理工作交给专业社会组织完成。建立社区活动与专业社会组织项目对接机制,借助专业社会组织力量推动社区自治活动。

福利流失与关系损耗：首都公租房
配建社区的社会生态

晋军 侯瑞 黄璜 王梦莹*

摘　要：　以公租房为主体的保障性住房建设已成为首都解决低收入群体住房问题的主要措施。本研究尝试使用社会生态这一概念，选取一个公租房配建社区，测量、评估承租家庭入住后的生活状况，并提出进一步完善保障性住房的设计、建设与管理的政策性建议。研究发现，保障性住房社区的配租与入住，显著改善了北京市低收入群体的居住条件，提高了其满意度。但同时也面临着管理体制不畅、生活成本上升、社会关系断裂、社会支持不足等问题，甚至存在社区内商品房业主和保障房住户矛盾的群体化趋势乃至形成社会排斥的可能，亟须服务和管理政策的调整和干预。

关键词：　社会生态　公租房　配建社区　关系损耗　福利流失　北京

　　社会生态是测量一个社会或地方在社会层面的总体状况的概念。一种良好的社会生态，也就意味着合理的社会结构、良好的社会秩序和活跃的社会支持，居民可以拥有较高的生活水平，充足的就业机会，丰富的社会交往，活跃

---

*　晋军，社会学博士，清华大学社会学副教授，研究领域包括转型社会学与环境社会学。侯瑞，清华大学社会学系硕士、Queen's University 社会学博士研究生。黄璜、王梦莹均为清华大学社会学系研究生。本研究为北京市社科基金"社会生态的基本维度与核心变量"（11SHC019）项目的阶段性成果，本研究也获得了北京市社会建设专项资金购买决策研究与信息咨询服务项目"保障性住房小区的社区管理与公共服务"的资助。

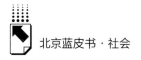

的公共参与和通畅的流动渠道。而一种较差的社会生态，往往表现为贫富差距悬殊，生活质量低下，社会信任缺乏，邻里关系冷漠，人们普遍对未来悲观失望。

社会生态这一概念，可以在经济指标之外，帮助我们衡量一个社区或地方的总体发展状况。目前，许多研究者和政策制定者都认识到了单纯经济发展指标作为衡量社会管理和社会建设整体状况时存在的严重问题。联合国开发计划署提出的"人类发展指数（HDI）"，一个包括人均 GDP、教育和健康三个基本维度的指标系统，就是一个克服单纯经济发展指标不足的重要尝试①。当然，人类发展指数依然存在缺陷，无法衡量对于一个社会极为重要的社会互动与社会参与，因而也无法全面衡量一个社会的总体发展状况。

有学者指出，社会生态应当测量社会结构、社会秩序和社会支持这三个维度②。本研究将选取一种特殊的社区——公租房配建社区——来重点分析社会支持的测量与评价。以公租房为主体的保障性住房建设已经成为北京市解决低收入群体住房问题的主要措施，其建好、分好、管好、住好具有重大意义。目前北京市已有多个公租房（商品房配建）社区完成配租、入住，有效改善了保障房群体的居住条件，初步实现了建好、分好的政策目标③。为了进一步做好公租房的建设，需要对入住家庭的生活状况进行相当全面的评估。对于公租房社区而言，判断公租房的建设、配租、服务与管理的好坏，标准不仅仅应包括那些"较硬"的指标，比如居住面积的扩大、租金负担的减轻等，同时还要包括那些"较软"的指标，比如社会关系的建立和公共参与的增加等。

我们选择首都某城区的一处公租房配建社区作为社会生态测量的样本。该社区属于商品房与公租房的配建社区，总用地面积逾 4 万平方米，总建筑面积近 18 万平方米。配建公租房为独栋高层板楼，位于整个社区一角，物理空间和楼体外观均与同社区的商品房楼宇没有显著区别。公租房户型包括一居和两居两种，建筑面积最小 46.67 平方米，最大 71.37 平方米。公租房于 2011 年底开始配租，第一批租户 2012 年 1 月开始入住，截至 2013 年已配租 352 户。

---

① 联合国开发计划署：《2010 年人类发展报告·国家的真正财富：人类发展进程》，2010。

② 孙立平：《保护下层生存的社会生态》，《经济观察报》2007 年 6 月 5 日。

③ 《2014 年北京市建设公租房 2 万套》，参见北京市住房和城乡建设委员会网站，http://www.bjjs.gov.cn/tabid/3565/Default.aspx，2015 年 2 月 22 日。

承租群体包括廉租房家庭、公租房家庭和两房轮候家庭等三种类型①，主要来自于北京市的两个城区。这一项目属于近年来北京市公租房配建社区中建设和配租较早的社区，承租家庭已经入住一段时间，服务和管理方面的问题逐渐呈现，因此具备了对公租房配建社区的社会生态进行测量的一定条件。

调查中，我们主要通过以下三个问题来测量和评价公租房配建社区的社会状况：①群体特征：入住公租房的承租家庭具有哪些社会学特征，其教育、年龄、职业和家庭规模等社会学因素又是如何分布的？②居住体验：保障房租户入住后，其生活质量都在哪些方面发生了什么方向的变化？③社会互动：保障房租户的社会关系和社会互动存在哪些特点？这些特点与公租房配建社区的社会管理又存在怎样的关系？

一　居住状况

本次调查较为全面地了解保障房群体生活居住的实际情况和面临的困难，涉及该群体的社会特征、家庭信息、生活消费支出、居住状况等各个方面，主要发现如下。

（一）人口学特征

保障房家庭多数属于社会中的困难群体，其整体年龄结构偏大，家庭规模小，社会互动弱，社会资本极低。数据表明，受访家庭平均人口数为2.41人，中位数为3人，远小于全国每户3.8人的平均水平。家庭规模最大为5人，两成的家庭人口为1人，将近九成的家庭人口不到4人。

调查发现，受访家庭领取低保的比例为15.3%，显著高于全市平均水平。离婚率高达15%，在所有家庭成员中，9.5%患有恶性肿瘤、心血管疾病等大病，4.9%在视力、肢体或精神方面有残疾。可以说，这些家庭处于社会边缘，需要社会和政府给予特别关注和支持。

（二）收入与消费

受访家庭的整体收入水平偏低。受访家庭中，共179人有收入，其中最小

---

① 如非特指，廉租房、公租房以及两房轮候家庭本文均称为"保障房家庭"或"保障房租户"。

平均月收入为99元，最大平均月收入为20000元，平均值为2246.14元，众数为2000元。

表1　受访家庭所有成员平均月收入

	N	极小值	极大值	均值	标准差
月收入	179	99	20000	2246.14	2382.597
有效的 N(列表状态)	179				

控制最大平均月收入20000元（两案例）和10000元（一案例）后，受访家庭所有成员平均月收入为2000.34元。

表2　受访家庭所有成员平均月收入（排除极值后）

	N	极小值	极大值	均值	标准差
月收入	176	99	8000	2000.34	1329.466
有效的 N(列表状态)	176				

受访家庭平均月支出，包括房租、饮食、水电、交通、通信、网络、娱乐等日常项目，为4423.33元，中位数为3471.50元（即50%的受访家庭的平均月支出低于3471.5元），说明整体消费水平较低。其中，食品月支出（包括粮食、水果、菜肉蛋奶、油盐酱醋）均值为470.60元，中位数为315元。中位数只有2011年500元的全国平均水平的63%，更是远低于1487元的上海平均月家庭食品现金支出。

表3　平均家庭月支出

N	有效	118
	缺失	2
均值		4423.3305
中值		3471.5000
众数		3508.00
标准差		4410.86761
极小值		91.00
极大值		26640.00

表4为家庭半年内的大宗支出情况。

表4　家庭半年内的大宗支出情况

	衣帽消费	家庭设备	教育培训	看病医疗	健康保健	家电维修	旅游外出	维修房屋	送礼随礼
有效	107	116	117	119	118	117	118	118	114
缺失	13	4	3	1	2	3	2	2	6
均值	1346.73	3182.93	2068.46	2521.93	96.61	453.25	594.07	89.83	585.96
中值	500.00	0.00	0.00	500.00	0.00	0.00	0.00	0.00	0.00
众数	0	0	0	0	0	0	0	0	0
标准差	3330.769	5720.963	4406.950	5085.326	584.257	1963.382	2272.778	422.728	1034.782

可以发现，受访家庭半年内平均金额最大宗的消费为家庭设备的购置，均值为3182.93元，这与大部分家庭刚刚入住新房、搬家时要更换家具家电的行为相关。值得注意的是，此项大宗支出的中位数为0，表明半数以上的家庭在入住时并未购置任何家庭设备。其余的大宗支出则更能反映受访家庭的正常消费情况。排在大宗支出第二位的是看病医疗，均值为2521.93元，中位数为500元，即50%的受访家庭半年内的医疗支出在500元以上。排在第三位的大宗支出为教育培训，均值为2068.46元，中位数为0，这既意味着超过一半的家庭没有教育方面的支出，同时也意味着有着教育支出的家庭，支出金额往往要大于2068.46元的均值。

（三）房租补贴与支出

调查的公租房配建社区中，廉租房、公租房和两房轮候家庭均可申请住房补贴。根据北京市住建委2012年发布的《关于公共租赁住房租金补贴对象及租金补贴标准有关问题的通知》，保障房承租家庭，根据家庭收入和承租面积等标准，可获得六档租金补贴，补贴金额从最低档的10%到最高档的95%，具体如表5①。

---

①　北京市住房和城乡建设委员会：《关于公共租赁住房租金补贴对象及租金补贴标准有关问题的通知》，2012年4月27日，http：//zhengwu.beijing.gov.cn/gzdt/gggs/t1225055.htm。

表5　北京市公租房租金补贴标准

家庭类型	租金补贴占房屋租金的比例(%)	租金补贴建筑面积上限
取得廉租住房实物配租资格的城市低保家庭	95	50 平方米
取得廉租住房实物配租资格的其他家庭	90	
取得廉租住房市场租金补贴资格的家庭	70	
人均月收入 1200 元及以下的其他家庭	50	60 平方米
人均月收入在 1200 元(不含)以上 1800 元(含)以下的其他家庭	25	
人均月收入在 1800 元(不含)以上 2400 元(含)以下的其他家庭	10	

调查发现，66.1%的配租家庭申请了租金补贴，其中79.5%申请家庭获得了租金补贴。租金补贴最高比例为95%，最低比例为10%。由于配租家庭包括廉租房、公租房和两房轮候等不同类型，我们对是两房轮候家庭与否申请以及是否获得租金补贴分别进行了卡方检验，发现均不存在相关性。这说明，两房轮候家庭与公租房和廉租房家庭，目前在申请和获得住房补贴方面并不存在显著差异。

调查还发现，超过17%的配租家庭自报未能按月及时缴纳房租。在深度访谈中，拖欠租金的家庭普遍反映，房租补贴未能及时划拨是造成租金拖欠的主要原因。针对是否已领取补贴和是否按时缴纳租金的卡方检验，也验证了这一说法。

数据显示，四成的受访家庭为了缴纳房租而向人借过钱，另有超过1/4的受访家庭接受过他人的资助。借钱最大值为22万元，资助最大值为2万元。

（四）居住满意度

居住方面，超过56%的受访家庭，在公租房配租之前，租住在私房当中。由于目前私房出租市场并不规范，租户权益难以得到保障，这部分家庭的居住质量应当得到相当的提升。调查测量了保障房住户居住主观感受的20项内容，包括住房本身的户型、质量等和交通、环境、购物等周边设施，反映问题较为集中的共有10项，具体如下。

表6 居住情况和整体满意度

单位：%

满意度		面积		户型		质量		水电		交通	
		频率	有效百分比	频率	有效百分比	频率	有效百分比	频率	有效百分比	频率	有效百分比
现状	很满意	5	4.2	15	12.5	6	5.0	7	5.8	20	16.7
	比较满意	21	17.6	45	37.5	25	20.8	15	12.5	26	21.7
	说不好	15	12.6	15	12.5	25	20.8	9	7.5	15	12.5
	不满意	59	49.6	35	29.2	49	40.8	58	48.3	47	39.2
	很不满意	19	16.0	10	8.3	15	12.5	31	25.8	12	10.0
跟以前比	更满意	71	59.2	53	44.9	63	52.9	63	53.4	23	19.3
	没变化	23	19.2	27	22.9	33	27.7	38	32.2	37	31.1
	更不满意	24	20.0	34	28.8	19	16.0	15	12.7	59	49.6
	不适用	2	1.7	4	3.4	4	3.4	2	1.7	0	0

表7 居住情况和整体满意度（续上）

单位：%

满意度		治安		就医		买菜		环境		居委会	
		频率	有效百分比	频率	有效百分比	频率	有效百分比	频率	有效百分比	频率	有效百分比
现状	很满意	1	0.8	7	6.5	18	15.4	3	2.5	15	16.5
	比较满意	7	5.8	17	15.9	28	23.9	4	3.4	11	12.1
	说不好	11	9.2	28	26.2	13	11.1	4	3.4	40	44.0
	不满意	57	47.5	47	43.9	50	42.7	64	53.8	17	18.7
	很不满意	44	36.7	8	7.5	8	6.8	44	37.0	8	8.8
跟以前比	更满意	75	63.0	19	16.1	22	18.5	84	70.6	18	15.4
	没变化	37	31.1	62	52.5	38	31.9	23	19.3	42	35.9
	更不满意	5	4.2	25	21.2	53	44.5	12	10.1	29	24.8
	不适用	2	1.7	12	10.2	6	5.0	0	0	28	23.9

可以发现，居住满意度方面，保障房群体具有以下特征：①总体上有超过74%的受访家庭对居住在保障房配建社区表示满意，表明入住保障房可以较为明显地提高受访家庭的满意程度；②比较而言，住房满意度高于设施满意度，即保障房住户对住房本身的满意度较高，而对周边配套设施的满意度较低；③保障房住户的相对满意度高于绝对满意度，即虽然住房许多方面（如面积、

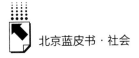

户型和质量等）尚有不如意之处，但和比入住之前的情况相比，还是有了较大改善；④和入住之前相比，得到明显改善的方面包括环境（70.6%）、治安（63%）、面积（59.2%）、水电（53.4%）、质量（52.9%）和户型（44.9%）。

十分钟步行圈内的基础和服务设施的建设，已经成为现代住区规划设计的一个重要方面。问卷为此设置了 17 个选项，请受访者按照重要性选出 2 项。调查数据显示，受访家庭中，49.2% 认为 10 分钟步行圈内最需要的设施为公交、地铁站，21.9% 认为第二重要的是菜市场，18.5% 认为第二重要的设施为医院。进行加权计算后，受访家庭认为 10 分钟步行圈内应当包括的设施，按重要性排序如下（括号内加权后估值）。

1. 公交、地铁站（69）　3. 大中型超市（26）　5. 便利店（16）　7. 小学（7）

2. 菜市场（36）　4. 医院（22）　6. 银行　（13）　8. 药店（6）

这说明交通、买菜、购物和医疗是保障房社区住户最关注的基础设施。这也意味着今后的公租房规划设计中，交通、买菜、购物和医疗也应当成为周边配套设施的优先项。

二　公租房配建社区的社会生态：福利流失与关系损耗

社会生态关注一个社区中居民的互动与参与状况。好的社会生态，居民之间应当有着持续的互动和活跃的参与，集体层面的社会资本较高，邻里之间可以守望相助①。我们发现，尽管公租房配建社区在硬件上初步满足了承租家庭的住房需求，有效提升了他们的相对满意度，但由于制度设计和管理服务等方面的缺陷，公租房配建社区的社会生态还处在一个较不理想的状况，保障房群体的社会互动和公共参与还存在较大的问题。

---

① 关于社会资本的类型与功能的讨论，参见 Portes, A, 1998, "Social Capital: Its Origins and Applications in Modern Sociology", *Annual Review of Sociology*, Vol. 24, pp. 1 – 24；关于社区层面的社会资本的讨论，参见 Putnam, R., 1995, "Bowling Alone: America's Declining Social Capital", *Journal of Democracy*, Vol. 6, No. 1, pp. 65 – 78.

（一）福利流失

整体而言，保障房住户特别是其中的廉租房住户，往往属于存在于主流社会之外的边缘群体，他们年龄结构偏大，家庭结构破碎，社会互动稀缺，社会资本极低。在消费支出方面，保障房群体的整体消费水平较低，但支出显著大于收入，处于入不敷出的状态，支出中房租仍然是最大的负担。入住保障房社区，可以显著改善这一群体的居住条件和居住满意度，但同时由于周边环境变化和搬迁，入住也造成了保障房群体的"福利流失"现象：与原住地相比，保障房社区的购物、交通、医疗都更为不便，能够提供的非正式经济机会也更为稀少，这就导致入住公租房使得约1/3的家庭在日常消费支出方面显著增加，加重了其生活负担。

表8 与入住前相比，各项日常支出的变化情况

单位：%

选项	粮食		肉、菜、蛋、奶		电费		水费		房租	
	频率	有效比重	频率	有效比重	频率	有效比重	频率	有效比重	频率	有效比重
增加	30	27.5	33	30.0	32	26.7	32	26.7	74	62.2
不变	58	53.2	61	55.5	62	51.7	65	54.2	22	18.5
减少	5	4.6	3	2.7	10	8.3	10	8.3	15	12.6
不知道	16	14.7	13	11.8	16	13.3	13	10.8	8	6.7
合　计	109	100.0	110	100.0	120	100.0	120	100.0	119	100.0

跟入住公租房配建社区之前相比，在保障房家庭的多项日常支出项目均出现了上升。其中，增加比例最高的房租，达到62.2%。只有12.6%的家庭入住公租房后，房租支出有所减少。其他日常支出增加比例较高的项目，还包括与房租相关的水电费以及食品支出。对于将近1/3的家庭而言，粮食和肉、菜、蛋、奶的消费，在入住后出现了显著增加。主要原因在于购物环境的变化。入住后，社区附件的菜市场主要面对商品房住户，商品的种类、品牌和价格更倾向中产收入群体。

同时，保障房群体对政府提供的各项福利与服务有着更强的依赖。北京市的福利供给往往与户籍挂钩，要求居民必须在户籍所在地获取相应的服务。而

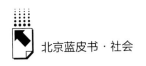

北京蓝皮书·社会

跨区居住的保障房群体，一般不会变更自己的户籍，这就导致他们办理手续、领取补贴、获得服务甚至看病就医，都必须回到户籍所在的街道或城区。访谈显示，有住户为了领取一桶食用油，往返乘坐公交近60公里，历时7个小时。这些都显著加重了保障房住户的负担。

（二）关系损耗：社会关系的原子化与社会互动的阶层化倾向

我们发现，公租房住户严重缺乏社会互动，呈现出明显的社会关系原子化倾向。保障房群体中特别是那些廉租房家庭，在入住公租房配建社区之前就具有社会资本严重不足的特征。春节相互拜年的数量和身份，是测量个人或家庭社会资本的一个关键性指标。调查数据显示，受访家庭中，当年春节通过登门、聚会、电话等方式拜年的家庭中位数为5户亲戚和3户朋友。其中，超过两成（20.5%）的受访家庭春节期间没有跟任何人相互拜年。这说明保障房群体的社会关系高度破碎、社会资本严重稀缺。

入住公租房配建社区，有可能从两个方面进一步加剧保障房群体社会关系原子化的趋势。

首先，新的邻里关系需要重建。从一个居住多年、较为熟悉的社区，搬进一个新建社区，四周没有一个熟人，所有的邻里关系都需要重建。由于缺乏社会互动的技术、资源和习惯，在公租房社区中重建邻里关系，对于许多保障房家庭来说相当困难。数据显示，在入住半年之后，还有近八成（77.3%）的受访家庭承认，他们在本社区中没有关系较好、可以登门拜访的邻居，近四成（39%）的受访者在本社区内不跟任何人打招呼。近九成（85.8%）的受访家庭在接受调查前的一周内，没有与本社区其他居民进行过任何共同的活动（如散步、买菜、带小孩等）。在回答"明年春节是否与本小区的居民相互拜年？"时，80%的受访家庭回答不愿与小区居民拜年。

其次，已有社会关系难以维系。由于资源的缺乏，保障房群体已有的社会关系，往往需要通过面对面的互动来建立和维持。当保障房家庭搬离原来的社区后，与亲朋好友的面对面互动就变得更加困难。我们发现，入住之后，多数家庭出现了显著的"关系损耗"：由于联系成本急剧上升，他们与亲属朋友的互动频次和强度均大幅下降，从中可获得的社会和情感支持也随之弱化。

同时，公租房配建社区中还出现了"社会互动阶层化"趋势。在保障房群体有限的社会互动之中，社会关系又主要局限于保障房住户群体当中，出现了社会互动阶层化的倾向。这意味着在公租房和商品房的配建社区中，存在社会互动阶层化的倾向，有导致社会排斥的可能，应当引起高度重视。访谈中发现，较为传统的生活方式，影响了部分保障房家庭的生活习惯。比如，在入住公租房配建社区之前，部分保障房住户从未有过在高层楼房和封闭小区居住生活的经验，对于私人空间和公共空间的理解，与久居楼房和小区的商品房住户存在巨大的差异。而这些差异导致了保障房群体和商品房群体在诸如"大声喧哗、晾晒衣被、文明遛狗、杂物占道"等涉及公共空间和公共秩序等方面出现的群体性纠纷。帮助这部分公租房住户尽快适应封闭小区和高层楼房的生活方式，将是建设和谐社区、减少居民矛盾、提高生活质量的一个重要途径。

（三）"阶层飞地"和"问题社区"的潜在风险

一个内部缺乏互动和参与的社区，一定程度上不是一个活跃和健康的社区。良好的社区生活，需要每一位社区居民的积极参与。保障房租户特别是廉租房租户，可能进一步滑向边缘，成为被甩出主流社会的一个群体。由于廉租群体缺乏足够的经济和社会资源，他们入住后就几乎再无搬出的可能，将会形成众多缺乏互动的廉租房家庭的长期聚居。久而久之，保障房社区就可能变成一个与周边其他楼宇、社区相互隔离甚至彼此隔绝的"阶层飞地"，从而变成一个矛盾丛生的"问题社区"。

曾经大力推行公租房建设的西方国家，如20世纪60年代的美国，在这方面有过惨痛的教训。大规模的公租房社区，由于缺乏与周边社区的良性互动，加上教育资源和就业机会的不足，渐渐演变成黑帮横行、人人自危的贫民窟，不仅未能实现通过改善居住条件来减少社会贫富差距、推动社会融合的目标，反而导致了贫困群体的高度集中，进一步加大了社会排斥，带来了更多的社会问题①。

---

① Massey, D., S. Kanaiaupuni, M. Shawn, 1993, "Public Housing and the Concentration Of Poverty," *Social Science Quarterly*, Vol. 74, No. 1: 109 - 122 以及 Hua, C., 2003, "The Politics of Universal Provision of Public Housing," in G. Bridge and S. Watson (ed.) *A Companion to the City*, MA: Blackwell Publishing.

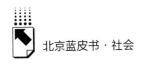

三　政策建议

我们发现，入住公租房可以显著改善保障房群体的居住条件，提高他们的居住满意度。这表明目前的保障性安居工程的建设，基本实现了政策目标。然而，保障性住房是一个涉及方方面面的系统工程，"盖好"和"分好"仅仅是取得成功的一部分。从社会管理的角度来看，调查数据显示，保障房住户明显缺乏社会互动，呈现出社会关系原子化的倾向；而在公租房和商品房配建社区中，公租房住户有限的社会互动也呈现出社会互动阶层化的倾向。做好公租房社区的社会建设和社区管理，关键在于避免福利流失和关系损耗，让保障房租户们走出家门，积极参加各种社区活动，从频繁和持续的活动中，逐渐积累社会资本，提升组织资源。

我们认为，为了遏制和避免配建社区中保障房群体的社会关系原子化和社会互动阶层化趋势，可以从以下三个方面入手，进一步做好保障房配建社区的管理与服务。

1. 强化属地管理，实现从"房屋管理"到"社区建设"的转变

总体来说，无论是保障性安居工程建设本身，还是仅仅公租房社区的管理与服务，都是一项极为复杂的工程，涉及住房、民政、公安等多个系统，需要各方的协调和联动。仅仅依靠住房建设系统或租房管理系统，难以真正解决社区管理当中已经出现和可能出现的各种问题。保障房社区目前的管理体制属于"以房管人"，难以独自解决社区服务和管理中的多种问题，这就需要政府多个部门共同参与、互相配合。具体而言，一方面，保障房社区应根据建设规模，设立社区居民委员会或纳入所在的街道、社区居民委员会设立社区工作站，进行属地化管理。另一方面，完善社会保障转移支付制度，将保障性住房社区居民的最低生活保障补贴、各项社会保险等社会保障从户籍所在地管理转为居住地属地化管理或办理，从而避免入住带来的"福利流失"。

2. 引入社区营造，完善基础设施及公共服务

社区营造指的是在新建或重建一个社区时，不仅事先要规划好社区的物理空间和功能布局，同时也要在社区建设的过程中，做好社会空间和人际互动的规划。作为一种特殊的社区形式，商品房和公租房配建的社区，更应当重视居

住空间和社会关系的有机结合，给居民提供舒适的居住空间和融洽的社会关系。我们建议，在今后的商品房和公租房配建社区的建设中，可以考虑引入"物理空间规划"和"社区营造规划"的双规划制度，把营造社区内社会关系的重要性，上升到空间设计和物理建设同样的高度。结合租户的基本状况及现有租住情况，我们认为可以从户型设计、房屋质量、公共服务设施、交通网点布局与区位选择等方面对今后公租房建设进行完善。一方面可以提高居住空间使用效率，满足租户基本生活需要；另一方面，也可以增加社区成员的社会互动、降低矛盾发生机会，从而构建和谐融洽的社区氛围。

3. 重建社会关系，重构社会空间

保障房住户属于低收入群体，由于年龄和家庭等原因，往往很难通过学校教育和正规就业实现向上的社会流动。提高他们的生活质量，需要更加专业化的服务和支持。对于社会资本更为薄弱的廉租房群体，当务之急是如何帮助他们"走出家门，重返社会"，重建社会关系，恢复和保持最低数量的正常社会互动。可以通过政府购买社会服务等方式，适当引入专业化的社会工作事务所。目前，得益于规模不断增加的政府购买社会服务，北京市已经出现了一批针对低收入群体的社会工作机构，可以在养老、扶贫、助残、社区建设等方面提供专业化的社会服务和社会支持。

B.17
北京市商品房小区社会治理
问题调查研究

马丹 李洋*

摘　要： 北京市商品房小区的社会治理存在的问题有：共有部分的治理隐患；物业管理企业垄断经营、缺乏监管；业委会成立与维持艰难；大型小区治理"无解化"等。因此，应进一步明确业主共有部分的所有权与管理权；降低业主委员会成立门槛，增强业主组织的活跃度；打破物业管理的垄断，引入市场竞争机制；整合资源，提供良好的自组织平台。

关键词： 商品房　小区　社会治理　业主组织　北京

随着北京市城市功能的完善和土地住房市场的日益成熟，在全市范围内已经形成了以商品房为主要居住形式、高中低档商品房小区并存的现代化住房市场体系。这与全国住房市场体系的基本特征一致，而北京市的特殊之处在于，一是由于较早启动了住房市场化进程，商品房小区长期存在，社区运行管理中的问题暴露得比较彻底和集中；二是由于土地和房屋资源的稀缺性，商品房市场价格较高，因此社区资源丰富，以房屋价值为中心的利益问题成为社区治理的核心要素；三是从全市范围来看，中高端人口群体在社会结构中的比重较大，包括企事业单位负责人、专业技术人员和办事人员等[1]，这一群体受教育

* 马丹，北京市社会科学院社会学所助理研究员，主要从事劳动社会学研究；李洋，北京市社会科学院社会学所助理研究员，主要从事社区治理研究。
[1] 第六次全国人口普查抽样数据显示，这一群体占到人口总数的30%以上。

程度高、竞争意识强、社会资源丰富，因此商品房小区居民有较强的利益诉求和权利意识。

社会治理强调在对政府、市场和社会三者关系反思的基础上，形成政府、市场和社会等多中心的治理机制，在治理方式上探索正式和非正式等多种方式，是现代化理论和社会治理实践验证了的科学有效的治理模式。商品房小区是基于房屋产权的市场交换，因此在开发商、物业服务公司与业主之间，出现了公共产权、私人产权及其服务管理等矛盾和冲突的焦点问题，这些核心问题又嵌入传统基层社会管理体制和国家、地方法律法规而更加复杂和深刻，成为当前北京市乃至全国社区建设和发展的重要影响因素。随着各地城市化的持续推进，这些问题能否妥善解决，事关城市化战略成败、城市可持续发展和人民安居乐业的大局。本研究期待在对北京市商品房小区实地调研的基础上，从社会治理的人口和社会基础、治理理念、治理方式以及与政府衔接等视角出发，探索、提出北京市商品房小区社会治理的机制和模式，并提出相关治理对策。

一　商品房小区社会治理的基本情况

夏建中认为，城市住宅体制的变革产生了住宅所有者群体，纯商品房小区也叫新型物业小区，是指在相对封闭的地域范围内实施物业管理的新建小区，其房屋产权是商品房，小区内按照《物业管理条例》成立业主大会和业主委员会作为决策机构和执行机构，选聘物业管理企业签订合同进行专业化的管理①。商品房小区的利益主体包括物业服务（其中，前期物业大多属于房地产开发商的子公司）、业主委员会（简称"业委会"）、社区居委会和其他社区组织等。当前，商品房小区不同利益主体之间的权利和资源分配规则与机制发生了很大变化：业主基于产权的集体利益诉求彰显、物业企业及其代表的房地产商强势维护自身利益、"第三部门"要求更多地参与治理的机会、市场化运营的服务企业也进入社区服务，而政府机构虽然在弱化对社区的影响，但仍然发

---

① 夏建中：《北京城市新型社区自治组织研究——简析北京市 CY 业主委员会》，《北京社会科学》2003 年第 2 期。

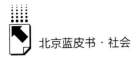
挥着很大的作用。在商品房小区中，不同的利益主体展开博弈，构成社区社会治理的核心内容。

（一）社区社会治理模式不同，发展阶段参差不齐

调研发现，商品房小区经过20多年的发展，目前已经出现了多种社区社会治理模式。根据政府、市场和社会三个社会治理主体之间的关系，社区社会治理主要包括政府主导型、市场交易型、协商民主型和权钱支配型等理论类型，具体到商品房小区，当前其社会治理模式可以分为社区居委会主导型、物业公司主导型、业主自治型，以及社区居委会和物业服务企业共治型四种类型。

这基本涵盖了所有商品房小区的治理模式，只要符合社区特点、满足居民需求并维持社区有序运行，不同的治理模式难以从优劣进行判断。但如果从价值实现状态来看，不同治理方式所体现的价值状态是有优劣之分的。从这个角度来看，协商民主型治理方式无疑是最佳的治理模式，而社区居委会和物业服务企业共治型无疑是最劣的治理模式。当前情况来看，协商民主型的治理模式发展面临种种困境，仅有极少数社区初步形成成熟的做法，即便如此，其具体治理方式也因社区而异，尚未形成协商民主型治理模式的基本架构；也就是说，大多数已经成立的业委会都是"僵尸"业委会，真正发挥作用的少之又少。另外，其余几种治理模式则在商品房小区中占比较大。

（二）不同社区社会治理主体的基本情况

1. 业主参与意识增强，业委会日益成为社区社会治理的主体

以国外经验来看，新型小区的管理很大部分职能是由业委会承担，我国虽然住宅商品化启动比较晚，但是随着业主产权意识逐渐增强，越来越重视社区资源和利益分配中的公平和公正性，参与社区事务的意识和意愿也越来越强。实际上，从数量来看，近十年来，全市业委会规模增长极为有限，据不完全统计，2005年北京市有物业企业的商品房小区为3000多个，但成立业委会的仅有500多个小区（其中在北京市建委备案的有369个），成立率仅有16.7%。而截至2013年底，这一数字也仅仅上升到1000个左右，成立率约有26%[①]。但较低

---

① 《深圳商报》，http://www.househy.com/nrd/20141021/40592.html，2014年10月。

的统计数字无法掩盖下列事实：当前业委会的社会影响力和认知度逐渐增强，业委会在探索和试错中逐渐从单纯的维护权益走向探索参与社区社会治理的新途径和新机制，而且在部分成立业委会的商品房小区中，也已经走出了一条适合自身社区服务管理和社会治理的新模式。

2. 物业服务企业数量众多，发展和服务水平分化明显

截至 2012 年底，北京市共有物业服务企业 2773 家，一级资质的物业服务企业 122 家，在全国位列第二，占全部企业的 4.4%[①]。其中，经营状况较好的物业公司通常业务类型多元化，可以有效实现资源共享和互补，物业服务的专业化和正规化程度较高，往往受到中高档商品房小区的青睐，反过来，又凭借小区资源丰富的特点，从公共面积经营中获得额外收益，反哺物业服务业务。而大部分中小物业公司尤其是老旧小区和普通住宅，则由于社区资源匮乏、物业费收缴难、服务项目支出高等原因面临生存和发展困境，而经营管理不善、物业服务水平下降，反过来又影响物业收费效率；围绕物业费收缴问题，这些物业服务企业往往采取诉讼、懈怠服务甚至采取违法违规等行为，而陷入与业主的利益博弈，更无暇改善和提高服务质量。

3. 社区居委会是社区行政事务性和社区自治的重要主体

《居民委员会组织法》赋予居委会"召集和主持居民会议，向居民会议负责报告工作，执行居民会议的决定、决议，监督执行居民公约""开展利民便民的社区服务活动，办理本居民地区居民的公共事业和公益事业""调解民间纠纷，做好疏导工作，防止矛盾激化，促进居民家庭和邻里团结"等权利。但同时它也规定了"居民委员会对政府的工作予以协助"，如"协助维护社会治安""协助人民政府或者它的派出机关做好与居民的利益有关的公共卫生、婚姻登记、计划生育、优抚救济、青少年教育等项工作""协助公安部门管理户籍""协助劳动、人武等部门做好招工、就业、征兵"等工作。因此，居委会既要承担社区居民自治责任，又要对街道办事处负责，实际上在社区自治和行政管理中扮演着的"一肩双职、两端负责"的角色。

4. 其他社区社会组织数量众多，以文体活动队为主

其他社区组织主要是指社区内除以上几类组织之外的为社区居民提供各类

[①] 中国物业管理协会：《物业管理行业发展报告》，2013 年 10 月，http://bj.house.sina.com.cn/zhuanti/wuyebaogao2013/index.shtml。

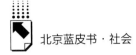

服务和保障的非营利组织，其服务范围包括社区专业服务、公益社会服务等。社区社会组织理应在市场无力提供、政府无暇提供的领域内，针对特定服务对象开展专业化、公益性的社区社会服务，成为社会治理的重要主体。当前社区社会组织数量众多，以笔者走访的海淀区某街道办事处为例，截至2013年底，街道备案社区社会组织数量总数达到338个，平均每个社区有13个社会组织，但其中文体活动队的比例达到九成以上。

二 商品房小区社会治理中存在的问题

（一）商品房小区建成移交程序不规范，埋下共有部分经营管理隐患

商品房小区私有部分产权关系相对清晰，但共有部分往往成为社区治理的焦点和难点，实际上小区在建成移交的过程中就为日后纠纷埋下了隐患。房地产开发商在楼盘开发完毕后，通过办理房屋产权证等形式只向业主移交私有面积产权，而对于占比很大的共有部分的经营管理权则不进行移交，原因主要在于新建小区没有选聘物业服务企业或者成立业主组织，因此缺乏移交的主体。由于《物业管理条例》（以下简称《条例》）等相关法律也没有相关的明确规定。在这种情况下，开发商或者继续享有共有部分产权的经营管理权限，或者成立一个物业服务企业作为其子公司，享受共有部分的经营管理权，实际上仍为开发商所控制。因此，在没有更换物业企业的情况下，开发商将长期占有共有部分的经营收益和管理权限，成为日后与业主及其选聘物业公司博弈的重要砝码；即便业主成功更换物业，前期物业通过占有共有部分的基础信息和资料，从技术和程序上增加了物业交接的难度，甚至造成不可逆的损失，成为社区治理"硬伤"和遗留问题。

（二）物业管理区域缺乏划分标准，导致大型商品房小区治理"无解化"

物业管理区域是商品房小区服务管理中的一个重要概念，根据《条例》的规定，它划分了商品房小区范围，也就是物业经营管理、业主自治、共有部分收益和支出等事项的范围。但就是这个概念，在相关法律文件和现实实践

中，没有建立起按业主的共有产权进行划分的标准，而是完全以开发商和物业服务企业的经营管理需求为导向进行划分。这就使得开发商可以按照其"大"土地使用权证来划分物业管理区域，即便这些区域属于大范围的分期土地开发，因此，分期开发的商品房就划入一个物业管理区域，由一家物业公司管理，人为形成大型甚至超大型商品房社区。从物业管理角度看，大型社区往往受限于管理人员少、管理能力要求高，从业主自治角度看，大型社区自治的实施难度高、协商程序难以操作化，往往导致社区治理"无解化"。

（三）业委会法律地位缺失、门槛高、阻力大、成立难，运行不易

《条例》规定业主大会是"物业管理区域内全体业主组成的"，"代表和维护物业管理区域内全体业主在物业管理活动中的合法权益"的议事机构，而业委会是业主大会的执行机构，可见业委会在维护全体业主权益中发挥着主体作用，与物业公司等具有平等的法律地位，但相关法律并未明确业委会的民事主体地位。在业主组织法人团体性质尚未明确的前提下，业委会在社区维权过程中受限于地位缺失而处处碰壁。

此外，业委会的成立和运营受到相关法律和行政权力的限制和约束，往往面临成立难、运行难的困境。在业主大会的成立上，规定需要"应当有物业管理区域内专有部分占建筑物总面积过半数的业主且占总人数过半数的业主参加"，这对于动辄几千户的大型社区无异于"起点即受挫"；此外，业委会的社区治理活动理应是社区自治的主要内容之一，但现实中往往受到行政权力的干涉和约束，成立之初，需要"在物业所在地的区、县人民政府房地产行政主管部门或者街道办事处、乡镇人民政府的指导下成立业主大会，并选举产生业主委员会"；在运行过程中，物业所在地的区、县政府房地产行政主管部门或者街道办事处、乡镇政府，有权根据相关法律法规撤销业主大会和业委会的决议。

（四）物业服务企业垄断经营、缺乏监管，服务水平低，专业化和多元化服务缺失

大多数商品房小区实行一个物业管理区域只允许一个物业服务企业开展物业服务管理经营活动，这符合相关规定，但很大程度上形成了垄断经营的局

面，无法满足居民的多样化需求；此外，还容易造成社区资源分配不公，损害中低收入业主群体的利益。实际上，即便在同一个小区，也有不同收入层次的居民，其服务需求不同，单一的物业服务水平难以满足多样化需求，尤其是部分居民高水平物业服务的需求；此外，当前商品房小区往往与配建回迁小区统一管理，由于后者福利型的少收或不收物业费，实际上无法保证回迁小区物业服务质量，人为造成同一小区不同人群的区隔和分化。

当前社区治理的核心问题是社区公共资源的权属、收益和使用，由于商品房小区尚未建立统一的公共账户，社区公共收益缺乏统一的预算、使用和监管，成为物业公司违规经营和管理的制度漏洞。特别是在新建小区中，由于尚未成立业委会，前期物业服务企业实际掌管着物业费和共有部分收益，通常存放在物业企业自己的财务账户中，在经费的预算和使用上完全是"一言堂"，缺乏公共监督，即便日后成立业委会，要实现资金划转的难度很大。此外，造成社区治理中业主和物业公司矛盾的另一个焦点是物业服务水平低、专业性差。物业服务本身的技术门槛较低、人员成本较高，在当前全社会人力资源成本逐年上升的情况下，物业企业为了降低经营支出，往往会减少专业人员的配置、增加中老年工作人员比例，甚至是减少软硬件设施、设备和公共空间的维护频率等，其直接后果就是物业服务水平的下降，降低了社区居民的生活满意度和安全感，成为造成业主和物业公司矛盾的导火索。

三 关于"商品房小区社会治理"的政策建议

（一）规范商品房小区建设移交程序，进一步明确业主共有部分的所有权与管理权

1. 设立代管期限

商品房住宅小区的许多问题与矛盾都源于开发商的"前期物业"问题。开发商在建设房屋完成之后，应明确其作为建设单位的前期代管期限，比如当业主入住率达到50%或首户入住达到两年，其代管期就应该结束，应限期移交共有部分和建筑物管理权。

2. 进一步明确业主共有部分的所有权与管理权

2007年的《中华人民共和国物权法》（以下简称《物权法》）第六章第七

十条规定："业主对建筑物内的住宅、经营性用房等专有部分享有所有权，对专有部分以外的共有部分享有共有和共同管理的权利。"这是对小区内共有部分所有权与管理权的法律认定。但是，由于这个认定过于笼统、缺乏细则，同时因为《条例》限制了业主与其组织对共有部分行使管理权的条件，因此业主对共有部分的所有权与管理权常处于虚置状态。应通过立法进一步明确、细化业主对共有部分的所有权，针对具体情况、小区的不同规模与实际情况提供有针对性、可操作性的管理权的实施。

3. 建立业主公共账户，统一归集费用

所谓的公共账户，指的是"以小区或楼宇的名义在银行建立一个账户，账户中的资金属于业主的共有财产，根据共有的不同层次和资金的不同用途，可以分设子账户"，这个账户"在业主入住之初就建立，所有小区的物业费、共有收益、专项维修资金、供暖费等均要先存入该账户名下"①。公共账户可以以小区为单位设立，也可以以建筑物为单位设立，统一归集、存放、管理业主交纳的物业费、专项维修资金以及共有收益等。账户中的资金归全体业主共有，可由业委会设立、管理，也可由地方政府代管专项维修资金的机构设立、管理。有了公共账户，建设单位或业主团体就可以依据其与物业服务企业或专业服务企业之间的委托合同约定，将有关费用按期统一支付给物业服务企业或专业服务企业。公共账户的账目应公开、透明，定期通报，任何业主均可查阅与复制。

（二）降低业主委员会成立门槛，增强业主组织的活跃度

1. 明确业主团体的法人资格或业主委员会的民事主体地位

应当赋予业主团体民事主体地位，登记为社会团体法人，或者在非法人化业主团体下应赋予业主委员会民事主体地位，可以就业主共同权益问题起诉或被诉，但应告知全体业主。民事主体地位的确定可增强业主团体或业委会这一重要治理主体的合法性与正当性。

2. 建立方便集体讨论的业主会议制度

应建立方便的业主会议制度，应将业主集体讨论会议的法定参会表决权数

---

① 任晨光：《制定〈建筑物管理法〉促进业主自治——反思〈物业管理条例〉十大不足》，《住宅与房地产》2013年第9期。

降低，同时为防止侵害未参会业主的权益，可以在会议结果送达业主后，使业主拥有一定时限的异议期。人口规模较小、楼栋数较少的小区比较容易达到法定参会表决权数，但动辄几千户的小区要达到法定标准非常困难，因此应因地制宜地建立方便集体讨论的制度，降低法定门槛，并制定行之有效的配套制度。

3. 降低业委会成立门槛，增强业主组织的活跃度

降低业委会成立门槛，一是降低选举或更换业委会的业主大会参会表决权数，大型社区很难达到半数以上的业主表决，但并不意味着不应该或不需要成立业委会；二是在告知性备案时，应降低行政门槛。除了降低成立的门槛，现有业主组织的活跃度也需增强。业主组织是重要的社区治理主体，应激发他们的活力，使他们达到真正的公民自治。

（三）打破物业管理的垄断，引入市场竞争机制，满足多元化需求

商品房住宅小区不是整体一块，存在区位特征、地块面积与人口规模等各种分化，同一小区内也呈现多元化的特征，因此物业管理也应打破垄断、引入市场竞争机制，以适应不同的小区与不同的业主多元化的物业管理需求。现有的物业管理公司大多起步于"前期物业"，因此缺少独立性，专业化程度也受限，呈现出"一家物业公司只能服务管理特定小区"的局面。应打破物业管理的垄断经营，拓展其适应性，提高其专业化程度，引入市场竞争机制。引入竞争机制一是在小区新建、建设单位撤出后，由业主或其组织选择多家物业公司进行投标，投标的结果由业主或其组织共同决定，物业管理的账务、细则、工作应公开、透明，受到业主或其组织的监管，并在一定的时限内报送业主或其组织进行考评；二是物业管理不实行"终身制"，业主或其组织与物业管理公司签订一定时限的合同，如在合同期内无法通过考评可在合同结束后更换。引入市场竞争机制之后，可激发物业管理公司提供更加有针对性的、多元化的管理服务，不断提高服务水平。

（四）政府提供良好的自组织平台，整合资源，推广社区治理的先进经验

政府各级组织应提供良好的自组织平台，充分利用商品房小区原有的社会

文化与组织资源的社会资本，对小区内民间自组织进行整合，产生新的组织利益，降低社区治理的成本。应完善国家行政力量与小区自治力量的衔接，给社会组织赋权，创建多元利益主体博弈机制。同时，政府应鼓励不同社会治理模式的创新与尝试，推广那些已经过时间检验的成功的社会治理模式与经验，为商品房小区的社会治理提供多元化的思路与机制。

参考文献

郭于华、沈原：《居住的政治——B 市业主维权与社区建设的实证研究》，《开放时代》2012 年第 2 期。

郭于华、沈原、陈鹏主编《居住的政治——当代都市的业主维权和社区建设》，广西师范大学出版社，2014。

B.18
单位制住宅的空间形态、单位作用与治理机制

——以北京市三类单位制住宅小区为例

汪琳岚　李金娟*

摘　要：　单位制住宅是北京市居民小区的重要组成部分，在以往的研究中缺少关注。本文通过引入空间视角和对单位作用强弱的讨论分析单位制住宅小区的治理机制。本文在概念上将一栋居民楼视为小区中的基本公共体。研究发现，在独栋单一单位大院中，单一基本公共体的空间属性和单一福利供给者的单位特性获得了最简单明确的吻合，治理难度相对较小；在多单位大院中，多个基本公共体对应多个福利供给者，此时，在空间上占多数的主要单位可能对本单位和其他单位隶属的基本公共体均提供福利；在多单位楼房中，单一基本公共体的空间属性和多个单位作为多个福利供给者的存在形式之间产生张力，增加了治理这一居住形态的难度。为完善单位制小区的治理，需要分析小区的所属类别，明确公共部分的产权和责任。

关键词：　单位制小区　社区治理　单位作用　基本公共体　北京

一　问题的提出

单位制住宅是单位制的空间表现，也是一种仍在广大城市空间持续留存的

---

* 汪琳岚，北京市社会科学院社会学所助理研究员；李金娟，北京市社会科学院在站博士后。

制度遗产。单位制住宅一般临近单位人的工作场所，和单位运作共享一套集体资源；住宅相关福利分配受到单位组织内等级关系的影响；单位制住宅也进一步巩固了单位人构成的熟人社会形态。

然而，在现有的有关社区治理研究中，商品住宅小区受到的关注较多，尤其是围绕业主自治展开了多学科研究，而单位制住宅的研究尚未大量出现。单位制住宅和老旧街区、传统农村社区等住宅形态被划归为与商品住宅小区不同的旧有居住聚落。实际上，单位制住宅在理论研究和管理实践的推进上均有较大的潜力。一方面，房改以后，单位制小区中的住房已成为私人所有的房产，从产权性质上来说跟商品房并无实质区别，单位人的身份需要向业主身份转换；另一方面，单位制住宅的公共产权部分的归属存在一定模糊，在管理实践上不同单位承担公共产权维护责任的程度也存在分别，加上单位制住宅的房龄普遍较长，后期维护的需求紧迫，给小区治理带来了挑战。

二　单位制住宅分类

对北京市单位制居住小区的分析需从空间分布和单位作用强弱两方面进行。在以往的研究中，空间形态对社区治理的影响不大受到重视，一方面是因为事实上存在的空间分布多样性没有得到关注，另一方面，空间作为分析单位的视角多为地理学学者所用，在城市社会学研究中尚未引起足够重视。受到经验研究启发，我们认为，单位制居住形态的空间分布至少有四类，多栋单一单位大院、独栋单一单位大院、多单位大院、多单位楼房四个类型，而以往对单位制小区的研究多集中于多栋单一单位大院这一类型，对后三种类型的居住形态缺少关注。空间分布类型直接影响到对该居住形态的治理方式和治埋效果。

单位大院是单位制住宅的典型空间形态。单位大院按规模大小可分为两种，一种是军队、高校、大型企业等大型单位中的独立居住大院，与单位办公区大院相邻，是一个可自给自足的空间场所；一种是单位规模相对较小、职工住宅与工作场所聚集其中的混合功能大院[①]。无论是办公区还是居住区，其空

---

① 薄大伟：《单位的前世今生：中国城市的社会空间与治理》，柴彦威、张纯、何宏光、张艳译，东南大学出版社，2014，第144页。

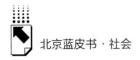
间内部又有进一步的功能区分，甚至形成院内有院的多层院结构①。可见，单位大院的典型特征是功能上的自足性和空间上的封闭性。

隶属于单一单位的大院是单位制住宅的理想类型，此外，单位制住宅的其他衍生形态也大量存在。以北京市城区住宅为例，政府部门、大型企事业单位聚集，单位大院引人瞩目，甚至形成一种被称为"大院文化"的居住生态体，与新中国成立前老北京居民的"胡同文化"和"杂院文化"迥异。与此同时，在调研中我们发现，多单位大院甚至多单位楼房在北京的居民小区中同样普遍，这类居住形态同样基于单位对职工的福利供给，但这些单位的规模和实力一般小于将单位共同体建设成大院的那类单位。

除上述多形态单位制大院共时性存在之外，单一单位大院和多单位式单位制住宅的形态还发生了历时性变化。受单位制逐步衰退、住宅市场化改革等趋势影响，除少数单位如部队和高校外，单位对住宅维护和管理的职能出现不同程度下降，有的单位将一部分职能转向市场，甚至有部分单位改制、破产，不再负责住房物业的维护和住户的福利供给。同时，随着房屋产权出让、单位外住户买房入住，住宅区内单位人的熟人社会被逐渐打破，人口的异质性逐步增强，单位对住户的福利供给如有保留，也仅限于原单位成员，新购房者和租客不再继续享受。

此外，从当下单位作用强弱来分，可分为完全保持、有所保持、基本消失和完全消失四类。虽然从整体趋势上来看，单位作用的强弱随时间变化而变化，但不同单位在同一时间的作用有所不同，尤其在多单位大院中体现出来。

2014年12月，调研团队到北京市某街道调研了不同类型的单位制住宅小区的社区治理，与图1对应，本次调研涵盖的小区有A、B、C三种。而多栋单一单位大院属于规模较大、功能较为齐备的单位制大院，此次调研尚未涉及。下文便以这三类居住形态为例，从空间分布和单位强弱两个角度讨论单位制小区的治理。

---

① 乔永学：《北京"单位大院"的历史变迁及其对北京城市空间的影响》，《华中建筑》2004年第5期。

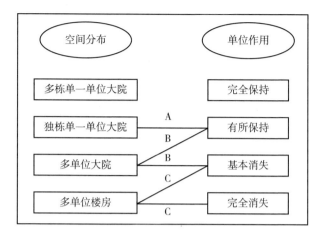

图1 单位制小区的空间分布和单位作用分析

三　单位制住宅三类居住形态及其治理现状分析

（一）独栋单一单位大院 A 大院的社区治理

A 大院为独栋单一单位大院，也是该街道众小区中治理效果良好的典型大院。院内只有一栋楼房，建于 1993 年，为 M 单位向当时的处级干部分配的住房。M 单位为大型国有企业，历史悠久，现仍在运营中。A 大院共有住户 156 户，其中租房户 36 户，买房户 30 余户；常住人口 600 余人，其中单位老住户 400 余人，其余为新买房入住者和租房客。单位老住户均已退休。

A 大院的治理主体由居民党总支和居民组构成，现街道统一称为邻里中心。居民党总支书记 N 书记 2008 年经居民选举上任，2007 年退休前曾在 M 单位从事 30 多年党务工作；居民组 E 主任 2009 年退休后上任，也曾在 M 单位工作 17 年。另外，当前每层楼设一位楼层长，共 20 名楼层长，楼层长的主要职责是定期擦洗所负责楼层的楼道、清除小广告等。E 主任上任以后将两层楼一位楼层长改为一层楼一位，使得楼层长在日常进出中能更便利地了解该层居民动态。楼层长会议被视为该小区的最高权力机构，凡涉及小区治理的重大事项必经楼层长会议讨论决定，如召开过 3 次楼层长会议讨论院内机动车位使用及管理。

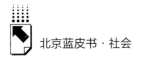

1. 单位的作用

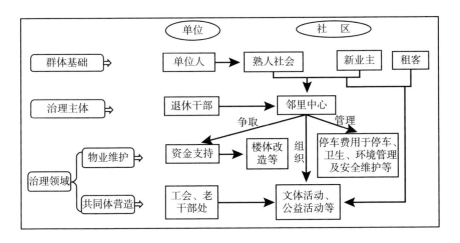

图2 独栋单一单位制大院——A 大院的治理结构

从图 2 可知，在群体基础、治理主体、物业维护、共同体营造方面，单位均对社区产生了直接或间接的积极影响，创造了有效治理的条件，解决了几大治理难题。

（1）熟人社会的群体基础降低了群体动员的难度。该栋楼的老住户均为 M 单位干部，既是多年的老同事，也是多年老邻居，构成了相互了解、互动紧密的熟人社会，这种多年延续的共同体意识为小区自治动员打下良好基础。

（2）受人尊敬的老干部、长期共处的老邻居通过选举进入邻里中心这一治理主体，增强了治理主体的权威性。以访谈中接触的 N 书记和 E 主任为例，N 书记退休前曾在 M 单位从事 30 多年党务工作，积累了丰富的工作经验和组织资源。任内制定和完善了居民组长责任制、楼层长责任制、例会制度、楼层长例会制度和文教活动室管理制度以及财务管理公示制度。书记采用召开座谈会、楼道内挂意见箱、黑板说明等方式就相关问题征求居民意见，并把工作情况多方式告知居民。不仅如此，N 书记了解组织运作逻辑，戏称"会哭的孩子有奶吃"，在争取单位资金对楼梯维修资金支持时，直接向集团领导办公室提交申请。E 主任也曾在 M 单位工作 17 年，访谈中在谈起作为单位人的优势时，她举例谈到，曾运用组织资源深入把握了小区治理中历史遗留的某一细节问题，并解决了前任一直未能解决的这一问题。此外，楼层长也多为 M 单位的老干部、本楼的老住户，能够发挥服务和动员居民的职责。

（3）在本地治理精英的争取下，M 单位提供了大笔维修基金，用于楼房的楼体维修和维护。2012 年，N 书记撰写报告请楼里居民集体签字后提交集团领导并多番争取，M 单位最终提供了 120 余万元维修资金，用于装修楼内外墙以及楼顶防水保温，缓解了私人住宅公共区域维护资金二次募集难题。大笔公共维修基金是老旧小区治理中最稀缺的资源，而 M 单位最终提供了这一资源，发挥了单位制小区中单位对社区最有力度的积极作用。虽然住户中 1/3 并非 M 单位的老住户，但也"搭便车"地享受了这一资源。

（4）单位的工会、老干部处通过资源倾斜等方式参与社区的共同体营造，尽管共同体中加进了新购房业主和租房客，熟人老同事为共同体的主要构成这一事实降低了共同体的异质性。

从以上分析可见，M 单位对 A 小区社区治理产生了诸多影响。值得注意的是，这种作用跟单位制全盛时期发挥的作用并不等同，单位的福利供给可称为有所保持，而不是完全供给。首先，单位大额维修资金供给是社区治理精英多番争取所得，并且单位供给能力跟企业的支付能力有直接关系。在调研中，N 书记谈到，争取到 120 万元的维修资金得益于企业当年的经济效益，"要搁在今年就不行了"。其次，单位不再是唯一的福利供给渠道，以街道办事处为代表的政府相关机构在该小区的治理中也投入了大量财政资金。2009 年街道办事处提供资金硬化地面、更换自行车棚顶、地面排水、照明和安装棋牌桌；2012 年以来出资装修邻里中心、制作橱窗、购置办公家具。出资建设该小区，是街道办事处针对所有小区开展的工作内容的一部分，该资源并非 A 小区独有。可见，M 单位的供给是 A 小区治理的非常态性外部资源，而街道办事处的资金投入可视为一种常态资源。其悖论在于，单位提供的外部资源有基于单位产权基础和长期制度实践的历史合法性，但这种合法性在新住户不断入住和单位赢利能力不稳定的现实条件下不再稳固；而街道办事处作为政府机构，对社区治理进行财政支出的基本事实是稳固的，但财政支出的标准化原则在面对单位作用强弱不一、产权归属并未完全与单位切断的复杂现实时难以执行，并且在面对大笔维修资金时，难以完全承担。

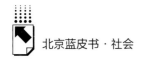

（二）空间属性

同时，空间特性与治理效果也有密切关联。本文提出，从空间分析引发的社区基本公共体具备四种特性，如表1所示。这里将一栋楼房视为社区基本公共体，也是公寓居住方式下的基本公共体，这是共享一套同一、权属明确、完整的公共空间及公共设施的基本单元。这一基本公共体有四种基本属性，使公共体内外有别。

第一，同一性。一栋楼的住户享有同样的地理区位，楼房的建筑时间、建筑标准、建筑形态也是同一的。相比之下，一座院内如有多栋楼房，楼房的建筑时间可能存在差异，这直接影响到楼房的新旧程度；多栋楼房的建筑施工标准和楼房高度、户型等建筑形态也可能存在差异，这会对楼房物权管理的成本计算、人群基础等产生影响，进而影响到治理策略的选择。

第二，整体性。公共设施（大门、管道、楼体、电梯）是整体的，在不可分割的情况下发生作用、管理维护，楼内居民对这些公共设施的使用权也是整体性的，这使得治理对象不可再由整栋楼进一步划分为楼层，而必须依托整栋楼形成治理对象。

第三，必要性。公共设施（大门、管道、楼体、电梯）对每个居民都是日常必需的，这与楼外、院内的健身器材不同，健身器材在使用权上归所有居民，但每个居民的实际使用频率并不均等；与小汽车停车位也不同，停车位只为有车的居民所用。

第四，密致性。首先表现为人际互动的密致性：一栋楼内人口规模适中，楼内居民的面对面互动相对楼外居民更为频繁；其次表现为空间密致性：公共空间和私人住宅空间的距离近，这使得私人对公共空间的使用更为频繁和便利。

表1　从空间分析引出的社区基本公共体的四种属性

基本属性	解释
同一性	区位共享，建筑年份、建筑标准、建筑形态共享
整体性	公共设施（大门、管道、楼体、电梯）是整体的，在不可分割的情况下发生作用、管理维护
必要性	公共设施（大门、管道、楼体、电梯）对每个居民都是日常必需的
密致性	人际互动的密致性：人口规模适中，面对面互动； 空间密致性：公共空间和私人空间距离近

　　单一单位大院 A 大院仅有一栋楼房，符合此处阐释的基本共同体概念。从访谈中了解到的治理实践来看，对该楼房的有效治理与该基本公共体的空间特性密不可分。第一，该栋楼为 M 单位 1993 年修建，楼内居民共享了这一基本建筑事实和建筑标准，这为居民共同商议和推进自治打下了基础。第二，楼内公共设施及其使用权是整体的，这便是在新购房住户和租房户逐年入住的情况下，本地治理精英仍能成功从单位获得大额维修资金维修楼体说服力之一。第三，楼内公共设施对楼内每位居民都是日常必需的，这也为治理精英有针对性地争取单位和街道资源提供了依据。第四，楼内人际互动密切，治理精英和其他居民同住在一栋楼中，是居民的一部分；同时，楼内空间也具备密致性，居民的私人空间和公共空间的距离并不遥远，大大提高了老年人、身体不方便人士使用公共活动空间的频率，这正是位于一楼的公共活动房间在开辟了放映室、阅读室之后，能有较高使用率的原因。此外，与多栋楼房小区设置的楼门长相比，由于空间密致性高，治理的二级主体细分便利，楼层长与所管辖楼层住户之间的空间距离近，降低了楼层长了解和接触服务对象的工作成本。

　　从以上两部分的分析可见，独栋单一单位制小区 A 的有效治理与单位作用和空间形态特征均有密切关联，面向单位的治理单元和作为基本公共体的独栋空间形态高度一致，给治理的有效展开提供了便利。对小区 A 的分析为社区中存在的其他居住形态的分析提供了理论上的入口。

（三）多单位大院：以 B 小区为例

　　B 小区是四家单位的家属院，共 750 户，常住人口 2000 余人，流动人口500 余人。在 11 栋居民楼中，6 栋为 Y 单位家属楼，其余 5 栋属 3 个单位所有，均为国有企业或事业单位。住房已可上市交易。Y 单位家属楼中，老员工占 2/3，剩下已卖出或租出。

　　2011 年，B 小区开始实行准物业化管理，准物业委员会对院内的汽车、绿化、保洁、维修、治安进行综合管理。2013 年 B 小区准物业委员会统一命名为邻里中心，在街道投入下，办公环境和居民的活动区域得到改善。准物业管委会现有两名正式工作人员，均为 Y 单位的退休职工。此外还有委员 7 人。另有 36 个楼门各楼门一位楼门长，楼门长的职能为收取卫生费、督促门前三包等，工作形式为义务制，无收入。门长的人选为老年人中相对较为年轻又热

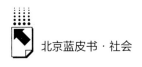

心做事的居民。

多单位大院的空间特征首先表现为空间分割、多单位并存。该院虽为单位制住宅小区，但并非由一个单位兴建，而是多单位并存，其中 Y 单位为主要单位，该单位作为国有事业单位的实力仍然维持至今，其他单位为非主要单位，实力和规模与 Y 单位相比显得较为弱小。这种空间和单位实力的不均衡分布直接影响了两类单位作为治理主体之一在本小区治理中发挥的作用，如表 2 所示。

表 2　空间特征和治理主体分析——以多单位大院 B 小区为例

空间特征	治理主体			
空间分割，多单位住宅并存	主要单位	非主要单位	企业	邻里中心
户数多，物业维护支出大	1. 历史惯例下的跨单位福利供给——支付全院的大额垃圾处理费； 2. 对本单住宅楼的福利供给——单位维修队无偿维修本单位住宅楼的公共部分； 3. 单位办公楼临近住宅大院，能便利提供维修人力资源支持——单位维修队有偿维修全院的私人住宅设施	对本单位住宅楼的福利供给：本单位维修队无偿维修本单位楼房的公共部分		收取卫生费雇佣保洁员和绿化员
车辆多，管理成本高			停车管理外包给企业	停车费的返还用于绿化设备购买和维护等

Y 单位对 B 小区的跨单位福利供给主要体现在两个方面，一是承担每年数万元垃圾处理费。其他 3 个单位进驻本院之前，Y 单位便已承担这笔费用。入驻以后，仍按历史方式处理，尚未改为共同承担。这与 Y 单位与其他单位在本院的历史合作有关，曾有 Y 单位在本院出地，某一单位出资为双方盖楼的合作。二是提供私人住宅设施维修的人力资源。楼体、管道、公共设备由各单

位派人维修，入户维修则由 Y 单位维修队承担，私人承担费用。由于 Y 单位的办公楼临近本院落，小区跟 Y 单位维修队协商，有维修需要时，到场维修，公共区域不收取费用，但户内维修依价格表收费。提供稳定的维修人力资源，这也是单位对小区的一种支持，节省了单位选用维修工人的时间和经济成本。

其次，多单位大院空间特征的第二个方面是，相比只有独栋住宅楼的 A 小区，B 小区楼房、户数及人口数更多，相应地，物业维护（包括保洁、维修、绿化、车辆管理等）所需的资金支出也更多。邻里中心（准物业管委会）的做法是，收取居民上交的卫生费雇两位保洁员和一位绿化员。值得注意的是，随着工资上涨，仍有需上调卫生费的压力。此外，私人汽车拥有量相比 A 院更多，这也直接增加了管理难度。由于邻里中心只有两位专职工作人员，没有余力管理全院车辆，管委会将大约 70 个停车位的停车管理外包给公司，将返还的 1.5 万元管理费用于绿化维护。绿化耗资也是小区公共空间物业维护的一笔大额支出，包括种草、买割草机维护、种树养树、买剪枝机等机器、浇水、秋天清运树枝等，由雇用的绿化员负责。此外还修建凉亭供居民休闲娱乐。

表 2 主要强调多单位的、非小型空间相对于独栋单一单位小区的治理特色，需要补充说明的是，同为单位制住宅小区，B 院与 A 院共同的地方在于，单位人的熟人社会属性降低了管理难度，邻里中心的治理精英从单位进入社区，有力地承担了管理职能。此外，街道办事处也承担了物业维护和自治组织建设的部分费用，例如，2012 年，办事处出资进行了一些绿化工作，同时承担了邻里中心的办公场所装修费用。

（四）多单位楼房：以 C 栋为例

本调研的街道中有一个院共有 5 栋高层，其中两栋分别为一个企业的职工住宅楼，其余 3 栋则均为多单位楼房，一个单位购买一座楼房中的两三层或四五层为员工解决住宿。整个大院有一家物业公司承担基本的物业维护，包括大院的保洁、楼面外立面的保养等。

在访谈中了解到，多单位楼房的治理现状不如单一单位大院，存在诸多问题。多单位楼房治理难题的根源在于，多单位作为产权单位在不同楼层上的分割性与楼房作为基本公共体的整体性之间存在张力。以 C 栋为例，具体表现为，第一，产权单位多，各自的经营状况有别，甚至有些单位已不复存在，对楼内居民的福利供给存在差异，增加了物业公司收取物业费的难度；第二，产权单位多，而楼内公共设施如电梯、管道等又具有不可分割性，所以在涉及公共设施维修等问题时难以获得统一的方案，而监管部门规定，更换电梯等行为必须获得所有产权单位的同意；第三，由于单一单位仅负责几层楼的住户，住户规模本来就小，在受到出租、出售的影响之后，更难以形成有适当规模的老单位住户群体向单位争取资源。因此，多单位楼房的空间分割与单位弱势共同导致治理上的困难。

四 总结和讨论

综合上文的案例研究可知，在实地研究中接触到单位制居住形态中空间属性与单位作用的三种组合方式，如表3所示，分别对应A、B、C三个案例。在独栋单一单位大院中，单一基本公共体的空间属性和单一福利供给者的单位特性获得了最简单明确的吻合，此类居住形态的治理难度相对较小；在多单位大院中，多个基本公共体对应多个福利供给者，此时，主要单位可能对本单位隶属的和跨单位的基本公共体均提供福利，然而，在调查中也了解到，这种方式可能在未来发生变化，一旦主要单位意识到自身的资源供给超过了空间承载的范围，并形成行之有效的与非主要单位共同承担公共费用的机制，便有可能

表3 总结：单位制居住形态中空间属性与单位作用的
三种组合方式及其对治理的影响

	空间属性	单位（如作用未完全消失）	空间与单位的关系	对治理的影响
A. 独栋单一单位大院	单一基本公共体	单一福利供给者	最简单明确的吻合	治理难度相对较小
B. 多单位大院	多个基本公共体	多个福利供给者	主要单位可能对本单位隶属的和跨单位的基本公共体均提供福利	治理难度适中
C. 多单位楼房	单一基本公共体	多个福利供给者	多个单位难以面对单一基本公共体协调发挥作用	治理难度较大

出现空间与单位在治理中以复杂的形式加以对应；在多单位楼房中，单一基本公共体的空间属性和多个单位作为多个福利供给者的存在形式之间存在张力，实力相对弱小、老员工人数较少的多个单位协商一致的难度较大，增加了治理这一居住形态的难度。

在这三个案例基础上，还有必要进一步展开实地调查，纳入其他的可能性加以讨论。例如，此处的前两个案例中的单位仍在发挥部分作用，承担了部分福利供给，然而在现实中，可能存在在独栋单一单位大院中，单位作用已完全消失，以及在多单位大院中主要单位的作用也已无法体现的情况；此外，对多栋单一单位大院的研究，此处尚未涉及，在后续研究中有必要加以补充。

以上分析表明，单位制小区的治理现状与空间分布特征和单位作用有密切关联，需在细致的分类基础上完善单位制小区的治理。针对多单位小区，尤其是含有多单位楼房的小区缺乏责任主体的困境，需要探索进一步明确公共部分产权归属和责任范围，在此基础上搭建平台、建立多产权单位的协商机制。针对产权转移、新业主不断购房入住的现实，单位制小区的治理主体建设在发挥单位制制度传统的优势时，还需将新购房业主纳入。此外，单位制小区中的住户以老年人为主，在小区自治中老年人在组织和发动居民时的策略选择有别于商品房小区业主委员会中在职的中青年业主。在调研的社区中，我们发现，传统单位制社区中的老年人在自我管理、自我服务方面的观念较为强烈，对社区有较高的认同感，在社区管理与决策过程中的老年居民的参与程度较高，老年居民成为转型期单位制小区事务的主要参与者，退休后的老年人时间也较为充裕，能够作为专职人员管理小区，这是单位制社区相比其他类型社区的一个突出优势。在单位制小区的治理中，有必要把养老服务和充分发挥老年人在社区自治中的作用结合起来，让老年人在对社区事务的参与中充分发挥余热。

B.19
北京市老旧平房街区改造
与更新的调查研究*

——以大栅栏街道为例

李阿琳　包路芳**

摘　要：随着城市化进程的推进，北京市加快了旧城改造的步伐。大栅栏作为北京旧城中重要的历史街区，是老北京城市文化多样性和悠久历史的重要组成部分。本文通过对大栅栏街道的调查研究，分析了当前街道社区结构的现状和问题，在此基础上试图提出北京市老旧平房街区改造和更新的新思路与新模式。

关键词：北京市　老旧街区　大栅栏街道　改造更新

一　北京市老旧平房街区调查的背景

北京的旧城改造自20世纪80年代中期开始，至今经历了三个阶段。第一是大拆大建的大规模改造阶段。大片的危旧房改造区，使得大批多层住宅街区

---

* 本报告是清华大学自主科研计划"探索社区营造驱动的城市更新机制——北京杨梅竹街区改造的社会学研究"、北京市社科联青年社科人才资助项目"北京旧城更新中的文化重建：大栅栏的案例"(2014SKL029)的调查成果，北京社科院一般项目"城市化进程中的民族文化变迁研究"的部分成果。

** 李阿琳，城市规划博士、社会学博士后，北京工业大学社会学系讲师、首都社会建设与社会管理协同创新中心研究人员，主要研究城市社会学、空间与社会等。包路芳，法学博士，北京市社会科学院社会学所副研究员，主要研究方向为城乡社会学。

和高楼大厦不断出现，彻底破坏了北京胡同四合院的街巷空间肌理和历史文化脉络；第二阶段自 20 世纪 90 年代中期开始，随着一大批学者对大规模城市改造的反思，小规模改造、有机更新等理念被提出①，北京旧城改造开始注重空间肌理和历史文化。北京历史文化保护区的概念自 1993 年开始明确，1999年、2004 年和 2005 年前后约三次编定保护规划，划定了北京旧城内 33 片历史文化保护区。与此同时，各种保存北京旧城空间肌理的小规模改造实践出现，如菊儿胡同改造、烟袋斜街更新、什刹海和南锣鼓巷改造等等。这一时期的改造主要由政府与市场主导，而忽略了对社会与文化的考虑，出现了诸如酒吧街、商业街等，而少了北京的传统文化。

旧城改造的第三阶段大约在 2010 年后出现。面对历史保护区内平房街区房屋、道路、基础设施的破败，改造更新势在必行。但如何在空间改造的基础之上，切实落实在地居民的社会生态及利益，在达成经济与社会效益的同时，还能实现传统文化的再生产，成为旧城改造第三阶段的主要议题。为此，北京旧城各区都推出了各种实践，如西城区在什刹海、白塔寺和大栅栏三个街区开展的人口疏散、腾退和改造的试验，其中大栅栏街道推进了以北京国际设计周带动的杨梅竹斜街改造试验，试图引入新的业态创新"织补模式"。

二　西城区大栅栏街道的调查

2014 年 3 月，清华大学社会学系大栅栏社区营造团队开始了在西城区大栅栏街道的调查活动。大栅栏街道共有 1.26 平方公里，有大栅栏西街社区、三井社区、延寿寺社区等 9 个社区。2013 年底，大栅栏街道办事处在辖区内开展了基础性的房屋人口普查工作，包括房屋的产权性质、居住状态，以及人口的年龄、户籍、工作单位、居住地、居住性质等基本信息的调查。截至2013 年底，除了前门西河沿社区，大栅栏街道其他 8 个社区的人口合计有

---

① 吴良镛：《旧城整治的"有机更新"》，《北京规划建设》1995 年第 6 期；张杰：《探求城市历史文化保护区的小规模改造与整治——走"有机更新"之路》，《城市规划》1996 年第 4期。

27417 人。其中，有 1663 人不常在此居住，529 人属于腾退状态，两者所占比例共计约 8.1%。因此，大栅栏街道这 8 个社区的实际常住人口约为 25225 人。若加上前门西河沿社区，可以推测大栅栏街道的常住人口约为 3 万人，人口密度约为 2.3 万人/平方公里。

常住人口是由人户同在、人在户不在（指北京户籍的人）与外地流动人口三部分人群组成的。在 8 个社区的 25225 人中，人户同在的北京户籍人口有12532 人，占 49.7%；人在户不在的本地人口有 4396 人，占 17.4%；外地流动人口有 8297 人，占 32.9%。其中，外地流动人口又以煤市街东社区和三井社区为最多，这两个社区所在的煤市街和延寿街两条商业街聚集了大量从事小买卖的外地流动人口。本调查报告主要针对 12532 个人户同在的本地人口和8297 个外地流动人口两个群体进行分析和阐述。

在统计资料的基础上，本报告以访谈材料作为基本论述的补充。2014 年3～5 月，清华大学社会学系大栅栏社区营造团队在三井社区的耀武胡同进行了深度访谈。耀武胡同有院落 43 个，登记户籍 152 户，每个院落平均约有 7户。清华社造团队深度访谈了 27 户（约占总户数的 1/10），其中几户访谈多次，1 户拒访。对耀武胡同居民进行的深度访谈，集中关注五个问题：①生计的问题，包括居民家庭的人口情况、工作状态、个人及家庭收入、日常生活及开销等等；②对未来生活的想象，包括居民对自己的私人空间、胡同公共空间、是否愿意搬迁或腾退、平移等诸多问题的看法；③在地生活，即居民的街角生活、胡同人一天的生活轨迹，包括工作、休闲、交往、人际关系、与居委会的关系等等；④社会组织的进入和运作情况；⑤本地人与外地人间的关系。这些定性访谈材料将作为定量分析的重要补充内容，以弥补统计数字存在的不足。

三　大栅栏街道社区结构的现状与问题

（一）年龄结构：本地人的老龄化与外地人的年轻化

对 20462 人（占总体的 81.1%）的年龄进行分组统计，大栅栏地区常住人口平均年龄 46.5 岁，众数是 51 岁。对比外地流动人口，年龄特征表明本地人与流动人口之间的巨大差异。

本地人的平均年龄是52.5岁，老龄化现象严重。同时以50岁到64岁的中年人为主体；而30岁到49岁这一年龄段的人群数量锐减，如图1所示。从具体比例来看，65岁以上的老年人口占20.1%，其中75岁以上的高龄人口占11.6%，高龄人口中女性所占比例较高。对中年人群来讲，50~54岁的人口数量占15.7%，55~59岁占16%，60~64岁占11.4%。青年人口数量锐减，30~34岁人口数量仅有6%，35~39岁人口数量最少，仅占3.9%，40~44岁占4.4%。

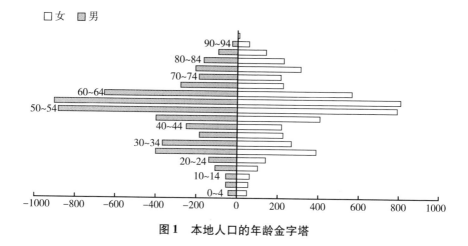

图1　本地人口的年龄金字塔

本地人口老龄化严重、青年人口数量锐减的年龄结构，与大量年轻人搬离大栅栏地区有密切的关系，而留下来的一般都是经济上弱势的群体。

流动人口的年龄结构与本地人口相反，呈现以青壮年为主的特征，如图2所示。流动人口的平均年龄是37.4岁，主要集中在20~49岁，占流动人口的80.8%。其中，25~29岁的人数最多，占18.7%，其次是30~34岁、35~39岁、40~44岁，分别占15.2%、14.1%、14.2%。相反，65岁以上的老人和14岁以下的儿童比例都较低，分别仅占流动人口总数的2.5%和2.2%。流动人口以年轻人为主，同大栅栏地区的业态有密切的关系。

（二）工作与生计

结合对大栅栏街道8个社区年龄在18~59岁之间的8665个劳动力（占劳

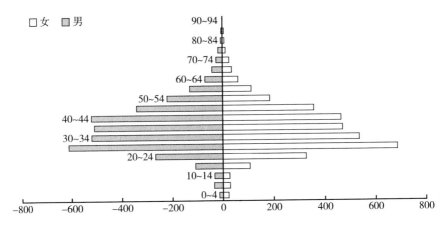

图2 外地流动人口的年龄金字塔

动力总数的57.6%）的统计分析，大栅栏街道适龄劳动力处于工作状态的人口占70.6%，提前退休和无业的人数比例接近30%。其中，提前退休的人数为1229人，占劳动力的比重为14.2%；无业人数为1155人，占劳动力的13.3%。在工作状态方面，仍存在本地人与外地人之间的巨大差异——本地人口以退休工人为主，无业人员比例大。

本地人的就业状态以退休为主，无业人群所占的比例也较大。本地人年龄在18~59岁之间的3424个劳动力中，仅有48.4%的人口处于工作状态，有30.2%的本地人提前退休，17.6%的本地人没有工作。从表1可以看出，5964个20岁以上的本地人口中，退休人口占58.8%，主要是60岁以上的人。但在50~54岁、55~59岁年龄组中也有大量的退休人口，分别占45.6%、73.5%。无业人口704人，占总体的11.8%，并且在每个年龄段都有较大的比例。其中，45~49岁的人群中39.1%的本地人处于无业状态，其次是40~44岁占25.7%，甚至是在25~29岁、20~24岁年龄组中无业的比例都达到了27.6%和17.8%。可见，退休比例高、就业率低、家庭收入欠佳是大栅栏街道居民经济状况的主要特征之一。

同时，对本地常住人口中的退休人群与就业人群职业特征的分析表明：退休人群以工人为主，就业人群以商业服务业从业人员为主，也有部分人员是行政单位及公司等的办事人员、职员。具体情况如下。

表1　本地人不同年龄人群的就业状态

单位：人，%

年龄（岁）	上学	工作	退休	无业	总计
20～24	57（39.0%）	63（43.2%）	0（0.0%）	26（17.8%）	146（100.0%）
25～29	18（5.6%）	215（66.8%）	0（0.0%）	89（27.6%）	322（100.0%）
30～34	0（0.0%）	221（75.4%）	0（0.0%）	70（23.9%）	291（100.0%）
35～39	0（0.0%）	143（76.9%）	1（0.5%）	41（22.0%）	185（100.0%）
40～44	0（0.0%）	186（73.5%）	1（0.4%）	65（25.7%）	252（100.0%）
45～49	0（0.0%）	232（59.3%）	1（0.3%）	153（39.1%）	386（100.0%）
50～54	0（0.0%）	397（42.8%）	423（45.6%）	107（11.5%）	927（100.0%）
55～59	0（0.0%）	221（21.0%）	775（73.5%）	57（5.4%）	1053（100.0%）
60以上	0（0.0%）	18（0.7%）	2288（95.3%）	96（4.0%）	2402（100.0%）
总　　计	75（1.3%）	1696（28.4%）	3489（58.5%）	704（11.8%）	5964（100.0%）

1. 退休人群在退休前的职业和现在的生计状况

对本地人中的298名退休人员职业的统计分析表明，47%的退休人员在退休前是各类制造业的工人，主要包括电工仪器仪表制造（31人）、纺织服装鞋帽制造（24人）、各类设备制造（20人）、电器机械及器材制造（10人）、化工制品制造（7人）等等。这个统计结果在对大栅栏街道耀武胡同的访谈中得到验证。耀武胡同的老人退休前的工作单位有制药厂、电池厂、文教用品厂、玉器厂、玻璃厂、皮件厂、内燃机厂等等，这也同北京在20世纪50～70年代作为生产性城市大力发展工业密切相关。新中国成立后的30年，北京的工业以每年19%的速度递增，覆盖冶金、矿山、化工、印刷、医药等行业，并在"大跃进"时期即开始出现了数千个街道工厂，分布在城市居民区中①。这些企业主要分布在北京南城，并形成了许多工业区和宿舍区，使南城成为工人较为集中的地区。② 大栅栏地区的平房也因此大量作为公房分配给了当时的工人作为宿舍。

北京自20世纪80年代开始城市功能调整"退二进三"之后，不少工厂搬

---

① 陈军：《北京工业发展30年：搬迁、调整、更新》，《北京规划建设》2009年第1期。
② 北京市城市规划设计研究院：《换位思考——面对贫困群体的城市规划》，2005；刘锐：《从土地利用变化看北京旧城的保护与发展》，清华大学建筑学院硕士学位论文，2004。

迁或破产，也使得部分工人们只好买断工龄提前退休，这也是造成现今大栅栏街道大量本地人提前退休以及无业人口比例大的原因之一。根据访谈，这些提前退休的人员之后有打零工、开餐馆等种种创业经历。据初步统计，有11.4%的本地人在退休前有从事过百货、服装、医药等商品的零售业。退休人员在退休前的职业除了制造业工人外，还有少量的人员从事行政管理、交通运输、教育和医疗等职业。从比例上来看，10.7%的人在退休前曾在政府部门的街道、社区、邮局等社会管理与服务部门，以及税务等经济管理部门工作；9.1%的人退休前在公共交通公司、汽车公司、铁路部门、出租公司等交通运输部门工作；7.4%的人在退休前有较高的文化水平，并曾在研究机构、大中小学校、文艺创作表演单位工作过。

退休人员的收入目前以退休金为主，且收入支出大致相抵。根据在耀武胡同进行的访谈，被访的50岁以上的北京人基本都有每月2000~3000元的退休金，个别能达到3000元多一点。老两口收入合计每个月5000~7000元。其他收入可能是房租、低保等等。但因为老年人普遍身体不好，家庭最大的开支是医药费用，其次是伙食费用每月1000~2000元。身体好的手头儿就稍微松快些，身体不好的生活就比较拮据。由于部分中青年人也没有工作、靠吃低保生活，老人的退休金还需要补贴子女，这让部分家庭的经济状况变得更为糟糕。

2. 在业人员的职业和生计状况

本地人在18~60岁年龄组之间的3424个劳动力中，仅有48.4%的人口处于工作状态。大栅栏街道20岁以上处于就业状态的有1273人，就业状况呈现多元化的趋势。其中，各类食品制造、文化教育用品制造、纺织服装制造等制造业从业人员占14.5%，这与大栅栏地区有不少食品老字号以及琉璃厂地区有大量文化制品销售有关。其次是各类百货、超市、服装、药品及食品等零售业从业人员，占到12.6%；与街道、社区、邮局等政府各部门相关的工作人员，占12.4%；公交车、地铁、汽车、出租车等交通运输业的从业人员，占11%。此外，教育行业从业人员有7%，金融银行保险业的职员有5.7%，旅游住宿行业从业人员有5.3%，餐饮业有5%，医疗行业有3.1%，电信业有2%，媒体行业有1.5%……这些数字表明，尽管本地劳动力就业的比例不到一半，但其职业类别已经改变了大栅栏地区以往以工人为主的就业形态，开始向商业服务从业人员、办事人员、专业技术人员等方面发展。

从就业人员的收入情况来看，结合访谈材料，与他们同住的父母对其收入的整体感觉是：够花，但要省着用。

3. 外地人以低端商业服务业为主，收入不高

大栅栏地区有外地流动人口 8297 人，占常住人口的 32.9%。外地人的来源呈现多元化趋势，几乎涉及全国各省（区、市）。但总体上，河北、河南、安徽、黑龙江四省的人口相对较多，分别占 15.8%、14.7%、14.5% 和 10.6%。这也使得外地人的聚集呈现一定的地缘和乡缘特征，并以家庭流动为主。

外地流动人口以青壮年为主，绝大多数都处于就业状态。根据对 4503 个在 20~59 岁年龄组的劳动力进行调查统计，有 89.4% 处于工作状态，无业人口的比例为 9.1%。根据年龄结构分析流动人口的就业状态，如表 2 所示，50岁以上人群的无业比例较高，在 17% 以上；20~49 岁的人群 90% 以上都处于工作状态，仅有不到 10% 的人没有工作，这部分人主要是在家做家务、看孩子的妇女。

表 2　外地流动人口不同年龄人群的就业状态

单位：人，%

年龄（岁）	上学	工作	退休	无业	总计
0~14	69(93.2%)	5(6.8%)	0(0.0%)	0(0.0%)	74(100.0%)
15~19	18(10.6%)	147(86.5%)	0(0.0%)	5(2.9%)	170(100.0%)
20~24	7(1.6%)	401(91.8%)	0(0.0%)	29(6.6%)	437(100.0%)
25~29	0(0.0%)	804(92.0%)	0(0.0%)	70(8.0%)	874(100.0%)
30~34	0(0.0%)	665(90.8%)	0(0.0%)	67(9.2%)	732(100.0%)
35~39	0(0.0%)	632(91.2%)	0(0.0%)	61(8.8%)	693(100.0%)
40~44	0(0.0%)	683(92.7%)	0(0 0%)	54(7.3%)	737(100.0%)
45~49	0(0.0%)	451(90.2%)	0(0.0%)	49(9.8%)	500(100.0%)
50~54	0(0.0%)	215(76.8%)	17(6.1%)	48(17.1%)	280(100.0%)
55~59	0(0.0%)	85(54.8%)	42(27.1%)	28(18.1%)	155(100.0%)
60 以上	0(0.0%)	35(16.2%)	121(56.0%)	60(27.8%)	216(100.0%)
总计	94(1.9%)	4123(84.5%)	180(3.7%)	471(9.7%)	4868(100.0%)

从外地就业人员的从业类别来看，91.2% 是商业服务业人员。对 3443 个流动人口的职业类别进行调查表明：42.3% 的人从事各类零售批发业，主要包

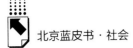

括百货、工艺美术品及收藏品、服装、食品饮料等；19.3%的人从事餐饮业服务，包括各类餐厅、快餐店、早餐铺等；9.2%的人从事美容美发、照相扩印、物业管理、清洁服务等诸多居民生活服务业；7.5%的人从事旅行社及住宿业。此外，还有各约1%的外地人分别从事交通运输、物流快递、建筑业、新闻出版等其他行业。从从业形态来看，外地人大部分都是服务员的务工身份，还有少部分是自己开店从事小本的个体经营。而且在街巷胡同里淘厕所、打扫卫生、收废品、开杂货店的大多都是外地人。

外地流动人口的收入普遍不高，经济状况也同大栅栏的居住条件密切相关。租住大栅栏胡同里的平房，一间10平方米的房子租金一个月为500~600元。以大栅栏街道耀武胡同访谈的两个个案为例。

个案一：来自河南的夫妻。丈夫38岁，从事修家具，妻子在耀武胡同开小卖部。全家年收入7万~8万元，而年支出4万~5万元。

个案二：来自黑龙江的夫妻。丈夫55岁左右，之前开车，现无业领低保。妻子退休，在天安门附近做小生意。全家一个月的收入约2300元，支出约1500元，勉强维持生活。

（三）房屋与居住

根据对大栅栏街道耀武胡同居民的访谈，新中国成立后大栅栏地区的发展经过了五个阶段，第一阶段，1949年解放军进城；第二阶段，1956年公私合营，私房充公，工人进院；第三阶段，1966年"文化大革命"，私房主被批，房屋产权收归国有；第四阶段，1976年唐山大地震，自家加固房屋，私搭滥建开始；第五阶段，1980~2004年政府发还房屋产权，但因为"带户退还"等诸多原因，导致产权归还的情况很少。经过上述发展阶段后，大栅栏地区房屋的产权结构非常复杂，形成了以公房为主的状况。根据对前门西河沿社区和三井社区的初步统计，在4685间房屋中，公房占56.8%，私房占32.4%，单位房占10.7%。不同社区的产权结构略有不同。例如，三井社区的公房比例高于平均水平，达到66.5%；前门西河沿社区的私房比例较高，达40.1%。因为产权复杂等诸多原因，导致大栅栏街道绝大部分房屋年久失修、破旧不堪。

作为老旧平房街区，大栅栏街道的人口密度高，居住拥挤，平均每户的居住面积不足 15 平方米。同时，由于没有下水，院落内没有卫生间，且渗水严重。各家都在院内搭建了厨房，但仍无法解决洗澡等问题，需使用公厕和公共浴室。居住的拥挤、基础设施的欠缺和物质环境的破败，是导致大量中青年人搬走的原因。这同前面提到的 30 ~ 50 岁人群数量锐减一致，也体现在房屋的利用情况之上。

大栅栏房屋的使用存在四种状态：人户一致、无人、有人无户和出租。房屋的使用结构与人口结构基本一致。根据对三井社区 2231 间房屋的初步统计，44.5% 的房屋人户一致，5.8% 的房屋有人无户，24.6% 的房屋用于出租，25% 的房屋是无人户，处于空置状态。这就表明公房出租的情况比较突出，这就为大量外地流动人口的聚集提供了空间条件，继而为公房管理与房屋维护带来困难，并进一步造成老旧平房街区物质环境的衰败。另一方面，大量的房屋空置，有的是因为部分人口的搬离，也有一部分是政府前一阶段腾退政策的结果。造成的房屋利用率不高，也会进一步引起环境的退化。

大量的外地流动人口在大栅栏街道租房居住，与本地人比邻而居，但二者之间依旧存在隔阂。北京本地人还是愿意和北京人交往，平日里互相走动也较频繁，与外地人之间更多的是一种互惠互利的关系。

四　北京市老旧平房街区的改造与更新

大栅栏是北京旧城中重要的历史街区，也是北京城市文化多样性和悠久历史的重要组成部分。它代表的不仅是老北京市井商业街区和古老的城市肌理，还有更加丰富的历史文化内涵。在此基础上，必须要深入探索北京市老旧平房街区保护、更新和发展的新思路以及新模式。

（一）大栅栏反映了北京城变迁的历史文化痕迹

历史上，大栅栏的形成发展与北京城的建立和不断扩充基本同步。作为北京城最早的商业区，大栅栏建于明代永乐十八年（1420），至今已有 500 多年历史。自明朝开始，这里就成了各地物资流通、信息人员交流的中转站，形成了独具特色的商业文化。清代末及民国以来，大栅栏地区成为北京城综合型的商业中心和金融中心，商业文化、戏曲文化和会馆文化在此得以

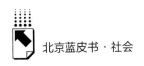

汇聚光华。社会的安定、商业经济的繁荣、文化的发达为大栅栏的繁盛提供了适宜的生态文化环境。这片方寸之地成了老北京城乃至全国数一数二的繁华区域和商贸中心。

新中国成立后，大栅栏仍一度是北京最繁华最具传统特色的商业街。至今保留着瑞蚨祥绸布店、同仁堂药店、六必居酱园、内联升鞋店、张一元茶庄、亨得利钟表店、庆乐戏院等京城百年老字号。大栅栏附近的廊房二条、廊房三条、钱币胡同、劝业场等还基本保持着原有老旧街区胡同的空间特色，并有较多的历史遗存。新中国成立之后，城市改造陆续开始。1958 年北京市政府将正阳门外西南侧的一块地域正式定名为大栅栏街道。1965 年前后，北京市对大栅栏地区进行了一次大的整顿，将部分胡同或是名称进行了变更或是将一些街巷进行了合并，大体形成了我们现在看到的大栅栏地区的街道面貌。

经过了几百年的沉浮，大栅栏逐渐褪去了昔日的繁盛。大栅栏的衰落，外界关注更多的是其经济上的衰败，而忽略了她所沉淀的历史和文化内涵。在那些四通八达却又封闭的胡同和四合院中，宽窄各异的胡同所联系的不仅是四合院，还有居住在胡同院落中形形色色的人，大人物的悲欢离合，小人物的喜怒哀乐都沉浸在胡同里。人和胡同、四合院相互辉映，相互融合，最终构成了一个古老的北京城。旧城改造改变了老北京的风貌，在推土机下一片片历史街区被推平，很多包括胡同和四合院在内的传统建筑被写上大大的"拆"字。城市文化空间遭到破坏，随之而来的是社区关系网络和文化记忆的渐行渐远，以及城市记忆的消失。

（二）北京市老旧平房街区改造和更新的新思路与新模式

以大栅栏街道杨梅竹斜街为例，目前，原有的 1700 多户居民，按照自愿腾退的原则，已经迁走了 500 多户，约占 1/3。腾退出的空间做完所有的公共服务设施以后，剩下的真正可以用于产业经营的院落不到 30 处，其中最小的一处只有 7 平方米，最大的一处大约有 200 平方米，大多都是十几、二十几平方米的空间。而北京历史文化保护区的面积为 19.67 平方公里，户籍人口密度约为 2.3 万/平方公里，这样旧城改造就将涉及约 100 万人的基本民生问题。西城区已制定出人口疏解计划，平均每年疏解出 3000 户人口，以改善居民居住条件，缓解中心城区日渐增大的人口压力①。西城区政府也希望能通过杨梅竹斜街社区建设取得的经验，带动整个大栅栏地区的旧城保护和文化重建，使之成为老北京文化的重要展示地。

著名古建筑保护专家王世仁先生认为："历史街区的灵魂是历史文化的定性和文化的延续性，而不是文物的定性和文物的凝固性。"② 所以保护这些历史街区的实物遗存只是一方面，保护"非物质的或已消失而有流传价值的历史人物、事件、时尚、风俗的载体"③ 则是另一方面。这两个方面都是老旧街区成为历史文化保护区的重要历史要素，缺一不可。老旧街区虽然在历史上经历过一段繁荣时期，但由于社会的变迁，生产生活方式的改变影响了历史街区的经济功能和社会生活，曾经辉煌的街区在当前不可避免地面临着各种各样的问题。随着我们对保护历史文化遗产的不断深入理解，必须要深入探索北京市老旧平房街区保护、更新和发展的新思路以及新模式。

在老旧街区规划和改造过程中，首先，必须做到既要保护各种物质文化遗产、街巷肌理、城市结构和整体风貌，又要延续历史街区的生命力。历史街区是城市不可再生的宝贵资源，不能一味地把具有千百年深厚文化底蕴的老旧街区，仅仅定位成改造的对象，而是要强调旧城需要保护、需要有机更新的一面。在保护历史风貌的前提下，努力改善居民的基础设施，逐步提高生活质量和街区的环境质量，使其满足现代化生活的需求。对于不符合整体历史风貌的建筑要适当改造，恢复原貌。与此同时，注重社区生活和社会结构的延续，将生活在胡同院落里的居民也视为保护的重要部分，而不是简单地一走了之。

其次，要进一步完善老北京旧城更新的模式，实现可持续发展。在政府与市场主导的基础上，加入社区公共参与的力量。以往老旧街区的居民在城市改造过程中的参与程度极其有限，维护自身权益的胡同老居民往往以"钉子户"的负面形象出现。因此，为避免快速城市化进程中出现的城市文化危机，在老旧街区改造和更新过程中，积极调动街区居民参与社区共建和社区营造，保护历史街区传统文化的原真性和延续性，传承老北京文化和街区活力。

---

① 巩峥：《西城每年疏解人口 3000 户》，《北京日报》2014 年 1 月 9 日。
② 王世仁：《文化的叠韵——古迹保护十议》，天津古籍出版社，2004，第 135 页。
③ 王世仁：《文化的叠韵——古迹保护十议》，天津古籍出版社，2004，第 137 页。

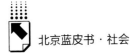
　　最后，发挥多元主体的作用，通过多方协作实现利益平衡。历史街区是长期发展起来的，其各个时代的建筑质量和风貌也参差不齐，加之后期居民自发的改建扩建，使得院落边界产权边界也混乱不清。随着人们对历史街区文化传统保护的日益关注，转变政府或企业单方面的投入，防止为平衡资金成本而导向的过度商业旅游开发，借助社会的力量推动历史文化街区可持续复兴。通过借助公益组织的资金援助和技术支持，发挥其第三方调解作用。最近，西城区推出旧城改造的"城南计划"，大量的建筑师、社会学者们开始介入基于社区与民生的老旧街区改造模式的探索。可通过让利益相关方都参与到老旧街区设计定位、规划编制和项目实施的讨论中，达成共识，形成合力，尽可能实现利益均衡，从而尽可能保持老北京的文化多样性和历史痕迹。

参考文献

方可：《当代北京旧城更新——调查·研究·探索》，中国建筑工业出版社，2000。

〔美〕爱德华·格莱泽：《城市的胜利》，刘润泉译，上海社会科学院出版社，2012。

〔美〕迈克尔·麦尔：《再会，老北京》，何雨珈译，上海译文出版社，2013。

B.20

农村社区治理研究

——以顺义区 L 村为例

曹婷婷*

摘　要： 为适应经济发展形势和民主建设需要，国家规划并逐步展开了农村社区建设，提出"工业反哺农业，城市支持农村"的战略思路，加大对农村的基础设施、基本公共服务、基本社会保障等各项投入，农村社区建设成为社会建设的重要课题。北京自"十一五"规划期间全面铺开新农村规划，农村工作不断取得重要进展。近年来，随着城市化进程的加快，城乡统筹发展面临新的局面和问题，如何因地制宜地选择农村社区治理模式，如何处理城市化和农村可持续发展关系，如何在尊重村落文化和村落发展规律的基础上发展农村社区、改善农民生活，成为新农村建设和城乡协调可持续发展的重要议题。本文将农村社区作为新农村建设的重要路径和抓手，结合基于顺义区 L 村的调查访谈，探讨农村基本条件与社区治理要素之间的关系，指出当前农村社区治理面临的主要困难，并从政府体制改革、社会参与、民主建设、文化建构等多理论角度提出对策建议。

关键词： 农村社区　公共服务　文化重建　顺义　北京

---

* 曹婷婷，博士，北京市社会科学院社会学所助理研究员，主要从事历史社会学和女性社会学研究。

2005 年 10 月，中共十六届五中全会做出"建设社会主义新农村"的决定，要求"生产发展、生活宽裕、乡风文明、村容整洁、管理民主"。2006年，在中央一号文件《国务院关于推进社会主义新农村建设的若干意见》的推动下，北京市的规划重点逐步转移到新农村规划中来，加大对农村基础设施、基本公共服务、基本社会保障的投入。"十一五"规划明确提出"统筹城乡发展，建设社会主义新农村"的任务，用城镇化、新农村建设双轮驱动推进城乡一体化发展，发展中心城、新城、小城镇、新型农村社区等四级城镇体系。从 2010 年起，全面启动城乡接合部 50 个重点村城市化工程；优化布局 42个重点小城镇，完善镇域规划体系，建立监测评价体系，设立 100 亿元规模的小城镇发展基金，一大批基础设施和公共服务设施项目相继实施；通过试点开展新型农村社区建设，探索郊区城镇化和新农村建设协同发展的新途径。2011年，市政府出台《关于开展新型农村社区试点建设的意见》，前后设置 48 个新型农村社区试点。2012 年，民政部推动"农村社区建设典型示范社区创建活动"，每个区县重点培育，全面铺开打造管理规范、服务完善、设施健全、特色鲜明的农村典型示范社区活动。

"十二五"期间，北京市农村建设取得重大成绩。全市制定实施了新农村"五项基础设施"建设规划和"三起来"建设规划（"5 + 3"工程），全面解决农村安全饮水、照明、粪污处理、交通等问题。截至 2013 年底，本市已累计投资近 300 亿元，完成了"5 + 3"工程全面建设。2014 年，市政府又出台《提升农村人居环境，推进美丽乡村建设实施意见（2014 ~ 2020 年）》，全面启动美丽乡村建设，决定在今后每年将以不低于 15% 的村庄比例，重点实施"减煤换煤"、农宅抗震节能改造等 9 项工程，提升全市新农村建设的质量和水平。①

2015 年作为"十三五"规划开局之年，农村发展面临新的发展和挑战。作为新农村建设的重要抓手，农村社区建设是关系到农村可持续发展的关键。

一 农村社区的概念与内涵

2006 年 10 月，党的十六届六中全会提出："全面开展城市社区建设，积

---

① 《北京城镇化与新农村建设双轮驱动——农村基础设施，五年投了 300 亿》，《京郊日报》2014 年 9 月 29 日。

极推进农村社区建设，健全新型社区管理和服务体制，把社区建设成为管理有序、服务完善、文明祥和的社会生活共同体。"①

党的十七大做出统筹城乡发展、推进社会主义新农村建设的重大决策，为农村社区建设提供了更广阔的前景。

十八大明确将城乡发展一体化作为解决"三农"问题的根本途径。

农村社区建设旨在构建新型的农村社会生活共同体，加快实现农业现代化、改善农民生活、缩小城乡差距，促进农村社区与整个社会的融合，是我国农村基层组织与管理方式的重要变革和创新。

目前，学界对农村社区的概念、内涵有不同理解和认识，比较有代表性的有以下几种：①农村社区是指以自然村或行政村为主的，包括乡镇管辖区域和村民小组范围的社会生活共同体。②农村社区指农村各级居民点，即乡政府所在地、乡辖集镇和不同规模的村庄。③农村社区分为乡镇和村两个层次。④农村社区是有广阔地域，居民聚集程度不高，以村或镇为活动中心，以从事农业活动为主的社会生活共同体。②⑤农村社区又称农村共同体，或乡村社区、村落社区，是社区的一种基本类型，是以农业生产为主要谋生手段，由一定的人群、一定的地域、一定的生产和生活设施、一定的管理机构和社区成员的认同感等要素构工程的区域社会共同体。③

随着近年来农村社区理论和实践的不断发展，农村社区主要作为一种基层治理主体，承担整合农村资源、推行社区化服务管理模式、提供均等化的公共服务、促进农村经济现代化转型、加强基层民主建设以及培育农村社会组织等职能。

二 农村社区的特征及治理要素——以 L 村为例

（一）农村社区的特征

1. 城市化进程中，农村规模及人口呈缩小态势

随着城市化的深入发展，北京农村耕地面积逐年萎缩，乡村人口占全市总

① 新华社：《中共中央关于构建社会主义和谐社会若干重大问题的决定》，2006 年 10 月 11 日中国共产党第十六届中央委员会第六次全体会议。
② 以上总结具体参见易国锋《农村社区建设问题的研究述评》，《理论与改革》2010 年第 3 期。
③ 张璇：《我国农村社区发展问题综述》，《安徽农业科学》2013 年第 6 期。

人口的比例不断下降。

据 2014 年公布的北京市第二次全国土地调查数据，截至 2009 年底，全市共有耕地 22.71 万公顷，比 1996 年第一次全国土地调查时净减少 11.68 万公顷，年均减少 8980.9 公顷。而根据此前北京市公布的到 2020 年末全市规划耕地保有量红线数据来看，截至 2009 年，北京的耕地面积距红线要求仅剩 1.25 万公顷。自 2010 年以来，虽然全市年均减少耕地面积得到明显控制，但耕地面积快速逼近红线的趋势未出现明显改变，耕地保护形势依然十分严峻。

乡镇建制进一步减少，2014 年，全市 18 个乡，112 个镇，比 2009 年底 182 个（40 个乡、142 个镇）减少近 30%。

人口方面，乡村人口数量上有微量增加，但比重呈逐年下降趋势。2010 年，全市常住人口中，居住在城镇的人口为 1685.9 万人，占常住人口的 86.0%；居住在乡村的人口为 275.3 万人，占常住人口的 14.0%[①]；到 2014 年末，全市常住人口为 2151.6 万人，其中，城镇人口为 1859 万人，占常住人口的比重为 86.4%，乡村人口为 292.6 万人，占常住人口的比重为 13.6%[②]。

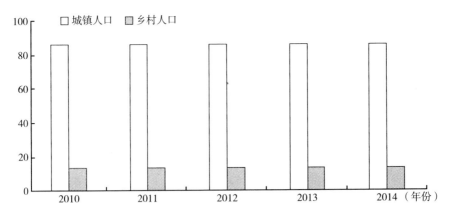

图 1　2010～2014 年北京城乡人口比重

北京统计信息网：《主要年份国民经济和社会发展结构指标》，《北京区域年鉴 2014》。

---

① 六普数据。
② 北京统计信息网：《全市 2014 年末常住人口》2015 年 1 月 22 日。

2. 空间区位偏远，交通不便利

农村社区大多地处偏远，北京还有相当一部分在山区，交通不便，出行成本较高，对于在城镇工作的人口吸引力不高。城镇化对原有乡村经济模式和社会网络的冲击较大，农村不再是单一而封闭的状况，多元而开放的格局逐渐成形，给社区治理带来新的机遇和挑战。

3. 人口结构性矛盾突出，劳动力缺乏

农村社区人口密度小、受教育程度低，青壮年人口大量流入城市，老龄化严重。人口老龄化导致抚养比不断提高，社会保障体系和公共服务体系压力加大，传统农业生产结构和家庭结构重组，生产、生活秩序改变，社会代际关系和谐受到挑战。同时，农村之间、城乡之间存在人口空间、产业分布不尽合理的状况，就业人口职业素质、技能缺乏，人口职业结构相对简单，同质性较强，劳动力结构性矛盾长期存在。

4. 集体经济发展不平衡，对自然资源依赖较为严重

经济结构较为单一，集体经济发展不平衡，受自然资源环境和村领导班子能力影响较大。产业结构调整进度不一，非农产业比重逐渐上升，但"吃瓦片"现象严重，自身经济建设能力不足。

5. 城乡二元结构问题明显，公共服务体系不健全

城乡收入和消费水平存在较大差异，社会福利待遇差距明显。据 2014 年统计局数据，农村人均纯收入 20226 元，人均生活消费支出 14529 元；城镇人均可支配收入 43910 元，人均消费性支出 28009 元。① 社会福利保障体系也存在不对等，北京大学 2013 年一项研究显示，就养老保险而言城乡存在高度分割：新型农村社会养老保险的养老金中位数为每年 720 元；城镇及其他居民养老保险的养老金中位数为每年 1200 元；企业职工基本养老保险金的中位数为每年 18000 元；政府或事业机构的养老金的中位数最高，为每年 24000 元，为新农合养老金中位数的 33 倍多。② 同时在医疗卫生、文化教育等民生服务方

---

① 北京统计信息网：《2014 年 1～12 月城镇居民收入情况》《2014 年 1～12 月城镇居民消费支出情况》《2014 年 1～12 月农村居民收入情况》《2014 年 1～12 月农村居民消费支出情况》2015 年 1 月 22 日。

② 北京大学国家发展研究院：《中国人口老龄化的挑战：中国健康与养老追踪调查全国基线报告》。

面，城乡也存在落差，城乡的长期对立和分离，使得农村行政服务体系和民生服务体系方面均相对落后，农民面临办事难、看病难、救助难、上学难等问题。

6. 居民地缘、血缘关系密切

居民之间血缘地缘关系密切，是一个熟人社会系统，家庭、宗族、习俗的力量虽然不断削弱，但在社区事务中依然占据重要地位。虽然农村社区成员"原子化"加剧，但农村家庭依然是农村组织的主要构成单位，担负着生产、消费、文化娱乐等功能，社区组织在其活动过程中也往往把家庭视作接受任务的单位。

（二）治理模式及治理要素

马克斯·韦伯认为，有效的统治建立在权威之上，权威包括法理权威、传统权威和魅力权威。① 就农村社区而言，这三种权威的综合作用表现得比城市社区更为明显。乡村政权组织、家族宗族体系的传统规则以及村领导的人品和能力均对村庄发展起着不可忽视的作用。

1. 政府部门

乡镇一级政府作为基层政权组织，对农村社区进行政策引导、资金扶持、提供公共服务和制度支持，代表法理权威。由于《村民委员会组织法》对乡镇与村庄的关系界定比较模糊，政府部门与农村自组织之间常常存在职能错位和权责不明晰的状况，自治组织作用的发挥与乡镇政府的职能安排和制度设置有密切关系。很多农村社区存在自治组织过于依附政府部门的状况。

2. 自组织：村民委员会

村民委员会作为农村自治组织，主要承担三种职能：一是经济功能，作为集体财产的管理者，管理村集体土地和财产，主要表现为组织、协调、管理生产经营活动，提供产前、产中、产后服务，分配集体收入等；二是政治功能，作为基层政府行政事务的受托者，实施一些行政行为，主要表现为贯彻执行党和政府的方针政策，维护村民的合法权益，推进村民自治和基层民主法制建设等作用；三是社会建设和文化功能，作为农村社区的管理者，负责农村社区管

---

① 〔德〕马克斯·韦伯：《经济与社会》上卷，林荣远译，商务印书馆，1997。

理和社会建设，主要表现为发展教育事业、组织开展文化娱乐和体育活动，改善社区环境、维护治安、调解民间纠纷、管理计划生育、发展社会保障和福利事业等公共事业和公益事业。

3. 在地精英

作为村庄领导者的村党委（支部）书记、村委会主任个人，其能力和魅力往往会直接影响农村社区的发展方向和发展程度。一个具有政治远见、经济头脑、奉献精神、良好群众基础的组织者、带头人，不仅能够准确把握农村社区的定位，制定适合的发展策略，而且具有强大的号召力和凝聚力，能有效协调社区与上级政府、社区与村民、社区与驻村企业以及村民之间、村落之间的关系，吸引和整合资源，带领该社区和谐发展。

4. 公司组织和社会组织

随着社区建设的深入，越来越多的公共服务部门和社会组织介入农村社区。比如吸取城市社区经验的物业公司作为社会企业参与社区治理，不少村集体与物业公司合作，管理垃圾处理等日常事务。

这些治理要素之间相互合作，形成农村社区治理多元主体。要素之间的不同链接模式构成了不同治理模式，而市场选择是治理要素相互链接中的重要关系。就政府和自组织之间的关系，农村社区治理大致有三种模式：管理式、合作式和自治式。管理式的社区治理模式强调政府的行政作用，社区治理主体是政府，政府与自组织之间的治理结构是上下级关系。合作式治理模式的特点是治理主体多元合作，社区治理结构从单一的垂直关系向网状结构发展。自治式治理模式更加强调民主自治和居民参与，治理的主体是居民和社区自治组织，政府起到引导、服务和监督的作用。

（三）以 L 村为例

本文以 L 村为例，在农村社区特征与治理要素之间建立联系，分析社区条件与相应社区模式之间的效益最大化。

L 村位于顺义区东北部，距北京城区 60 公里，距顺义城区 25 公里，距首都国际机场 35 公里，毗邻公路和旅游区。虽然区位偏远，但交通相对便利，有直达县城的班车。

村域面积 1196 亩，耕地面积 505 亩。全村 168 户，常住人口 450 人，流动人口 88 人。党员 25 名，村民代表 14 名。劳动力 210 人，其中从事一产的 30 人、二产的 80 人、三产的 100 人，村民就业率达 98%。全村集体收入从 2005 年的 90 万元上升到 2013 年的 590 万元，村人均年收入从 7023 元增至 14435 元。该村连续受到表彰，获得"首都文明村""首都绿色村庄""北京市先进村民委员会""北京市最美乡村"等荣誉称号，社区建设卓有成效。

该村社区治理模式是典型的合作治理模式，以村委会为核心，整合各治理要素为农村社区建设服务。

1. 镇政府开展"三级联创"活动，整合区域资源

镇政府为 L 村发展提供了良好的政策环境。该镇立足生态环境优势，以"发展高端产业，实现绿色就业"为目标，积极推动镇域各农村社区的合作与整合。发挥党的核心领导作用，推行党群"1 + 1"工作模式，在全镇建组分区，结合网格化管理划分村民小组，村"两委"干部任片长，包村领导为一级网格组长，在此基础上细化工作组责任；依托镇经管站的农村基层组织信息系统，建立村级基本信息；修订村规民约，加强村级自治基础。

公共服务方面，以模范带头、全面铺开的方式建立完善服务体系：推进环境建设，深化落实液化石油气下乡、平原造林任务、水环境治理（再生水厂设计、河道排污口治理、畜禽养殖场污水排放改造等）；开展安全宣传和培训；开展矛盾纠纷动态排查化解，坚持领导接访日、信访日报告和目标责任制，强化落实领导信访包案和党政一把手接待制度，分类协调解决信访问题；大力促进充分就业，完善全程办事代理规章制度和便民服务事项；健全社会保障体系，出资帮助群众参加新农合，升级医疗卫生、文化教育设施，落实困难救助政策（发放残疾人生活补助、改善低收入群体和优抚对象居住条件等）；改善基础设施，美化村容村貌；丰富基层文化生活，举办广场舞展演、百姓宣讲、十月金秋等系列文化活动，加强对传统村落保护和发展；鼓励发展社会组织，如巧嫂合作社等。

该镇政府职责明确，理顺与村自治组织关系，做好服务和管理工作，以制度化的设计形成联动体系，激发镇辖农村社区的自治活力。

2. 自治组织发扬基层民主、推行社区合作治理

L 村领导班子实行五委制，村党支部和村委会成员交叉任职，组成"党员 + 村民代表 + 村民"共建小组，分片管理，入户了解百姓问题和需求，定期召开

党群共建例会，实行 365 天值班制度，常设为民服务窗口，两委干部轮流坐班。

经济方面，主要依托便利的交通优势和地理优势，通过加强与外界的联系，整合村庄现有资源，积极招商引资，实现土地规模经营，扩大村民就业，增加集体收入。对于现有建设用地，村委积极招商引资，共引进 6 家工业企业。村民在获取企业缴纳的土地租金的同时还可以在企业上班。对于农业用地，村委根据自身实际情况，自主经营一部分，同时积极引进具有资质的农业企业承租经营。目前共引进两家农业公司，主要经营生态农产品的种植和销售，可提供 50 余个就业岗位。同时，整合集体土地、环境资源，结合生态种植项目，开发现代农业观光采摘和民俗旅游项目，筹备成立民俗旅游合作社，统一经营管理村内闲置房屋，开发特色民俗户。

社区管理方面，以民生服务为导向，整合政府、村集体、驻村企业和居民等多方资源，完成道路硬化、太阳能公共浴室建设等基础设施升级改造、完善社区配套设施、加强农村职业教育和培训、拓宽就业渠道、组建由村民组成的社会治安巡防队及治安岗亭，实施 24 小时值班制。L 镇老龄化严重，劳动人口大多向城镇转移，全村 70 岁以上 43 人，60 岁以上 96 人，占常住人口的31%，因此社区服务以老年人生活保障及丰富精神文化生活为特色，并将民生服务与经济建设相结合，打造慢生活文化产业主题街，引进燕京文化广场、为老年人提供免费服务的中医养生保健等项目。

3. 村委书记的能人作用

L 村村委书记为本村人，对本村情况熟悉，占据熟人社会的人际关系优势，拥有良好的群众基础。同时思路开阔，有经济眼光和协调各级关系的能力。在任期间，获得区政府、镇政府等大力资金支持和制度支持，能积极引进社会企业、获得企业资金投资用于社区基础建设和民生建设，深化共建互赢关系。在发展经济的同时，注重农村可持续发展，引入多家生态有机农业企业。在尊重农村习俗和保护环境的基础上开放社区治理平台，吸收企业、公益事业和组织及居民参与社区治理。

三　农村社区治理面临的主要问题

北京市自 2005 年开始全面推进新农村建设以来，农村社区获得了较快发

展，但与城市社区相比，其起步较晚、可借鉴经验不多，其间又涉及城乡统筹等深刻的社会变革问题，因此面临着一些困难和挑战。

1. 缺乏健全的农村社区发展相关法律法规、治理意识不足

农村问题虽然一直受到市政府重视，但关注点主要还停留在基本的物质改造升级，包括基础设施建设、社区服务站建设等，民生服务体系虽在有序展开，但覆盖面还不广。另外，对农村社区建设和治理理论认识不够，北京的社区建设工作重点主要还集中在城市社区建设和城中村改造，纯农村，尤其是远郊村庄的社区建设意识不强，缺乏健全的政策指导和法律法规。

2. 政府在社区治理中行政色彩过浓，社区自治程度不高

村委会作为农村自组织应该是农村社区治理的主体，但基层政府和自组织存在权责不明晰、职能交叉等情况，自组织承担了较多行政职能，过于依附基层政府，缺乏独立性和自主性，自身能力建设不足。

3. 农村社区建设资金短缺，集体经济缺乏活力

农村集体经济形态单一，多为纯农业或瓦片经济，收入有限，不仅城乡收入差距大，农村之间经济发展水平也不平衡。大多数村的财政无力大量投资公共设施的建设，缺乏农村社区建设和管理经费。相对于城市居民而言，由于社会保障体系的不对等，农村居民的养老、医疗保障也存在缺口。

4. 农村社区建设人力资源匮乏，后备力量不足

由于农村劳动人口的大量外流，农村常住人口以留守老人、妇女、儿童为主，留村发展的年轻人少，农村社区建设后备力量不足。

5. 居民参与社区治理的主动性和广泛性不够

农民思想比较保守，传统以邻里和家族关系为主的人际交往规范影响较深，居民政治生活兴趣不浓，参政意识比较淡薄。一般都是发生了事情就事论事，对社区制度建设缺乏了解，参与意识和能力不足。

6. 社会组织参与社区治理不足

社区的发展离不开社区社会组织的作用，尤其是政府职能转变以来，社会组织承担了更多的社会服务职能。但在农村社区，专业社会组织介入不够，群众自发的社会组织则多以文体组织为主，社会组织与农村社区民生服务未能很好地结合，作用发挥不足。

四 农村社区建设的对策建议

2011 年 2 月 19 日胡锦涛总书记在省部级主要领导干部社会管理及其创新专题研讨班开班式上的讲话中提出要"强化城乡社区自治和服务功能,健全新型社区管理和服务体制"。就农村社区而言,其自治组织同时承担经济职能和社区管理职能的特殊性,使得农村社会治理有别于城市社区治理的状况。

1. 因地制宜,选择适合的社区发展模式和路径

根据自然地理、人口及经济发展情况,北京农村地区大致分为三类,即近郊(朝阳、石景山、丰台和海淀)、平原地区(通州、顺义、昌平和大兴)和山区(门头沟、房山、平谷、怀柔、密云和延庆)。这三类地区之间存在着较大的差别。近郊地区农村地域小,人口稠密,经济较发达;平原地区农村人口较多,经济发展水平居中;山区农村地域广,人口少,经济欠发达。[①] 应该根据村庄已有条件和各治理要素发展水平选择合适的农村社区治理模式和发展路径。

2. 发展都市型农业,将农村社区治理与农村可持续发展相结合

以"土地流转起来、资产经营起来、农民组织起来"引领农村改革与发展,引导城市现代生产要素向农业农村流动[②],发展都市型经济,改善农民生活。借鉴城市社区发展经验,引进城市社区发展优势,建立农村社区资金管理、人才引进等制度政策。不能以牺牲资源与环境为代价发展农村经济,要在尊重农村生活方式、聚落形态、文化传统的基础上实现农村可持续发展,发展农村社区。城乡统筹不意味着城乡建设模式与生活方式的同一化,要结合农村特点选择新型农村社区治理方式。

3. 调整农村社区治理权力配置,构建多元主体合作治理体系

构建更有效、更开放的社区结构系统,理顺各治理要素的关系。政府侧重引导和监督;村委会通过制度建设加强自治能力,发挥治理核心作用;社会企业积极加入,实现社会建设与企业利益的互惠共利;社会组织突出合作和协

---

① 北京市财政局农业处:《大力支持北京市新农村建设》。
② 北京市第十四届人民代表大会第三次会议政府工作报告。

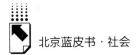

调；培育村民的参与意识和参与能力，增强村民主动性，发挥农村人际血缘和地缘优势，将"公众参与"纳入农村社区事务决策，推动基层民主建设。加大市场的作用，"探索各类社会资金参与农村社区建设的投融资模式，加快城乡投融资体制改革，综合运用税收、补助、参股、贴息、担保等优惠政策，广泛引导各类社会资金参与农村社区建设"。①

4. 以改善农民生活为导向，构建城乡一体的民生服务体系

农村社区治理的目的是实现农民安居乐业。要打破社会管理城乡二元结构，缩短城乡差距，一方面需要加大公共财政投入，加强公共基础设施建设，促进城乡公共服务一体化，满足农村社区治理的硬件要求；另一方面，要深化社会管理制度改革，创新社会管理方式，以需求为导向，探索社会福利保障体系的城乡对接、教育卫生事业的城乡共建等路径，构建城乡居民物质精神文化的美好家园。

参考文献

张璇：《我国农村社区发展问题综述》，《安徽农业科学》2013 年第 6 期。

易国锋：《农村社区建设问题的研究述评》，《理论与改革》2010 年第 3 期。

马克斯·韦伯：《经济与社会》，林荣远译，商务印书馆，1997。

---

① 张汉为、刘娥苹：《提升农村社区治理有效性的路径》，《上海党史与党建》2012 年第 12 期。

城市问题篇

Urban Questions

B.21
香港移民政策的变迁与启示

摘　要：　本文从移民入境政策、新移民的福利政策和两个因新移民身份产生的争端与政策调整等三个方面，对香港移民政策变迁进行了较为系统的梳理，指出我们不能仅看香港移民政策的特殊性，更重要的是要看到香港与发达国家和地区共有的比较完善的公共服务，以及因地制宜、有针对性地依法调整移民政策的制度安排。据此，提出了北京应该学习借鉴香港经验教训的五点启示与思考。

关键词：　香港　移民　政策变迁

---

* 冯晓英，北京市社会科学院社会学研究所研究员。本文为"北京市社会建设专项资金购买决策研究与信息咨询服务重点项目（编号 SHJS2002）"的阶段性成果。

当前全国层面的流动人口社会融入已经纳入制度化轨道。北京作为有着近千万流动人口的特大型城市，现阶段流动人口的社会融入很大程度上取决于人口政策的制定和执行。北京与香港有许多相似之处，两者都是具有移民性质的国际大都市，移民主要来自内地；都具有以第三产业为主的产业结构，移民大多从事服务业；移民的社会分层明显，社会结构比较复杂；都属于资源短缺型城市，具有较强的外部依赖性；同样面临着人口规模庞大产生的发展压力和人口老龄化严重的双重困扰。尽管北京与香港的社会制度不同，后者还有边境限制，但是透过香港移民政策的变迁，我们仍然能够清晰地看出社会发展的一般规律，而且无论是经验还是教训，都对北京下一步制定流动人口政策具有重要的借鉴意义。

一 香港移民政策变迁概述

香港是一个典型的移民城市。1841 年开埠时，本地居民只有 5650 人，而开埠 173 年后的 2014 年年中，香港人口已达 723.48 万人，其中约有 40% 是外来移民，并以内地移民占绝对比重，仅 1997 年 7 月至 2014 年 6 月的 17 年间，就有约 82.8 万名持单程证的内地居民移居香港①。由于香港人口主要以 1945 年由中国内地以及世界各地的华人移民及其后代构成，因此，谈香港移民的社会融入，首先就要了解香港的移民政策及其变迁。

香港特别行政区居民包括永久性居民和非永久性居民。依据《中华人民共和国香港特别行政区基本法》有关规定，非港出生的中国公民在港居住连续七年以上才能获得永久居留权，成为永久居民。因此，除了旅游访客之外，无论是通过单程证来港定居与家人团聚的合法移民，还是通过优秀人才入境计划、资本投资者入境计划、专业人士来港就业、受养人来港居留者，凡居港时间不满七年者都属于非永久性居民，即新移民范畴，香港称新来港人士。由于有出入境门槛和居港年限的限制，因此，香港的移民政策就分为两大类，一是移民入境政策；二是新移民的福利政策。

---

① 《人口政策公众参与活动 2013 - 10 - 14 至 2014 - 2 - 23 "人口政策咨询文件"》，http://www.hkpopulation.gov.hk/public_engagement/tc/doc.html；《2014 年年中人口数字》，2014 年 8 月 12 日，http://www.censtatd.gov.hk/press_release/。

（一）移民入境政策

香港开埠至 1949 年的百余年间，在正常情况下，内地与香港居民均可以自由出入边境关卡。1949 年新中国成立后，港英政府在"恐共"情绪下，开始实行边境管制，限制中国内地居民入境。对于港英政府这一无理限制，中国外交部向英国政府提出抗议，并于 1951 年 2 月开始实施《港澳侨胞返国人口办法》，规定港澳居民入境须申请通行证①。自此，两地居民自由出入的大门关闭，香港移民入境政策开始实施。

纵观新中国成立之后，香港移民入境政策的变迁，无不与内地和香港的政治经济发展环境变化密切相关。相对而言，早期的移民入境政策主要是防范内地居民偷渡香港和满足家庭团聚之需，后期的移民入境政策除了继续体现"家庭团聚"的政策目标之外，多与引进香港发展需要的人才有关。按照时间排序，香港的移民入境政策大体经历了"管制移民入境""满足家庭团聚""促进经济发展"三个阶段。

1. "管制移民入境"阶段

1974～1980 年，伴随着内地"偷渡潮"愈演愈烈，港英政府先后开始实施"抵垒政策"和"即捕即解政策"。

——抵垒政策（英语：Touch Base Policy）是港英政府对内地非法入境者的政策，于 1974 年 11 月实施，此后由内地偷渡到香港市区（界限街以南）即得到香港居民的身份。新中国成立之初国气兴旺，违反规定偷渡香港的人不多，反而香港返回内地的人数量更多。香港的偷渡潮始自 1950 年，每年平均有数万人偷渡来港，最后 200 万～250 万人成功越过边防线偷渡至香港市区②。抵垒政策规定，内地非法入境者若在偷渡到香港后能抵达市区，便可在香港居留，如果偷渡者在边境范围被执法人员截获，则会被遣返内地，其政策旨在既能纾缓当时需求殷切的劳动力市场，又可以减少非法入境者进入市区的机会，适当控制人口规模。然而"阻截"与"接纳"自相矛盾的入

---

① 周子峰：《图解香港史（远古至 1949 年）》，中华书局（香港）有限公司，2010，第 154 页。

② 《抵垒政策》，http://zh.wikipedia.org/wiki/。

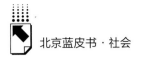

境政策非但没有控制住偷渡潮，反而诱发了一个地下行业"人蛇与蛇头"的诞生。

——"即捕即解政策"，即捕即解政策是港英政府为解决非法入境者问题而推行的措施。20世纪70～80年代，内地偷渡来港的非法入境者不断增加，1980年10月24日，港英政府宣布撤销由1974年开始实施的抵垒政策，在当日以前已来港的内地非法入境者，可在3日宽限期内，登记领取香港身份证，当日后抵港的偷渡者，则会被立刻遣返内地，雇用非法入境者构成刑事罪行。1997年7月1日香港回归祖国后，深港边境保留，即捕即解政策实行至今。

2. "满足家庭团聚"阶段

特指单程证制度，始自1950年并延续至今。它是为满足跨境家庭①团聚需要由中国政府依据配额颁发单程证，为内地居民移居香港提供的一项入境政策。单程证即《前往港澳通行证》，是内地公安部门发给有条件的申请人赴港澳地区定居的证件类型，持有人必须于指定日期前在指定口岸出境。单程证配额始于1950年，其初衷是港英政府为控制内地人移居香港，与中国政府达成协议，由中方自行限制单程证的签发数目，持有中国政府发出的通行证的内地公民才可在香港居留。自1980年抵垒政策停止后，单程证便成为内地居民移居香港的主要合法途径，其中配额数目及其组成类别数目分布曾因社会情况而有所变动，但政策目标与方针一直皆以家庭团聚为本。1997年，单程证又推出"打分制"，由内地确定审批准则，并按此审定申请人的资格及赴港次序。现行每日150个单程证配额，60个分配给持居权证的子女，30个给分隔两地10年或以上的配偶与随行子女，其余60个给其他类别的申请人，包括分隔两地少于10年的配偶与随行子女、内地无人抚养而需要来港投靠亲属的儿童、来港照顾年老无依父母的人士，以及在内地无人供养而需要来港投靠亲属的长者。2013年，有45031名内地居民通过单程通行证计划来港定居②。

---

① 跨境家庭意指香港人与内地人组合而成的家庭，而当中最少一人要经常或定期往返香港和内地。
② 《香港入境事务处2013年年报》，http://www.immd.gov.hk/publications/a_report_2013/sc/ch1/index.html#c2。

3. "促进经济发展"阶段

1997 年香港回归祖国后，特区政府开始关注香港人口政策，2002 年 9 月成立了人口政策专责小组，研究香港人口趋势和特征给本港带来的重大挑战等事宜。此后实施了包括"输入优秀人才计划""输入内地专业人才计划""输入内地人才计划""资本投资者入境计划""优秀人才入境计划""非本地毕业生留港/回港就业安排"等一系列包括引进内地人才在内的移民入境政策。香港回归至 2013 年底，包括"一般就业计划"在内，已有 46 万名各地优才及专才来港工作①。

表 1　香港特区政府实施的来港就业/投资相关政策 *

推行年份	计划名称	计划对象	计划目的
	一般就业政策**	海外专才	让本地雇主按其人力需求，聘请香港所需却又缺乏的具有特别技能、知识或经验，或能够对本港经济做出重大贡献的人士来港工作。
1999	输入优秀人才计划（已终止）	海外和内地的高技术人才	从内地和海外输入有杰出资历、技能或知识，而本港当前欠缺的人才，以提高特别是以科技为本、知识密集和高增值行业的竞争力。
2001	输入内地专业人才计划（已终止）	内地专才	输入从事资讯科技或金融服务业的内地专才，以应付本地企业及时的运作需要。计划不设名额，实际输入人数由市场需求决定。
2003	输入内地人才计划	内地人才/专才	吸引具有认可资历的内地优秀人才和专业人才来港工作，以满足本港的人力需求，提高香港在全球化市场的竞争力。
2003	资本投资者入境计划（已暂停）	投资移民	吸引把资金带来香港投资，但不会在港参与任何经营业务的资本投资者来港居留。投资者须把不少于 1000 万港币投资于股票、债券及存款证等获许投资资产。

---

① 新闻公报：《香港立法会四题：单程证制度》，2014 年 1 月 22 日，http://www. info. gov. hk/gia/general/201401/22/P201401220517. htm。

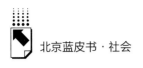

推行年份	计划名称	计划对象	计划目的
2006	优秀人才入境计划	海外和内地的高技术人才/优才	吸引新入境而不具有进入香港和在香港逗留权利的高技术人才或优才来港定居,借以提升香港在全球市场的竞争力。该计划采用计分制度,每年配额为1000个。
2008	非本地毕业生留港/回港就业安排	海外和内地人才/优才	配合发展香港成为区域教育枢纽,在港修读经本地评审全日制课程而获得学位或更高资历的非本地毕业生可于毕业后留港求职,最长一年。

注: * 香港社会服务联合会:《香港移民政策的演变》,《社联政策报》2014 年第 16 期。
** 该计划在香港回归祖国之前已经开始实施。

通过表 1 可以发现,来港就业/投资的相关政策处于不断调整之中,它既体现在对引进人才对象的扩大方面,也表现在提高投资移民的入境门槛和限制获许投资的项目,最终暂停推行"资本投资者入境计划"上。例如"输入内地专业人才计划"设立之初只限于吸纳资讯科技或金融服务人才,伴随着香港和内地经济的日趋融合,出于内地拥有庞大的人力资源,本地企业迫切需要吸纳内地各行各业人才的专业知识和经验,以拓展他们在内地的业务范围和规模的考虑,特区政府在 2003 年决定以重点吸引内地人才的"输入内地人才计划"替代原有的"输入内地专业人才计划";而原本以吸纳海外人才为目标的"输入优秀人才计划",因为同类的申请人已能通过一般就业计划来港工作,特区政府也在 2003 年以吸纳更多来自内地和海外人才来港就业的"优秀人才入境计划"和"非本地毕业生留港/回港就业安排"政策取而代之。自 2003年 7 月推出"输入内地人才计划"截至 2013 年底,已有 65143 名内地优秀人才和专业人才通过此计划获准来港工作。而自 2008 年 5 月推出"非本地毕业生留港/回港就业安排"计划截至 2013 年底,总计 30819 名非本地毕业生获准在港工作。相对而言,"优秀人才入境计划"的条件比较严格,又有配额限制,故人数较少,自 2006 年 6 月实施截至 2013 年底,共有 2724 名申请人获发配额。此外,自 1990 年 9 月起实施的一项允许居于海外的内地专业人才来港工作的政策,也吸引了许多有识之士,自 2000 年 11 月至 2013 年底,已有

4937 名居于海外的内地专业人才获准来港工作①。为了更加积极地引进外来人才和专才，2015 年 1 月 14 日发布的 2015 年香港特区政府施政报告，明确提出要推行试验计划，吸引已移居海外的中国籍香港永久性居民的第二代回港发展。同时放宽"一般就业政策""输入内地人才计划"及"优秀人才入境计划"下的逗留安排，其逗留模式将从 1 + 2 + 2 + 3 年（即首次获准在港逗留一年，其后每次的延长为两至三年）改为 2 + 3 + 3 年，减少一次逗留延期；而对于在港年收入超过 200 万港元的顶尖人才，逗留模式将为 2 + 6 年，其间申请人将不受其他逗留条件限制，可自由转换工作，以此鼓励人才及企业家来港及留港发展。同时"优秀人才入境计划"综合计分由 165 分调高至 195 分，对于毕业于国际公认知名学校的申请人，可额外获得 30 分；而具有两年以上国际工作经验可额外获得 15 分，以吸纳更多拥有优秀教育背景或国际工作经验的年轻人才来港发展。优化计划将于 2015 年第二季实施。其中"一般就业政策"和"输入内地人才计划"主要满足市场的短期技能需求，"优秀人才入境计划"将强化其吸纳人才以应对香港中长期经济发展的功能。此外，港府会研究制定一份人才清单，以便有效及聚焦吸引高素质人才，以配合香港经济朝向高增值及多元化发展②。而备受"富豪们"关注的"资本投资者入境计划"则经历了由实施初期 650 万港币投资门槛，可投资于包括房地产在内的获许投资资产类别；到 2010 年 10 月计划修订将投资门槛增至 1000 万港币，且将房地产投资项目剔除"资本投资者入境计划"之外；再到 2015 年 1 月 15 日暂停推行"资本投资者入境计划"。投资入境政策上的"三连跳"表明特区政府在权衡投资定居计划对香港的利弊之后，认为"香港现时不缺乏资金，投资移民不再成为重点罗致的对象，而是要吸引企业家促进香港企业发展"③。

（二）新移民的福利政策

香港社会福利制度主要包括社会保障及救济制度、社会服务制度、教育及

---

① 《香港入境事务处 2013 年年报》，http：//www. immd. gov. hk/tc/press/press – publications. html。

② 康殷、李洁琼、何伟楠：《港府放宽移民政策吸引人才 放宽批准逗留模式；提高优才总分，拟第二季启动》，《南方都市报》2015 年 1 月 16 日。

③ 康殷、李洁琼、何伟楠：《港府放宽移民政策吸引人才 放宽批准逗留模式；提高优才总分，拟第二季启动》，《南方都市报》2015 年 1 月 16 日。

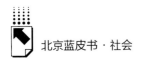

医疗保障制度、公房廉租制度。根据《香港特别行政区基本法》第三章第二十四条，香港特别行政区居民，简称香港居民，包括了永久性居民和非永久性居民。因此，香港非永久性居民也是香港居民。通过移民入境政策进入香港在未获得永久居留资格之前，新移民即非永久性居民与永久性居民在享用基本公共服务的资格方面的异同点如下所示①。

1. 公共房屋

香港公共房屋或称公营房屋，是香港特区政府经由政府机构或非营利机构为低收入市民而兴建的公共房屋。十八岁或以上的香港居民，如其入息和资产不超过规定的限额，便可申请公共房屋。在编配房屋时，申请住户至少半数家庭成员必须已居港七年或以上。十八岁以下的儿童，如父母其中一人已居港七年或以上，则不论该儿童在何处出生，就申请而言都会被视为已居港七年或以上。

2. 综合社会保障援助(综援)计划

综合社会保障援助计划是香港社会福利中的一项入息补助。作为经济上无法自给自足的香港市民的社会福利安全网，由香港社会福利署负责统筹。自2013年12月17日起，综援申请人必须取得香港居民身份不少于一年。在取得香港居民身份后，在香港总共居住满一年（即由取得香港居民身份至申请日前）。十八岁以下香港居民申请综援或伤残津贴，可获豁免任何须先在港居住的规定。在特殊情况下，社会福利署署长可考虑运用酌情权，向未符合居港规定的综援申请人发放援助。

3. 社会服务

香港的社会服务主要包括儿童与家庭服务、青少年服务、安老服务、康复护理服务、小区发展服务、违法者服务、推广义工服务等内容，符合资格与否一般视申请人的确实需要而定。就可享用的服务和享用资格而言，永久性居民与非永久性居民并无分别。

4. 公营医疗

香港的公营医疗是指由香港特区政府或公营机构（主要为医院管理局）为全体市民提供的全面、终身医护服务，以确保市民不会因为经济困难而无法获得适当的医疗服务。在医院管理局和卫生署提供的公共医疗服务方面，非永

---

① 维基百科，http://zh.wikipedia.org/wiki/香港居民。

久性居民享有与永久性居民同等待遇。香港市民只要持身份证，缴付低微的费用，便可获得政府医院和政府补助医院的医疗服务。

5. 公共教育

香港实行从小学至高中的十二年免费教育。政府通过在全港设立官立或津贴资助学校，为适龄学童提供免费六年制小学、免费三年制初中课程（中一至中三）及免费三年制高中课程（中四至中六）。一般而言，持有能证明有关居民身份的有效文件的所有香港居民，均有资格入读官立及资助类别学校，享有十二年免费普及教育。

通过上述福利政策我们可以发现，在事关基本民生服务方面，香港新移民享有与永久居民大致相同的权利，其中在公共医疗、公共教育和社会服务上完全一致；在申请综援上仅有一年的时间之差；而在申请公共住房方面，由于新移民到港源于家庭团聚，因此主要家庭成员中至少有 1 人是永久居民，如果是核心家庭，夫妻团聚时携带未满 18 岁的子女，只要符合申请公屋条件，就有资格等待编配。

当然，香港非永久居民不同于内地流动人口的概念。只有通过单程证或者依据特区政府制定的人才引进和就业政策的人士进入香港才能申领非永久居民身份证。而以旅游签证进入香港只能逗留 7 天的访客和以探亲身份在港临时居住 3 个月的家属因不能获得非永久居民身份，是无法享受香港居民的福利待遇的。

（三）两个因新移民身份产生的争端与政策调整

近年来，香港舆论"排斥"新移民的呼声渐高，其矛头主要指向两个群体：双非子女和申领综援的新移民，由此引发的争论最终影响了政府的决策。

1. "双非"孕妇零配额

"双非"孕妇是指夫妻双方均非香港永久性居民，其在香港所生子女称为"双非婴儿"。其争论焦点是双非婴儿潮的涌现对香港公共资源产生的影响。

"双非"现象始于香港回归祖国之后，按照当时的《入境条例》，双方均不是香港永久居民的夫妻所生子女不能获得居港权。《香港特别行政区基本法》关于"在香港特别行政区成立以前或以后在香港出生的中国公民"即是香港永久性居民的规定，以及 2001 年庄丰源案①确立了"双非"子女的居港权，标志着香港正式拉开了赴港生子落地入户的闸口。自 2001 年 7 月 20 日香港终审法院判决庄氏胜诉至 2012 年底的 11 年半时间里，在香港出生的"双非婴儿"约有 20 万名②，是香港回归至庄氏胜诉的 3 年半期间，1991 名在香港出生的中国公民（母亲是非法入境、持双程证或短暂逾期居留香港，父亲也仅是在香港临时居留或不是香港居民）③ 的 100 倍。针对双非问题已经对香港的妇产科服务、母婴服务和小学幼儿教育服务，造成一些现在或潜在的影响，2012 年 4 月 16 日候任行政长官梁振英宣布，2013 年私立医院接收双非孕妇产子的名额是零，并称不能保证 2014 年在港出生的双非子女，会有香港永久居民身份④。2013 年 10 月 24 日，行政长官梁振英重申双非零配额措施将继续⑤。"零双非"配额政策实施后效果明显，从 2013 年初至 2014 年 2 月底，仅有 172 名双非婴儿在香港出生⑥。

2. 综援申请居港年限的回归

香港"综合社会保障援助计划"始于 1993 年。其目的是以"现金资助"的形式，援助因年老、伤残、患病、失业、低收入或其他原因而引致经济上无法自给自足的人士，使他们能应付生活上的基本需要。2003 年底以前，综援计划的居港规定的时间为 1 年。2004 年 1 月特区政府根据人口政策建议，将申请综援只需居港 1 年的规定更改为需要 7 年，自此，"居港 7 年"被认作是"区分香港永久居民及新移民'铁打的标杆'，也是申请社会福利的一项重要准则"⑦。这种维持了近 10 年的政策局面却因孔允明⑧胜诉而被打破。香港社

---

① 庄丰源案是 2001 年在香港终审法院判决中国内地户籍居民在香港诞下的男童庄丰源的居港权的案件。详见有关词条。

② 集思港议，《人口政策咨询文件》，人口政策公众参与活动 2013.10.24～2014.2.23，http://www.hkpopulation.gov.hk/public_engagement/tc/doc.html。

③ 维基百科，庄丰源案终审法院判词，http://zh.wikipedia.org/wiki/庄丰源案。

④ 陈正怡、张声慧：《梁振英叫停双非配额》，《星岛日报》2012 年 4 月 17 日。

⑤ 香港电台：《梁振英：双非零配额政策将继续》2013 年 10 月 24 日。

⑥ 新华港澳，《零"双非"后香港又出生 172 名"双非"婴儿》，2014 年 4 月 1 日。

⑦ 获迪，《香港福利或向新移民放宽》，《北京晚报》2013 年 12 月 22 日。

⑧ 时年 64 岁的内地妇人孔允明，因不满"居港满 7 年才能申领综援"的政策规定，一纸诉状将港府告上法庭，在经历 5 年两次败诉之后，2013 年 12 月 17 日终于在香港终审法院获得胜诉。

会福利署表示尊重终审法院在 2013 年 12 月 17 日就综合社会保障援助计划的居港规定司法复核案件的裁决，并已按裁决把综援计划的居港规定恢复至 2004 年 1 月 1 日以前的"居港一年的规定"①，即将综援受益人身份从香港永久居民扩大至居住满 1 年的、以定居原因来港的香港居民，即单程证持有者。十八岁以下人士则一如以往继续获豁免于综援计划的居港规定，并将居港一年的时间要求由"已连续居港至少一年"放宽至居港一年的日数无须连续或紧接在申请日前。截至 2014 年 9 月 30 日，居港少于七年的综援受助人数为 18439 人，占全港综援总受助人数 384305 人的约 4.8%。至于新的政策规定对财政的影响，香港社会福利署表示终审法院裁决至今未满一年，社署需要更长时间观察涉及居港少于七年人士的综援申请数目及批核情况，方能比较准确估计裁决对综援开支的影响②。

二　启示与思考

移民的社会融入既是一个理论问题，更是一个实践问题。如何妥善处理移民问题已经成为全球化下每个国家和地区都共同面对的挑战，香港也不例外。通过对香港移民政策变迁的梳理，我们看到的不仅是表面化的香港移民政策的独特性，例如因为历史和政治原因，移民入境需要审批，以及以家庭团聚为特征的移民群体构成内地移民的主体等，更重要的是我们看到了与发达国家和地区共有的比较完善的公共服务，以及因地制宜、有针对性地依法调整移民政策的制度安排。其中有几点值得北京借鉴。

（一）准确判断人口变动趋势，统筹解决人口难题

目前香港和北京同样面临着人口规模过大与资源环境承载能力不足的矛盾。但是比较而言，香港的老龄化程度要比北京严重得多。2011 年香港 65 岁及以上长者占总人口的 13.3%；而 2010 年全国第六次人口普查时北京 65 岁及以上人口约占常住人口的 8.7%。虽然看起来香港的边境限制对人口规模扩大

---

① 《立法会五题：居港少于七年人士的综援申请》，2014 年 12 月 9 日。
② 《立法会五题：居港少于七年人士的综援申请》，2014 年 12 月 9 日。

的遏制有着相对于北京的优势，但是从移民群体的结构上看又显不足，毕竟北京的流动人口以有竞争能力的青壮年劳动力为主。面对香港人口老化很快、退休人数将会比加入劳动市场的年轻人多、抚养比增加以及本地出生率仍会停留在低水平的四大挑战，特区政府做出了来港移民对推动香港发展日趋重要，需要实施入境开放性政策的基本判断。依据当前香港经济社会发展需要，在将加大引进人才作为近期移民政策支持重点的同时，针对社会广泛关注的几大问题，特区政府明确表示：一是不会为香港的人口设上限；二是单程证计划应予以保留；三是在"零配额政策"落实前在港出生的 20 万名"双非"婴儿并非解决人口挑战的办法①，并着手从五个方面应对人口挑战，包括吸引更多劳动人口；改善教育及培训，减少技术错配，提升劳动人口素质；以更积极进取的政策，吸引更多海外和内地人才来港，并在不损害香港工人利益下，考虑更有效的输入劳工机制；讨论消除生儿育女障碍的措施，以及特区政府和社会如何支持家庭照顾儿童；促进老年人市场发展，善用长者群组资源②等。可见，香港确立移民政策时，不是单一地考虑人口规模和结构，而是将着眼点放在如何使人口可持续地配合及推动香港作为亚洲国际都会的社会经济发展，创设共融及有凝聚力的社会上，特别是在解决问题的具体途径上是清晰、具体和具有可操作性的。比较而言，北京虽然面临着更大的人口规模调控压力，但是在强调通过产业结构调整疏解人口规模的同时，对本地人口面临的老龄化、生活服务需求不足、就业结构错位以及"啃老族"等问题的解决却缺乏必要的考虑和措施，特别是对家庭团聚型流动人口的"排斥"态度对社会和谐稳定有一定的负面影响，在社会上形成了人口管理就是管理流动人口的思维定式。"十二五"规划中关于构建适应首都发展的人口格局的规定，也是仅从合理调控人口规模、改进流动人口服务管理和引导人口合理布局的角度考虑，作为人口发展战略显然思路还偏狭窄。事实上，全员人口管理本身就包括户籍人口的管理，而且从移民社会融入的角度出发，户籍人口对流动人口的接纳态度更为重要。因此，我们应该借鉴香港经验，全方位地考察、研究北京实有人口的现状和发展需求，

① 政务司司长林郑月娥：《人口政策——集思"港"益》，2013 年 10 月 25 日，http：//www.news.gov.hk/tc/record/html/2013/10/20131025_ 111958.shtml。

② 《香港政府人口政策咨询　五大方向应对人口老化》，人民网，2013 年 10 月 25 日。

知己知彼，做到既要借助外力，更要练好内功，在改善流动人口服务管理的同时，在完善北京户籍人口结构和服务管理上下功夫，要从战略着眼，战术着手，结合"十三五"规划的制定，提出一套既符合首都特色，又有高度社会凝聚力，有助于促进户籍人口和流动人口和谐发展的具体、有操作价值的人口配套政策。

（二）与时俱进、依法调整移民政策

通过香港移民政策的变迁，我们不难发现，香港移民政策的特点是"保留，变化和回调"，不仅与时俱进，而且依法行事。如果说，人才引进是当今世界各国都在跟进的移民政策潮流，香港的做法也不过是遵循社会发展规律的话，那么，保留"单程证计划"，暂停投资移民政策，回归新移民申领综援居港一年的规定，则都显得很有香港特色。如前所述，香港移民中家庭团聚型移民比重很高，虽然相对于"人才"而言，这个群体无论从文化程度和就业竞争力方面都偏弱，特别是少数新移民因生活困难申请综援，成为部分市民的"攻击"对象，即便如此，特区政府不仅以家庭团聚为本坚持保留"单程证计划"，同时也尊重终审法院就综合社会保障援助计划的居港规定由2004年后的7年恢复为1年的司法复核案件的裁决，无不显示出香港移民政策的"人文关怀"，而且无论是坚持、变化和调整，梳理起来都是头绪清楚，具有法律依据。值得一提的是，特区政府不仅考虑如何创造条件为新移民融入社会提供制度保障，而且还在积极配合公安部计划推出"返回机制"①，让不适应在港生活的新移民及"双非学童"可以选择放弃香港身份证，重新申请内地户籍，这也不失为是一种积极寻求解决问题的途径。这些做法都很值得北京学习借鉴。反思北京自1995年以来的20年间出台了许多关于流动人口服务管理的办法和法规，其中部分法规废止后，由于缺少新的法规支撑，有些管理办法停留在字面上难以落实，有些政策则时过境迁或执行走样，而重要的居住证制度却一年推一年，迟迟不能出台。如此政策局面怎能实现首都人口发展的新格局？为此，建议以"十三五"规划为契机，重新梳理北京已有的人口政策，厘清不同政策之间的关系，为出台人口配套政策打好基础。

---

① 杨伟民：《香港新移民将可重获内地户籍　公安部欲推返回机制》，《环球时报》2015年1月13日。

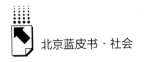

（三）政策督导与公众参与并进

政策督导与公众参与是香港的一大特色。鉴于人口政策涉及诸多政策范畴，需要根据最新的人口推算不时检讨人口相关措施，特区政府行政长官于2007年10月决定成立人口政策督导委员会，由政务司司长出任主席，监察和协调人口政策的工作，核心成员包括财政司司长、教育局局长、保安局局长、食物及卫生局局长、民政事务局局长、劳工及福利局局长、财经事务及库务局局长，以及相关部门的首长级人员。为了确保政府在商议香港人口政策时可受惠于相关领域的专业人士及专家的意见，2012年11月7日重设后的人口政策督导委员会增设了11名来自学术界、人力资源管理界、商界、社会服务界、医护界及教育界的非官方委员。督导委员会的一项重要任务是发表人口咨询文件，收集各界意见，以协助政府制订有效措施。2013年10月24日人口政策督导委员会发表了长达2.6万字的人口政策咨询文件，从香港面临的人口挑战入手，分五个章节，就释放现有人口的潜力、提升本地培育人才的质素、以新来源补充现有人口及劳动力、营造有利环境让市民成家立业及生儿育女、迎接高龄化社会带来的机遇等角度征询全社会的意见，进行民意调查。文件以大量数据做基础，既报告现状阐明难题，也设有明确的征询意见，其内容之丰富让参与者一目了然。为期四个月的公众参与活动，通过公众论坛、公众咨询平台、焦点小组及活动、以组织或机构的信笺递交的书面意见书、没有使用组织或机构的信笺递交的书面意见书、媒体、签名运动/请愿信、意见调查、电话热线、网上表格和网络及社交媒体等11种途径，收到了超过2000份意见书，2014年7月经政府委托香港大学社会科学研究中心完成了"人口政策公众参与活动的独立分析及汇报"，其内容成为2015年特区政府施政报告中关于人口政策的重要依据。比较而言，北京的人口政策虽然受到社会的广泛关注，但是征询意见的渠道却比较狭窄，除了人大、政协和研究机构之外，像香港这样全社会公开征询意见的情况基本没有。我们经常埋怨公众参与不足，却缺乏像香港那样为公众参与提供的有效的平台，而且也缺少一个类似香港人口政策督导委员会这样的制度安排，使得人口政策咨询不能长效化、制度化，容易陷入就事论事或者无所适从的政策困境。

（四）改善公共服务，提高公共福利水平

香港具有较高的福利水准，这也是移民趋之若鹜的重要原因之一。虽然高福利水平也会面临财政上的压力，但是如何平衡社会公正与财政压力的关系是对政府执政能力的挑战。从特区政府的移民政策调整看，香港不是回避而是积极回应。而北京的居住证制度之所以迟迟不能出台，与难以把握流动人口福利政策密切相关。实践证明，问题会越拖越难解决，提高流动人口公共福利水平则是既定原则，而北京的财力和流动人口的财政贡献又有目共睹。因此，我们可以借鉴香港经验，一是用数据说话；二是借助社会力量，寻求解决方案；三是做好财力平衡。

（五）解决人口发展困境需要源头治理

香港贫困人口中有 11 万新移民[①]，约占全港贫困人口的 10%。作为一个国际知名的繁华都市，香港有着亚洲悬殊的贫富差距，基尼系数高达 0.53，已经明显超过了 0.4 的国际警戒线。当前香港贫困人口产生的主要原因，一是随着香港与内地交流日益频繁，内地低廉的人力和土地成本吸引了香港本地工业的北移；二是香港完善的金融制度、投资环境以及物美价廉的商品吸引了大量内地资金来港投资置业和购物；三是香港本地经济结构向金融、房地产和旅游行业倾斜，劳动技能偏低的人员难以找到合适的工作。于是在香港节节攀升的地价、房价和物价面前，近百万人口成了贫困群体。而减少贫困人口，提高全民生活水平不仅对社会稳定有重要意义，而且对移民政策的实施也有重要影响。因此，从移民政策角度说，合理的产业结构配置无论对于解决新移民困难，还是吸引人才都至关重要，在这个方面，目前北京所做的经济结构调整是一种明智的选择。

---

① 田蕊：《香港贫困人口达 100 多万 官员称不与福利政策挂钩》，《法治周末》2013 年 10 月 9 日。

B.22
首都"外籍人居民化管理"模式初探

晋 军*

摘　要： 随着全球化进程的加快，首都外籍人口规模急剧扩大，种类不断增加，外籍人的服务和管理工作进入了一个全新的阶段。朝阳区针对外籍人服管工作进行了有益的探索，初步形成了外籍人居民化管理的经验，实现了从"部门分治"到"属地共治"的机制转变，从"单线管理"到"复线管理"的手段转变，以及从"外籍人员"到"外籍居民"的观念转变。

关键词： 流动人口　外籍居民　管理与服务　北京

为了建设中国特色的世界城市，服务日益扩大的中外交流，朝阳区针对传统管理方式存在的不足，在外籍人服务和管理工作中进行了有益的探索，初步形成了"外籍人居民化管理"的朝阳经验，可以概括为"三个转变、三个实现"：即从"部门分治"到"属地共治"的机制转变，实现外管部门之间的有效联动；从"单线管理"到"复线管理"的手段转变，实现服务与管理的有机结合；从"外籍人员"到"外籍居民"的观念转变，实现国际化社区的建设目标。

及时总结、发展和完善朝阳区外籍人服务管理的创新经验，将会进一步促进朝阳区国际化社区的发展，推动北京市世界城市的建设。

---

* 晋军，社会学博士，清华大学社会学系副教授，研究领域包括转型社会学和环境社会学。本研究获得了北京市朝阳区流动人口管理办公室的大力支持和协助。

一　外管工作的趋势与挑战

进入 21 世纪以来，我国的外管工作呈现出两个突出特点：一是国际交流日益密切，核心城市和重点地区正式开启"国际化"阶段；二是涉外问题不断增加，出现诸多治安隐患，甚至连续发生涉外群体性事件。这两个特点，给外管工作提出了新的任务和挑战。

（一）我国外管工作的新趋势

改革开放之前，我国外籍人员每年出入境约 20 万人次，1985 年颁布实施《外国人入境出境法》后，外籍人员每年出入境人数上升至 160 万人。进入21 世纪以来，在华外籍人员数量出现井喷，以年均 10% 的速度飞快递增[1]。2011 年外籍人员出入境共计 5412 万人次，已接近同期英国总人口，和改革开放前相比更是增加 270 余倍[2]。在北京、上海、广州等核心涉外城市，外籍人员大量聚集，其国籍、年龄、职业、收入、生活习惯、宗教信仰、来华目的和居住方式等方面，日益呈现出多元化趋势，部分地区甚至已经自发形成边界明显、特色突出、功能多样的外籍人聚居区，真正进入了实质性的国际化阶段[3]。

国际化进程不断深化的同时，我国涉外问题在不断增加，波及面也在不断扩大，不仅各类涉外案件的数量持续上升，甚至还出现了群体性涉外事件[4]。比较突出的案例，包括 2009 年 7 月在广州发生的外籍人员围攻矿泉街派出所的群体性事件[5]，以及 2012 年 6 月广州再次发生的非洲人暴力群体性事件[6]。这两起群体性涉外事件都引起中央政府的高度关注，也引发了国内外媒体的广

[1]　向党：《外国人入出境管理改革发展六十年评析》，《公安研究》2010 年第 3 期。
[2]　《公安部负责人就出境入境管理法答问（全文）》，中国新闻网，2012 年 6 月 30 日，http://www.chinanews.com/fz/2012/06-30/3998582.shtml。
[3]　吴建设、王全淳：《加强首都外国人聚居管理工作的思考与对策》，《北京人民警察学院学报》2004 年第 3 期。
[4]　林洪浩等：《外国人应纳入派出所日常管理》，《广州日报》2006 年 3 月 26 日。
[5]　王阿方、张玉光、李喆：《"入境热"，我们准备好了吗？》，《人民公安》2010 年第 6 期。
[6]　郑雷：《非洲人混在广州》，《齐鲁晚报》2012 年 7 月 16 日。

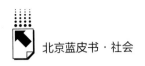

泛报道，标志着涉外问题已经对我国境内的社会治安与和谐稳定提出了全新的挑战。

（二）传统管理方式的新问题

面对外管工作的新任务和新挑战，我国传统的管理方式相对滞后，在维护社会稳定、加强社会管理、完善社会服务的工作中，出现了"多头管理、情况不明、服务缺位"等新情况。传统管理方式中存在的问题，可归纳为"部门联动不足"和"服务管理脱节"这两个方面。

部门联动不足，主要表现在目前我国尚无专职化的外籍人员服务和管理机构，各个涉外部门之间缺乏有效的联动机制，尚未真正形成工作中的管理合力。在现有的制度架构中，外籍人管理以公安部和外交部为主，以商务、工商、旅游、教育、民政、劳动和社保等部门为辅。由于缺乏部门之间制度化的联动机制，各部门的信息存在重复收集、分散使用的情况，难以实现及时汇总和充分共享。部门联动不足，既可能由于手续繁杂、多有重复而加重外籍人的负担，甚至造成外籍人对外管工作的误解和躲避，也可能增加信息收集成本、降低信息使用效率，甚至出现外管工作的空白和死角。

服务管理脱节，体现在服务和管理工作存在"两张皮"现象，各自的工作节点缺乏呼应与配合，未能有效形成服务管理的全覆盖。例如，在外管工作的传统模式中，"以证管人"极为重要，入境、居住、工作等"三证"成为掌握外籍人轨迹的核心手段。然而，"以证管人"也存在管理节点过少的不足，"三证"之外，再无掌握轨迹、管理活动的抓手。外籍人一旦完成登记，无论更换住址，还是变换工作，管理机构都无法及时掌握相应信息。服务工作的节点，如属地政府和居委会组织的社区活动和公益参与，可以有效填补管理工作节点的空白，但目前尚缺乏服务和管理相互配合的制度化渠道。外管工作中服务和管理的相对脱节，导致完善服务和加强管理的各种努力，尚未形成相互促进、相互推动的正向叠加效应。

（三）朝阳外管创新的新挑战

如果说北京是我国中外交流的中心，朝阳就是北京中外交流的中心。朝阳区做好外籍人服务管理工作的创新，对于北京和全国的外管工作都具有重要意义。

21世纪以来,朝阳区的对外交流出现爆炸式增长,外籍人群也呈现出新的趋势。第一,在住外籍人数量庞大,占全市外籍人总量的四成,散居外籍人数量则接近全市总量的六成。第二,外籍人类型多样,来自170个国家和地区,涵盖外交、商务、求学、务工、就业、旅游等多种类型,成分相当复杂。第三,外籍人已出现集中居住的趋势,近三成居住在望京、东湖、麦子店等几个街道,初步形成了特色鲜明、功能较全的聚居区①。第四,涉外案件逐年上升,2012年接报涉外案件3600余起,超过全市涉外案件总量的2/3。第五,境外社团组织数量增多,宗教活动日益活跃。这些中外交流的新趋势,给朝阳的外管工作提出了巨大的挑战。

同时,北京市也对朝阳区的外管工作进行了新的定位。为了建设中国特色的世界城市,北京市明确提出"加强国际化社区建设,创新外籍人服务管理"的工作安排②,将朝阳区确定为建设世界城市的试验区,承载着北京市"国际交往、经济联系、对外服务"等功能定位,设立了"新四区"的阶段性建设目标,对朝阳区的外籍人服务管理工作提出了新的任务和要求。

二 朝阳经验的创新和效果

面对外管工作的新形式和新任务,朝阳区政府鼓励各个街道因地制宜,逐渐摸索出一套以"三个转变、三个实现"为核心的"外籍人居民化管理"朝阳经验,初步解决了传统管理方式中存在的"部门联动不足、服务管理脱节"的核心问题。

(一)从"部门分治"到"属地共治"的机制转变

在新形势下做好外籍人服务管理工作的关键,是把工作平台前置进社区,让社区成为外管工作的第一线,给外籍人管理工作找到一个扎实的落脚点和可

---

① 宛霞、郭静:《北京望京三分之一为韩国人　社区引入涉韩管理》,《竞报》2005年10月8日。

② 刘琪:《北京市第十一次党代会报告》,《北京日报》2012年7月5日。

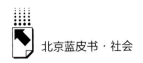

靠的着力点，属地流管办也就成为外籍人服务管理的综合平台。

朝阳区外籍人员分布广、流动性大、成分复杂，对服务和管理都提出了较高要求。为了解决现有制度可能造成的管理空白，朝阳区流管办和各街道，通过建站点、联信息，初步构建了一个方便实践、整合资源的属地共治管理网络，在管理机制上基本实现了从外管部门独自管理的"部门分治"向属地政府领导、多方共同参与的"属地共治"的转变。

首先，研发民用外籍人信息管理系统，实现信息实时共享。望京街道自主研发了民用"外籍人住宿登记管理系统"与"出入境管理系统"，实现了开发内容、采集项目与市局"出入境管理信息系统"数据模块的全面对接，该系统属国内首创。辖区派出所前台民警可随时查看服务站录入数据，并与分局"重点国家人员信息库系统"数据进行比对，方便了第一时间掌握辖区入住外籍人员特别是重点国家外籍人员情况。民用外籍人信息管理系统的开发和使用，实现了信息由公安机关单一管理向警民结合的复线管理的转变，既扩大了管理的覆盖面，也提高了信息的准确性，有效避免了管理空白的出现，初步实现了一体化管理网络内的信息共享。

其次，建立专业化外籍协管员队伍，实现一支队伍、多方共用。为了进一步做好外管工作，朝阳区流管办于2010年组建了一支成员均为大学毕业、具备一定口语能力的专业化外籍人协管员队伍。第一批外籍人协管员一共50人，经过出入境相关法律法规的业务培训后，分别派驻望京、麦子店、双井等12个街道，专门从事外籍人服务管理方面的工作。两年多的实践中，这支外籍人协管员队伍成功进行了四个方面的工作：第一，在社区警务站协助民警或在外籍人服务站独立进行外籍人员的暂住登记，既提供了更便捷的服务，也提高了登记管理的效率；第二，向外籍人提供法律法规和生活信息的咨询服务，并且细致了解外籍人员的切身需求；第三，发挥语言优势，协助其他部门进行摸排和临检等涉外工作；第四，主动与外籍人员沟通交流，选择背景清楚、情况稳定、热心公益的外籍人员，逐步发展成外籍志愿者，进一步推动中外交流与社区融合。

通过一体化信息网络和专业化协管队伍的建设，在实际涉外工作中，跨越不同部门之间的边界，实现外籍人信息（在公安、流管办、外事之间）的共享和协管员队伍（在暂住登记、咨询服务、社区活动等方面）的共用，在此基础上推动外籍人管理的全面覆盖和实时同步。

（二）从"单线管理"到"复线管理"的手段转变

在全球化的背景下，经济社会生活日益复杂，外籍人服务与管理压力不断增大，这是各个国家都普遍存在的一个共同趋势。如何更及时有效地收集外籍人员的相关信息，掌握外籍人员的行动轨迹，始终是各个国家外籍人管理的核心问题。在外籍人服务和管理创新中，朝阳区逐渐意识到，面对日益增长的外籍人管理压力时，单纯强调管理只能事倍功半，而通过改善服务来强化管理，则可能收到事半功倍的良好效果。

朝阳区流管办建立外籍人服务站点体系，实现社区嵌入式管理。望京街道依照外籍人员的居住分布和地理位置特点，在望京园、大西洋等两个社区分别设立外籍人服务站，对接辖区两个派出所，将外籍人的管理工作由公安派出所延伸至属地政府社区服务站，服务范围辐射到 15 个社区，为两万多外籍人员提供"暂住登记"和生活、留学、法律、旅游咨询等多方位服务。服务站的设立，实现了外籍人服务由粗放式向精细化的转变，较好地解决了由于文化和习俗的不同，部分外籍人员希望尽量避免与警察直接互动，从而影响暂住登记的效果等问题。调查发现，近半数的外籍人员在外籍人服务站完成暂住登记。建站的前 8 个月，共办理暂住登记 8153 人次，累计办理外籍人员吃、住、行等日常服务类咨询 12665 件，极大方便了望京地区外籍人员的日常生活。在此基础上，望京街道还设立了街道层面的外籍人服务中心，麦子店街道也在筹备街道侧面的外籍人服务大厅，进一步整合资源，做好涉外服务管理工作。

外籍人管理服务站点，布点广泛，服务全面，较好解决了外籍人员因语言不通、地理不熟而面临的诸多困难，同时也进一步强化了管理工作。一方面，嵌入社区的服务站点，可以有效地强化和补充"以证管人"，通过进入社区、便利服务，提高和改善暂住证的时效性和覆盖面。另一方面，服务站点还可以通过提供服务和组织活动，更多了解外籍人的日常信息和活动轨迹，从而将"服务节点"成功地转化为"管理节点"，为分层管控工作打下了坚实的基础，进而初步实现从"单线管理"向"复线管理"的转变。

（三）从"外籍人员"到"外籍居民"的观念转变

外管工作中曾经存在这样一个观念误区，认为只要外籍人员达到一定比

例，就可以建成国际化社区。国际经验表明，建设国际社区和世界城市的关键，不是增加外籍人的数量和种类，而是实现外籍人员向外籍居民的成功转化。国际化社区的一个建设目标，就是让外籍人员也和中国居民一样，可以获得细致、全面的公共服务，能够参与丰富多样的社区活动，从而在中国找到"家的感觉"，真正形成社区归属感和凝聚力。将"外籍人员"变成"外籍居民"，也是外管工作朝阳经验的一个突出特点。

首先，通过多种方式，积极提供涉外信息服务。外籍人员入境后，往往面临"语言不通、地理不熟、信息不畅"等困难，急需法律法规和生活信息方面的信息服务。朝阳区各街道在实际工作中，通过信息终端、宣传手册、网上论坛、电话热线、社区报纸、路牌标识等多种方式，积极为外籍人员提供两个方面的信息服务：一是各种涉外法律法规以及所属区域社会管理规定，例如护照更换、暂住登记、宠物饲养等；二是各种生活信息，例如住宿、饮食、交通、旅游、购物、医疗等，极大方便了外籍人员在华的生活和工作。

其次，开展多种活动，大力推动涉外社区参与。朝阳区各街道根据具体情况，开展一系列丰富多彩的文化活动，加强中外居民沟通交流和相互理解。这些活动主要包括汉语学习、节日庆典、公益活动等文化交流形式。汉语学习方面，多个街道分别设置针对外籍人员的语言培训项目，提高学员的汉语沟通能力，加深学员对中国文化的了解和认识。节日庆典方面，麦子店街道成功举办七届"中外居民过大年"，受到外籍居民的广泛欢迎，中外居民累计参与2000余人次。公益活动方面，望京街道开展"望京中外居民友好植树日"等活动，建立望京公益联盟，宣传公益理念。这些社区活动促进了中外融合，激励了外籍居民参与国际化社区建设的热情。

朝阳经验表明，将长期居住的外籍人员变成外籍居民，意味着他们不再是散浮在社会的个体，而是植根于社区的成员，他们与基层组织和本地居民的持续互动，也可以转化为服务和管理的双重节点，从而大大提高外管工作的效率。

可以说，外籍人居民化管理的朝阳经验，已经初步解决了我国目前外管工作中存在的"部门联动不足"和"服务管理脱节"问题。一方面，通过创建一体化的管理网络和专业化的服务队伍，初步解决了传统管理方式中的部门联动不足。外籍人服务站和外籍人服务中心的设立，将过去多个部门和机构共同进行的管理内容，纳入一个专业化的统一网络中，解决了过去政出多门、信息不畅等诸多问题，构成了外籍人管理进一步走向一体化、专业化和制度化的一个重要尝试。

另一方面，通过强调服务和管理的有机结合，实现以服务促管理，初步解决了传统管理方式中的服务管理脱节。通过建设一支专业化、高素质的外籍人协管员队伍，了解外籍人员的实际需求，提供内容丰富的公共服务，淡化了外籍人暂住登记的治安色彩，减轻了外籍人员进行登记的顾虑，深化了外籍人员对中华文明的了解，促进了中外居民的交流，增加了服务管理的双重节点，从而有效提高了暂住登记的覆盖率和准确率，真正实现了通过完善服务来强化管理的目的。

三 朝阳经验的发展与完善

为了更好地完成建立"新四区"的阶段性任务、实现承载北京市"国际交往、经济联系、对外服务"等功能定位，朝阳区的外管工作在"三个转变、三个实现"的基础上，可以进一步通过"五化一体"，发展和完善"外籍人居民化管理"经验，即通过"理念国际化"，实施"信息一体化""管理社区化""队伍专业化"和"服务精细化"，逐渐形成党委政府领导、职能部门牵头、相关部门联动、社会各方参与的一体化服务管理体系，切实推进外籍人的居民化管理。

（一）实现外籍人居民化管理的观念转变

实现外籍人的居民化管理，首要需要吸收和利用国际化的管理理念。建设世界城市和国际化社区，成为全球化体系中的一个重要关节点，就不可避免地要与已有的国际惯例实现一定限度的对接。建设世界城市不可能完全重起炉灶，这就要求我们主动学习和消化国际上那些适合我国国情、可以为我所用的经验和做法，积极摸索出一套既有足够的自主性又有一定开放性的外籍人服务管理方式。

在全球化进程的推动下，国际交流日益频繁，为了应对外籍人口的管理要求，发达国家先后成立了管理和服务外籍人口的专职机构，或称之为移民归化局，或称为外国人事务局，都可以独立负责外籍人员的入境申请、过关检查、居住登记、工作和学习许可等各种事务，管理和服务中体现出较强的一体化、系统化、专业化和民事化特征。这些移民局或外事局，一般都具有"一体化的管理机构"、"服务化的管理手段"以及"融合化的管理目标"等三个核心特点：一体化的管理机构，可以做到外籍人相关信息的及时收集和随时共享；服务化的管理手段，既可以提高管理的效率和效度，也可以改善各种外籍人相关的公共服务；融合化的管理目标，则通过各种努力，促使外籍人员可以更好更快地融入本地社区，进而从根本上化解外籍人管理中"内外有别"的核心困境。

由于历史原因，目前我国还没有成立移民局这样独立的外籍人管理和服务机构，也尚未明确提出外籍人管理的机构一体化、手段服务化、目标融合化的理念。然而，在实际工作中，朝阳区流管办和外籍人较为集中的街道，已经做出的管理和服务方面的成功创新，其努力方向与国际上管理和服务外籍人的先进理念和经验已经相当接近，进行了以我为主对接国际惯例的有益尝试。在现有管理制度的基础上，进一步提高外籍人管理机构的专业化和一体化程度，可以实现三个积极效果：首先，可以真正做到信息及时、充分共享，实现更好的管理效果，从而更好地维护国家安全和社会稳定；其次，可以更好地完善服务的内容和形式，从源头上预防和化解涉外矛盾和纠纷；最后，还可以最大程度地降低外籍人首次入境时，在文化、习俗等方面的各种不适应，减少不必要的误解，最终有效推动中外居民的交流与融合。

可以说，形成和完善"外籍人居民化管理"的朝阳经验，推动国际化社区建设，首先应当坚持"理念国际化"的转变，即积极探索外籍人服务管理的客观规律，以我为主贴近和吸收国际做法，改变只重治安的传统形象，提高管理监控的实际成效，从而确保建设国际化社区时可以步步为营、从容不迫。

（二）完善外籍人居民化管理的具体路径

1. 信息一体化，进一步实现信息共享、管理同步

外籍人服务管理工作的一个关键环节，在于信息的准确收集和有效使用。为了进一步做好外籍人信息的收集工作，可以考虑试用"外籍人服务一卡通"，逐步将暂住登记、房屋租赁、语言学习、社区活动等涉外服务都纳入一

卡通，在全区形成"一人一卡、一卡通用"的外籍人服务管理新方式。"一卡通"包含外籍人的基础信息、服务信息、管理信息，既可以方便为外籍人员提供各种服务，也可以记录外籍人员所有的活动信息。"一卡通"的信息收集方式更加日常化和后台化，可以在做好信息收集的同时，有效减少和避免外籍人员对管理工作不必要的误解和抵触情绪。此外，为了进一步做好信息的有效使用，建议在条件许可的前提下，通过积极稳妥的平台和软件建设，逐步在全区范围内实现各相关部门的信息互通与对接协同，从而形成一个以属地管理为基础的信息一体化平台，真正做到外籍人服务管理工作的信息共享和管理同步。

2. 管理社区化，进一步完善嵌入式管理机制

管理社区化，即通过外籍人服务中心和服务站点的建设，将服务和管理工作推进到社区，缩短与外籍人的距离，增加与外籍人的互动，从而实现"以服务促进管理，以管理指导服务"的双重目标。下一步工作可以考虑三步走：一是进一步完善现有的两个外籍人社区服务站，加快建设两个外籍人街道服务中心和大厅，使之成为向外籍居民提供优质服务的窗口、进行外籍居民更好管理的平台；二是在符合条件的其他社区，逐步成立外籍居民社区服务站，积极扩大站点数量和覆盖范围，把更好的服务带进更多的社区，从而推动服务和管理的相互促进和有机结合，并通过更好的服务和更多的活动，进一步推动外籍人员向外籍居民的转化；三是在外籍居民达到一定规模的街道，积极稳妥地成立街道层面的外籍人服务中心，进一步整合管理手段，扩大服务内容，在更高层次上推动国际化社区的建设，更好完成朝阳区承担的建设世界城市试验区的任务。

3. 队伍专业化，进一步发展外籍人协管员队伍

专业化的外籍协管员队伍，既是朝阳经验的一大亮点，也是进一步完善和发展朝阳经验的一个重点。专业化队伍建设可以考虑从"稳定队伍"和"扩大规模"两个方面入手。稳定队伍方面，由于种种客观原因，外籍人协管员队伍存在一定的流失现象。外籍人协管员的客观条件要求相对较高，但工资福利待遇又相对较低，在劳动力市场缺乏足够的竞争力，导致外籍人协管员队伍难以组建、易于流失。往往只有本地居民，因为不存在住房压力，才能够接受目前的薪资待遇。即便如此，也出现过本地协管员陆续离职的现象。外籍人协管员队伍出现的不稳定，可能制约工作的延续，增加培训的成本，从而影响外

管工作的效果。扩大规模方面，第一批外籍人协管员队伍只有五十人，分布在十二个街道，虽然工作效果很好，但是服务范围依然有限。可以考虑继续组建新的外籍人协管员队伍，陆续派驻到全区符合条件的街道。为了稳定队伍、扩大规模，建议尽快建立健全外籍人协管员队伍的支持机制，积极稳妥地增加协管员数量，提高工资福利待遇，进一步规范培训上岗制度，发展成一支全区覆盖、稳定高效的外籍人协管员队伍。

4. 服务精细化，进一步提供量身定做的服务

目前在京外籍人群体在职业、收入、教育、年龄等方面已经出现了较为明显的分化，不同群体对公共服务需求同样也出现了显著的分化。服务精细化，就是要针对不同的外籍人群体，进一步细化和区分服务的形式与内容，分别提供更加适合特定群体的服务。朝阳经验的完善和发展，在服务精细化方面可以分两个阶段来努力：第一阶段，通过问卷调查和访谈座谈等方式，对外籍居民的整体情况进行一次基础调查，摸清其群体特征、空间分布以及社会需求，找出外籍居民的主要类型及其基本需求；第二阶段，针对不同的外籍居民群体，设计相应的服务平台和服务方式，为其提供量身定做的公共和社区服务。

（三）完善外籍人居民化管理的保障机制

外籍人居民化管理的制度和队伍建设是一项综合性的重大工程，需要稳定有力的保障机制。朝阳区政府和各个街道在外管工作创新方面，已经进行了相当力度的投入，取得了显著的效益，形成了可贵的经验。然而，现有的这些外管创新工作中的投入，大都以项目形式进行，目前还未形成长效性的财政保障机制。应当承认，这些项目形式的投入，对于外籍人居民化管理的朝阳经验来说，可谓功莫大焉。但从制度建设的角度来看，项目形式的资金投入又存在较大的局限，既难以保证外籍人居民化管理创新工作的持续和完善，也难以实现外籍人居民化管理成功经验的发展和推广。

朝阳区位于北京对外交流的关键节点，也位于我国对外交流的关键节点。做好朝阳区的外管工作，不仅对于朝阳区的长治久安相当重要，对于北京市和全中国的长治久安也相当重要。因此，可以考虑积极稳妥地建立外籍人居民化管理创新工作的长效保障机制，从而切实推动国际化社区的发展，并为北京市建设成为世界城市做出积极贡献。

北京住房需求调研报告

——以科技企业青年人才群体住房需求为例

廖扬丽 *

摘　要：　如何充分发挥科技和人才优势，大力推进中关村建设全球影响力科技创新中心是北京市当前需要破解的重要难题。如何吸引、留住、用好科技人才队伍，解决其住房问题，意义重大。本文以海淀区科技企业青年人才住房情况为主要研究对象，通过调查问卷、走访座谈等方式，深入分析青年人才住房现状、需求及存在的问题，为有效破解青年人才住房难问题提出切实可行的措施和建议。

关键词：　科技企业　青年人才　住房　北京

如何充分发挥科技和人才优势，大力推进中关村建设全球影响力科技创新中心是北京市当前需要破解的重要难题。如何吸引、留住、用好科技人才队伍，下大力气解决其住房问题，意义重大。海淀区作为中关村国家自主创新示范区的核心区，一直承担着先行先试的职责。近几年，海淀区在解决科技企业人才住房问题上，积极试点新的公租房政策，努力探索多渠道、多途径、多方式建设公租房的模式和办法，千方百计解决科技企业青年人才的住房问题，取得一定成效。2013 年 8 月初，课题组对海淀区科技企业青年人才住房需求开展调查问卷、走访座谈，深入了解、分析科技青年人才住房现状、需求及存在的问题，为进一步有效破解科技青年人才住房难问题提出切实可行的措施和建议。

---

* 廖扬丽，中共北京市海淀区委党校副教授。

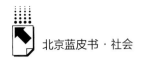

一 海淀区开展科技企业青年人才公租房工作情况

为贯彻国务院关于建设中关村国家自主创新示范区的批复精神，落实国家和北京市中长期人才发展规划，加快建设中关村人才特区，培养和聚集优秀创新人才特别是产业领军人才，多渠道满足人才的住房需求，2010年12月，市委组织部、市发改委、市财政局、市国土局、市规划委、市住建委、中关村管委会联合制定《关于中关村国家自主创新示范区人才公共租赁住房建设的若干意见》，并提出未来3年内全市筹集不少于10000套人才公租房的目标。

海淀区作为中关村国家自主创新示范区的核心区，积极响应北京市政府号召，加快建设中关村人才特区，于2011年1月颁布了《中关村科技园区海淀园企业人才租赁住房管理暂行办法》（海园发〔2011〕3号）。海淀区作为科技大区和人才大区，勇担重担，主动提出未来3年内筹集5000套人才公租房建设目标，占全市任务的50%。

根据海园发〔2011〕3号的主要精神，海淀园管委会负责征集企业需求、会同海淀区房管局制定人才公租房配租方案、专项补贴资金的申请与发放等工作。海淀区房管局负责筹集房源、组织签订房屋租赁合同、收缴房屋租金、使用监督管理及房屋的维修养护等工作。

2011年以来，海淀园、海淀区房管局开展了卓有成效的工作。2011年，共筹集房源815套，房源项目为北坞嘉园315套、苏家坨C02项目500套。海淀园管委会和海淀区房管局先后启动了两期人才公租房配租工作。第一期房源410套配租给27家以中关村"十百千工程"为代表的大型企业和52家以"瞪羚计划"为代表的高速发展的中小企业。第二期房源总数为405套，配租给33家重点企业和重点引进项目单位。2012年，共筹集房源4400套，其中，北坞嘉园项目83套、苏家坨C02项目96套、苏家坨C03项目621套、环保园项目1900套、唐家岭项目840套、八家项目860套。海淀园管委会会同海淀区房管局进行周密部署，结合房源供给计划，按照人才租赁住房配租原则，制订了2012年配租方案，重点支持海淀区重点企业、北部购房购地企业和工商联推荐的科技型中小企业，共为171家企业配租人才公租房。2013年计划新增房源1200套，至此，海淀区筹集的人才公租房源超额完成了2011年订下的占全市 50% 的目标。目前，配租范围与工作思路正在制定中（2011～2013 年房源筹集情况详见表 1）。

表 1　2011～2013 年海淀区公租房源筹集情况

年份	项目名称	套数
2011	北坞嘉园项目	315
	苏家坨 C02 项目	500
2012	北坞嘉园项目	83
	苏家坨 C02 项目	96
	苏家坨 C03 项目	621
	环保园项目	1900
	唐家岭项目	840
	八家项目	860
2013	八家项目等	1200
合计		6415

注：根据海淀园产业规划处 2013 年 9 月提供的相关资料制表。

在配租过程中，海淀园严格按照以下标准对企业人才租赁住房进行把握，即申请企业须满足以下条件：一是申请企业在海淀区办理工商注册和税务登记；二是申请企业为中关村"十百千工程"重点培育企业、海淀区重点创新型企业、海淀区重点企业或承担北京市重大科技成果转化和产业统筹支持项目的企业以及入选"千人计划""海聚工程""高聚工程"人才所在企业；三是申请企业承租海淀园企业人才租赁住房人数最多为 100 人；四是申请企业未在自有用地中配套建设职工宿舍等住房。

根据对北京千方科技集团有限公司、广联达软件股份有限公司、北京百慕航材高科技股份有限公司、北京中电兴发科技有限公司、安泰科技股份有限公司等 5 家公司开展座谈会，无论是刚参加工作的新员工，还是公司高管以及公司负责公租房配租工作的主管，均表示海淀区开展此项暖心工程，对于解决企业核心队伍、较低收入的新员工住房困难，稳定人心大有裨益。

二　海淀区科技企业青年人才住房现状分析

此次海淀区科技企业青年人才住房需求调研，充分发挥全区 60 个社区青

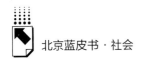

年汇的积极作用,深入33个企业发放、回收660份调查问卷,并深入5家企业召开近70人参加的5个座谈会。调查问卷统计分析以及座谈会梳理情况如下。

(一)调查对象的基本情况

为确保调查结果真实有效、有代表性,此次调查问卷覆盖33家科技企业。其中,23家为海淀园已配租公租房的企业,主要分布在中关村、上地、学院路、海淀等街道以及环保园、永丰基地;10家为小微企业,主要分布在中关村东升科技园。

被调查者中,35岁以下青年占据主体地位,未婚青年以及外省市户籍青年居多。20~25岁占30%,26~30岁占38%,31~35岁占24%,36~40岁占8%;未婚、无男/女朋友占30.50%,未婚、有男/女朋友占23.84%,已婚占45.20%,离异占0.46%;99.76%的青年人才无孩子。被调查者中,北京市海淀区户籍占23%,北京市其他区县户籍占16%,外省市户籍占61%。具体情况详见表2。

表2 被调查青年年龄、婚育及户籍状况

调查项目	调查内容及所占比例(%)			
年龄分布	20~25岁(30)	26~30岁(38)	31~35岁(24)	36~40岁(8)
交友及婚姻状况	未婚、无男/女朋友(30.50)	未婚、有男/女朋友(23.84)	已婚(45.20)	离异(0.46)
生育状况	无孩子(99.76)	有孩子(0.24)		
户籍状况	北京市海淀区户籍(23)	北京市其他区县户籍(16)	外省市户籍(61)	

被调查者学历层次较高,基层员工占多数,整体收入不高。本科以上学历占71.23%;基层员工超过2/3,占76%,中层主管占14%;基于职业现状,被调查者的个人月收入总体并不高,2001~5000元占66%,5001~7000元占18%;家庭月收入在4000元以下占15%,4001~8000元占28%,8001~10000元占25%,10001~15000元占16%。具体数据详见表3。

表 3 被调查青年学历、职业及收入情况

调查项目	调查内容及所占比例(%)				
学历构成	博士 (0.47)	硕士 (16.02)	本科 (54.74)	大专 (20.84)	高中、中专、 中技、职高 (7.93)	
职业状况	基层员工 (76)	中层主管 (14)	高层主管(2)	业务骨干 (8)		
个人月收入 状况(元)	2000 以下 (4)	2001~3500 (35)	3501~5000 (31)	5001~7000 (18)	7001~10000 (6)	10001~15000 (5)
家庭月收入 状况(元)	4000 以下 (15)	4001~8000 (28)	8001~10000 (25)	10001~15000 (16)	15001~20000 (10)	2 万以上 (6)

（二）面临较大房租压力，多次变换租住地

被调查者中，认为承担目前的房租有些压力、压力很大的占 66%，24% 认为可以承受，仅有 10% 认为没压力。实际上，在"每月住房平均花费"这一开放式问题中，在 494 位回答的被调查者中，每月住房平均花费是 1800 元，这与上述 76% 被调查者为基层员工、个人月收入 2001~5000 元占 66% 的相关调查结果是互为印证的。同时，根据座谈会的情况，大多数员工月收入的 1/3 用于租房。且基于房租的持续上涨，被调查者较为频繁地变换租住地。被调查者来京至今，没有变换租住地点的仅占 25.27%，1 次占 20.90%，2~4 次占 41.5%，5 次及以上占 12.32%。具体数据详见表 4。

表 4 被调查青年房租压力及变换租住地情况

调查项目	调查内容及所占比例(%)				
房租压力	没压力 (10)	可以承受 (24)	有些压力 (36)	压力很大 (30)		
变换租住地	0 次 (25.27)	1 次 (20.90)	2 次 (18.10)	3 次 (15.91)	4 次 (7.49)	5 次及以上 (12.32)

（三）居住面积较小，通勤时间较长

被调查者中，平房合租、独租占 15%，楼房内单元房独租占 25%，楼房

内单元房合租22%，自己买房的仅占20%。在个人独立使用面积中，10m² 以下占18%，11~20m² 占30%，21~30m² 占20%，仅有32%的被调查者居住面积超过北京市平均住房面积。被调查者居住地点到工作地点的路程在半小时以内的占30%，半小时到一小时占33%，一小时到一个半小时占27%，通勤时间较长。具体数据详见表5。

表5　被调查青年居住及通勤情况

调查项目	调查内容及所占比例（%）					
居住情况	平房合租、独租(15)	楼房内单元房独租(25)	楼房内单元房合租(22)	住在亲戚朋友家(5)	自己买的房(20)	集体宿舍(9)
居住面积（m²）	10 以下(18)	11~20(30)	21~30(20)	31~40(11)	41~50(8)	50 以(13)
通勤时间	半小时以内(30)	半小时到一小时(33)	一小时到一个半小时(27)	一个半小时以上(10)		

（四）居住环境较差，生活和交通不够便利

在被调查者中，有租住永丰屯农民自建房的，房间质量不高，村子环境脏乱差，且治安环境不好，交通不够便利，通勤方式为步行或骑自行车，但由于租金便宜（每月租金大约500元），很多一线职工选择居住在此。在座谈中，有员工呼吁永丰屯晚拆两年，周边已找不到同一价位的租房。

（五）人才公租房建设及配套设施有待完善，整体性价比不高

在目前已入住人才公租房的被调查者中，主要意见集中在以下方面。

1. 建设质量、物业管理水平有待提高

调研发现，对公租房项目建设质量、物业管理水平均有不同程度的反映。北坞嘉园项目房屋装修质量尚可接受，但也存在不同程度的质量问题，如地板翘起、卫生间漏水等状况。苏家坨公租房户型结构设计不够合理，房屋建设、装修质量较差，房间隔音差，地面、洗手间瓷砖裂缝。环保园项目屋内设施质量较差，2013年4月入住以来，床、喷头、马桶等经常出现问题，热水器使用有噪声（一旦楼里有一户人家使用，整栋楼都会有较大噪声），楼梯灯经常

坏，门禁一直未安装，存在安全隐患。一些问题如马桶维修等，向物业公司反映多次，依然得不到解决，给日常生活带来极大不便，服务态度差，维修不及时，收费较高，服务水平还有待提升。

2. 各项配套设施不够完善，生活、出行不便

各公租房项目均存在公共配套设施、商业配套较差问题，给青年人才的生活、出行带来诸多不便。以环保园公租房项目为例，只有 1 个小超市，不仅商品种类少，且一些商品价格比市区超市价格高出 30% ~ 50%，周边无饭店、菜市场，午饭可在公司解决，但晚饭只能自行解决，买菜需乘六七站公交。虽然有 1 个幼儿园已开园，但费用较高。在 3 公里外有 1 个小诊所，无娱乐、健身设施，晚上无法活动。小区基础设施有欠缺，路灯还未完全配置到位。公交线路极少，发车间隔较长，交通非常不便。虽然开通从公租房项目到地铁西二旗站、西苑站的通勤班车，有的线路早、晚高峰各 3 趟车，但相对于需求来说，车次还是太少。

3. 人才公租房政策的优越性、差异性较差，整体性价比不高

以苏家坨项目一居室的费用为例，公租房租金 28.5 元/平方米月，一居室面积 30 ~ 40 平方米，还须缴纳物业费、燃气费、水电费、中水费、有线电视费、暖气费、上网费等费用，上网宽带 1800 元/年，且为电信独家垄断。所有费用加起来每月 1500 元左右，比周边房子的租金还高，尤其是刚参加工作、收入较低的新员工，对价格非常敏感，难以接受，且目前对于所有不同收入群体实行统一的补贴政策，公租房政策的优越性和差异性较差，整体性价比不高。

4. 人才公租房位置较偏远，数量难以满足科技企业的需求

一方面，海淀区目前筹集的大部分人才公租房项目位于北五环、六环外的北部地区，位置较为偏远，各项配套设施远未到位，一些公司申请到的公租房配租批次与办公地点难以一致，难以实现就近入住，有一些员工因距离选择放弃公租房。另一方面，海淀区通过多种渠道筹集 6000 多套公租房，目前入住的仅有 2000 多套，还有一部分公租房没有落实到位，经审核入围的 171 家科技企业对公租房的需求量较大，仅华为公司的需求量就达 2000 套。此外，海淀区科技企业数量众多，公租房配租的覆盖面较少，广大中小微科技企业的需求也应引起关注。

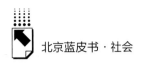

（六）总体居住满意度不高

根据被调查者对房租、居住地与工作地距离、房内设施、小区环境、周边服务设施、交通便利程度六项内容的评价，住房满意度按 5～1 顺序下降，总体满意度评价结果超过 3 的仅有房租和周边服务设施，居住地与工作地距离、房内设施、小区环境、交通便利程度均在 3 以下，其中，满意度最低的为居住地与工作地距离，出于租金的考虑，大部分被调查者不得不选择距离较远的居住地。具体情况详见表6。

表6　被调查青年住房满意度情况

单位：%

序号	评价项目	评价选项					总体满意度评价结果
		满意(5)	比较满意(4)	一般(3)	不太满意(2)	非常不满意(1)	
1	房租	11.88	9.57	33.33	25	19.86	3.31
2	居住地与工作地距离	19.05	22	30.87	17.24	10.84	2.79
3	房内设施	11	24.3	40.56	15.6	8.54	2.86
4	小区环境	13.63	25.62	35.96	16.09	8.7	2.81
5	周边服务设施	10.34	21.67	34.98	21.84	11.17	3.02
6	交通便利程度	14.45	26.6	31.2	17.24	10.51	2.83

注：住房满意度按5～1顺序下降。

三　海淀区科技企业青年人才住房需求分析

在对调查问卷数据进行纵向分析和横向分析的同时，开展交叉分析，并汇总、分析座谈会上近70名青年和各公司公租房配租主管的意见，形成如下住房需求结论。

1. 希望以收入、在京工作年限、纳税为基本条件，适当放开，合理配置公租房

在问卷中发现，不少科技企业青年人才并不了解公租房政策。非常了解、较了解北京市现行的保障性住房政策的仅占13%，52%的被调查者表示不了

解。由于当前公租房资源有限，这一政策无法覆盖所有人群。在"如果政策允许，可以申请公租房，您认为申请公租房的资格应该注重哪些方面"这一问题中，被调查者认为排在前三名的分别是收入（24%）、在京工作年限（22%）和纳税证明（18%），婚姻状况和所在企业推荐分别排在第四、第五位。同时，在被问及"对未来3年内的住房预期"时，45%的被调查者期待保障性住房政策放开，18%期待自己购房。具体情况详见表7。

表7 被调查青年对公租房的认知及居住预期

调查项目	调查内容及所占比例							
申请公租房应具备的资格	在京工作年限（22%）	收入（24%）	纳税证明（18%）	职位（5%）	所在企业推荐（7%）	所在企业规模（5%）	个人工作绩效（5%）	婚姻状况（13%）
对北京市保障性住房政策的了解程度	非常了解（3%）		较了解（10%）		一般了解（35%）		不了解（52%）	
对未来3年内的住房预期	自己购房（18%）		自己租房（15%）		期待保障性住房政策放开（45%）		未想过（15%）	回家乡发展（4%）

2. 高度关注公租房价格，希望保持较高补贴和较稳定的租金水平，能够使用公积金缴纳公租房房租

在"对于公租房，您比较关注哪些方面?"这一问题中，被调查者认为排在前三名的分别是价格（22.72%）、地理位置（19.95%）和交通状况（19.65%），配套设施和面积分别排在第四、第五名。虽然这一问题的问卷结果中，价格（22.72%）以较小优势排在第一名，但在座谈中，绝大部分与会者均提出应降低公租房价格，且提出了希望能够使用公积金缴纳公租房房租。此外，在"您认为公租房的租金水平应该低于市场租金水平比例"这一问题中，51%的被调查者认为公租房的租金水平应该低于市场租金30%以上，22%的被调查者认为应在21%～30%，16%的被调查者认为应在11%～20%，仅11%的被调查者认为应低于10%以下，也印证了被调查者高度关注公租房房租，且应保持稳定的租金水平，从而体现政府的补贴力度和公租房的政策优势。具体情况详见表8。

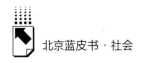

表8　被调查青年对公租房的配套设施及房租预期

调查项目	调查内容及所占比例(%)						
对公租房重点关注的要素	面积 (12.32)	价格 (22.72)	地理位置 (19.95)	户型结构 (5.88)	交通状况 (19.65)	配套设施 (13.04)	小区环境 (6.27)
公租房周边配备的基础设施	交通(22)	超市(22)	医院(18)	教育机构 (12)	餐饮店 (10)	银行 (8)	娱乐 场所 (2)	运动 场所 (4)
公租房内应配套的设施	热水器 (18.16)	厨房 (17.96)	独立卫生间 (16.31)	宽带 (16.23)	家具 (13.58)	空调 (11.09)	有线电视 (6.35)
公租房低于市场房租的比例	10%以下 (11)	11%~20% (16)	21%~30% (22)	30%以上 (51)			
公租房的租住时间	1年(3)	1~2年 (15)	2~3年 (27)	3年以上 (55)			

3. 希望完善公租房相关配套设施，提高宜居程度

在"您最希望公租房周边配备哪些基础设施"这一问题中，被调查者将交通、超市（同为22%）并列排在第一名，第三、第四、第五名分别为医院（18%）、教育机构（12%）、餐饮店（10%）。在"您希望公租房内配套哪些设施"这一问题中，排在前三名的分别是热水器（18.16%）、厨房（17.96%）、独立卫生间（16.31%），排在第四、第五名的分别是宽带和家具。在座谈中，不少员工提出，政府能否开通摆渡车、通勤车或者增加班车，以解决公租房位置偏远的问题。引入更多市场力量，增加上网的选择权，而非只是电信一家提供宽带服务，建设手机基站，提高信号的覆盖能力和覆盖范围。具体情况详见表8。

4. 希望适当延长公租房租住时间，保持政策的稳定性

在被问及"您希望公租房的租住时间"这一问题时，55%的被调查者认为是3年以上，27%认为是2~3年（具体见表8）。在座谈中发现，北坞嘉园项目已入住的8套公租房中，有2户接到物业通知，房主违约不愿续租，要求2013年10月停租，并以此阻挠该户员工安装电视机顶盒等设施。由于8户高管领导入住的北坞公租房均为空房，需自己添置家电家具等各种设施，刚刚完成装修就被要求搬出，他们感到十分困扰，希望保持公租房政策的稳定性。环保园的一些家庭型租户，由于目前一年一签的合同，不敢花钱装修房子，希望能够签订期限较长的合同，便于自主装修房子，提高公租房的宜居水平。

四　完善海淀区科技企业青年人才公租房配租工作的对策建议

（一）加强需求调研，提高公租房配租的有效性

此次的问卷调查，仅为抽样调查，应全面加强科技企业青年人才住房需求调研，加快摸清底数，细化不同规模企业的需求、不同目标群体的需求、不同收入科技人才的需求，既要关注较大规模科技企业的公租房需求，也要关注广大中小微科技企业的公租房需求，既要关注非京籍科技企业的青年人才，也要关注非京籍职业技能类青年人才对公租房的需求，在政策制定、房源筹措、供应精度、服务措施等方面，做到有的放矢、统筹兼顾，尽可能提高公租房对青年人才配租的有效性。

（二）积极完善人才公租房筹集供给模式，不断扩大青年人才住房保障受益面

1. 用活政策，积极探索公租房筹集模式

根据《关于中关村国家自主创新示范区人才公共租赁住房建设的若干意见》，通过本市公共租赁住房、园区配套住房、中关村科学城内高校和自建的租赁住房、集体经济组织利用集体土地开展试点建设的租赁房、收购和改建的其他住房等多方渠道筹集。根据这一精神，用活政策，积极探索配建模式、新建公寓模式、改建公寓模式、货币化补贴模式、资源整合模式等公租房多渠道筹集方式，不断拓宽公租房筹集的渠道。同时，海淀区当前正在试点由政府出钱、租赁社会存量房屋作为公租房，再以低于市场的价格租给保障家庭的市场化筹集公租房方式，从2013年年初至8月底已筹集到社会存量房屋近500套。这一模式目前筹集的房源，可适当用于人才公租房，解决地理位置偏远的问题。

案例：上海长宁区"政府引导、市场运作、只租不售、社会主办"人才公租房筹集管理模式

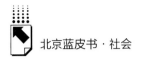

长宁区地处中心城区，房价较高，土地稀缺。2011年以来，该区充分利用既有社会资源（如水仙楼）、厂房（如临虹）和办公楼（如九华、万华）改建、酒店式公寓（假日之星）改造等整合社会闲散资源的方式提供人才公寓用房，有效解决了人才公寓房源不足的问题，同时也解决了这些闲散资源的增值和利用问题。在人才公寓的选点上，按照地域走向，东有万华和假日之星，中部有九华和水仙楼，西有临虹人才公寓，使区域内人才能够就近选择，方便工作和生活。根据面积、地段以及设施的不同，长宁区推出的5个人才公寓租金从1600元到5000元不等。在运作中，除了公寓将租金价格定在略低于周边同品质房源市场价格外，根据相应原则，政府还给予每个人才800～1200元的租房补贴。能够入住的人才则由符合条件的企业来进行申报，每年申报一次，原则上一人入住不超过两年，需要进行人员的轮换。在管理上，采用社会运营机构运作、政府购买服务的方式管理人才公寓，鼓励社会力量经营人才公寓，将按入住人才数量和服务质量对运营企业予以一定的奖励。由此，长宁区形成了以"政府引导、市场运作、只租不售、社会主办"的人才公租房模式，为优秀人才提供临时性居住条件，成为长宁"引才、聚才、留才"实实在在的抓手。

2. 以人为本，积极探索公租房配租方式

积极回应科技企业及青年科技人才的经济能力、工作地点等实际需求，按照原则性与灵活性相结合的原则，细化公租房配租方式，优先满足非京籍青年人才的阶段性住房需求，尽最大努力解决职住匹配的问题，改善他们的居住条件，既能减少人才公租房的弃租率和空置率，减少"群租"给城市社会管理带来的隐患，也能最大限度调动他们的积极性、创造性，使之安心在海淀区扎根。

3. 引入更多市场化、社会化力量，提升公租房服务水平

以更加规范化、人性化的角度，从项目设计、建设和监管等方面加强公租房项目的建设与管理，提高公租房建设质量、装修质量，引入更多市场化、社会化力量，保持适度的市场竞争，整合社会资源，不断提升与科技企业青年人才生活密切相关的物业服务水平、商业服务水平，使公租房项目真正成为暖心工程、民心工程。

4. 加大工作力度，不断扩大青年人才住房保障受益面

根据公租房相关的管理办法，相对于海淀园近两万家企业的庞大数量，目前只有少量的企业能够享受到青年人才公租房配租政策，受益面非常有限，且目前已筹集到的公租房房源，并未能及时有效地进行配租，应将公租房的经济效益、社会效益最大化。2013 年底，深圳市级人才安居试点企业约 3500 家，市、区（新区）试点企业总共将达约 7000 家，可惠及近 20 万人才。由此看出，海淀区与发达地区开展青年人才住房工作的力度相比，还有较大差距。

（三）完善人才公租房补贴政策，加大扶持力度

1. 适当延长租住年限，保持优惠政策的稳定性

根据《北京市公共租赁住房管理办法（试行）》，北京市目前对公租房的租期规定为 5 年，但人才公租房目前实现的是一年一签租住合同，半数以上科技青年人才希望租期在 3 年以上，由此，可适当提高人才公租房的租期上限，确保配租合同的稳定性。

2. 加大政府补贴力度，开展差异化补贴

在目前公租房源不断增加的同时，原有市、区补贴额度没有同步增长，补贴力度相对被稀释，建议相应地提高财政补贴力度。同时，应针对不同收入科技青年群体的实际情况，将货币补贴政策进行细化，从长远的创业、创新环境营造中进行权衡，在取得"锦上添花"政策效果的同时，更多地实现"雪中送炭"的政策效果。

3. 简化手续，用足用活公积金使用政策

截至 2013 年 8 月，北京市房租连续上涨 52 个月，领涨于各大城市，海淀区科技青年人才面临的租房压力持续增加。由于目前公积金使用限制颇多，建议协调市、区有关部门，简化利用公积金支付人才公租房租金的相关手续，可一定程度上减轻科技青年人才的租房压力。

（四）加快推进北部地区基础设施建设，提高公租房项目周边的基本公共服务水平

之前为配合苏家坨、环保园公租房项目的投入使用，相关政府部门在基础设施建设、基本公共服务供给等方面开展了大量的工作，但由于公租房项目大

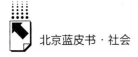

多地处北部地区，基础设施建设、基本公共服务历史欠账较多，与当前广大科技企业青年人才的需求还存在较大差距。《海淀区国民经济和社会发展第十二个五年规划纲要》提出，"十二五"时期，在北部研发服务和高新技术产业聚集区，统筹推进公共服务设施建设，打造生活便利、设施配套、环境良好的功能组团。2013年海淀区政府工作报告中，再次明确提出，高水平规划功能配套、环境优美、宜居宜业的生态科技新区，不断完善基础设施和公共服务设施。因此，建议以落实北部地区相关规划为契机，加快推进北部地区基础设施建设，不断提高公租房项目周边的基本公共服务水平，为科技企业青年人才的工作生活提供便利，提高公租房项目的宜居程度。

新时期北京农村股份经济
合作社问题研究

潘建雷 王晓娜*

摘　要： 从历史视野看，当前农村的集体经济改制是中国产权制度的又一次重大的变革与探索。大体而言，此次改制以"股份合作"为主要形式，重新设置20世纪80年代以来的个人与集体的产权关系，明确各自的权利与义务，以期创制一种融合"个人私有"与"集体共有"于一体的新产权制度，从而推动土地等要素有序合法地进入市场，建立解决"三农"问题的长效机制。本文围绕北京农村股份合作社的改革现状，对集体产权改制的历史、具体形式、初步效果进行了简要梳理，并分析了当前改革存在的问题，主要是股份合作社的法律地位、新增人口的权益、股权的流动与继承、合作社治理结构等，提出了一些初步的针对性建议。

关键词： 产权　集体经济改制　股份合作社　北京

导　言

　　一场牵涉数亿农民权益的集体经济改制正在当代中国农村全面铺开。20

＊ 潘建雷，北京市委党校社会学部副教授，博士，研究方向：社会理论、近代中国社会转型诸问题；王晓娜，北京市委党校2013级硕士生。本文是北京市社会科学界联合会青年社科人才资助项目"京郊'村办股份企业'产权问题研究"的阶段性成果。

世纪90年代以来,随着乡村经济的升级与进一步融入世界市场,以乡镇企业为代表的集体经济实体因产权不清而问题丛生;几乎同时,高速城市化导致以土地为核心的农村集体资产大幅增值,也衍生了相应的分配矛盾与权益纠纷。即是说,乡村产业化、城镇化与集体经济组织的转型,都急需一场新的产权制度改革,理清前一阶段一系列悬置的产权问题,以为新时期的农村开辟发展路径,化解社会矛盾。①

从各地的实践来看,此次改制的总方向是,在不废除集体所有制的既有地位与统分结合的双层经济体制的前提下,重新调整村民与集体之间、村民与村民之间的产权关系,大幅修正集体经济组织成员与集体(个人所有与集体共有)之间的权重比例,明确村民与村民之间、村民与村集体在集体资产中占有的份额、处置的权限,重新向个人让渡财产的权限,肯定个人所有的法理地位与实践权利,自觉探索一种融合"个人私有"与"集体共有"的新型产权制度,并据此创制一种现代化的经营模式。股份经济合作社成为一种比较通行的产权改制与经营模式。

从这个角度说,此次集体经济改制是新中国成立以来农村经济社会体制的又一次重大调整,与新中国成立初期的土地改革、互助组、农业合作化、家庭联产承包责任制、乡镇企业的创制一同构成了新中国乃至近代中国农村经济社会转型的历史进程图。② 尽管较之前的改革,"股份经济合作社"改制尚未形成完全清晰的路径,但这次改革在重构个人与集体产权关系过程中,既努力作为法人共同体的集体,又充分尊重个人产权;既延续了中国村域伦理共有的传统,又与马克思对"后资本主义时代"的产权制度有相互印证之处,即"在协作和对土地及靠劳动资料本身生产的生产资料的共同占有的基础上,重新建立个人所有制"③,其理论与实践的重要性都不言而喻。就此而言,这轮改革的影响与意义毫不逊色于此前的改革,甚至可能成为中国在经济领域实现转型的关键一步。

---

① 农业部课题组:《推进农村集体经济组织产权制度改革》,《中国发展观察》2006年第12期。

② 关于新中国成立以来历次集体经济改制的背景与得失,参见徐勇、赵德健《创新集体:对集体经济有效实现形式的探索》,《华中师范大学学报》(人文社科版)2015年第1期。

③ 《马克思恩格斯全集》23卷,人民出版社,1972,第832页。

作为全国首善之区，北京市的农村集体经济改制走在全国前列。[①] 自 1993 年试点以来，特别是进入 21 世纪以来，北京市按照"撤村不撤社、转居不转工、资产变股权、农民当股东"的方向，以股份合作制为主要形式，推进农村集体经济产权制度改革，已经取得显著的阶段性成果。

截止到 2014 年底，全市累计完成改革的单位达到 3882 个，其中村级 3863 个，完成比例达到 97.1%；乡镇级 19 个，完成比例为 9.7%。正在进行改革的单位有 89 个，其中村级 77 个，乡镇级 12 个；处于改革起步阶段的 15 个，清产核资和成员身份界定阶段的 46 个，资产量化和登记注册阶段的 28 个。全市有 19 个乡镇完成乡镇级集体经济产权制度改革，其中门头沟区 9 个乡镇全部完成改革，丰台区有 3 个乡镇完成改革，完成比例为 50%，朝阳区有 5 个乡镇完成改革，完成比例为 23.8%，海淀区有 2 个乡镇完成改革，完成比例为 25%。全市尚有 114 个村没有完成产权制度改革，其中：朝阳 30 个、海淀 16 个、平谷 14 个、房山 13 个、怀柔 12 个、密云 10 个、昌平 7 个、通州 6 个、延庆和门头沟各 2 个、大兴和石景山各 1 个。城乡接合部 50 个重点村已经有 44 个完成产权制度改革，占 88%；未完成的村 6 个，分别为朝阳区十八里店乡十八里店村、高碑店乡西店村、海淀区西北旺镇唐家岭村、四季青镇中坞村、振兴社区、门头村。[②]

从以上数据来看，当前北京的改制工作步伐稳健，效果良好，当然，也还存在并产生了一些问题。例如，当前的集体经济改制存在所谓"一村一制"的状况，没有形成统一的框架、股权结构不合理、集体股权处置权限不清、治理结构不完善等。对一个历史传统悠久、社会体量庞大的国家来说，诸如此类的问题很大程度上都是转型期间的"正常"现象，需要在实践中长期磨合发展。本文试以当前北京市农村集体经济的产权改制为例，阐述农村股份经济合作社改制过程中的要素构成、利益配比与激励机制等要件，存在的主要问题及其对策。

---

① 到 2013 年底，全国 58.7 万个村和 497.2 万个村民小组，完成集体产权制度改革的分别为 2.8 万个与 5 万组。参见新华网，http://news.xinhuanet.com/2014-12/01/c_1113477031.htm。

② 北京农经网，http://www.bjnyzx.gov.cn/ywgz/zdgg/201501/t20150107_345791.html。

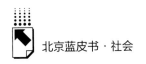

一 北京集体经济产权改制的结构性原因

（一）农村集体资产总量快速增加

当前随着北京城市化脚步的加快，郊区农村的集体资产（以土地与集体房产为主）水涨船高。到2013年底，北京全市农村集体资产总额为5049亿元，比1978年的13.9亿元增长了362倍，比2007年的2327亿元增长1.2倍，净资产达到1751.5亿元。[①] 农民越来越关注集体资产的收益与个人份额，集体资产的所有权、处置权、收益分配等成为焦点问题。集体经济组织的干部与社员之间、社员与社员之间在集体资产收益、分配、管理问题上的冲突时有发生，亟须通过产权制度改革确认集体资产的产权归属与收益份额。

（二）村域人口结构日趋复杂

城市化必然导致相关农村人口结构发生剧变。北京农村普遍存在这样的状况：先前一部分村民因国家征地转为居民，退出集体经济组织，变成"原成员"。随着经济的发展与社会的转型，先前的补偿安置措施的效益递减，这些原成员生活水平呈下降趋势。同时，集体经济组织的现成员则可以参与集体资产收益分红。因此，原成员就要求回村参与集体资产收益分配，其结果必然稀释现成员的利益，导致双方矛盾加深；亟须通过产权制度改革，保障双方的合理权益。

（三）集体经济发展的现实要求

新时期以来，北京土地的市场溢价惊人，依托集体土地的预期收益持续攀升，集体经济收益进入快速增长期。但要开发农村集体资产资源，就需要以归属清晰的农村集体产权制度作为制度基础。受到集体经济法人地位模糊、所有权搁置、自我封闭、分配原则不明确等影响，一些前景良好的发展项目，不能

[①] 农业信息网，http://www.agri.gov.cn/V20/ZX/qgxxlb_1/bj/201405/t20140523_3913351.htm。

很好地融入现代市场经济。因此，必须改革农村集体产权制度，扫清体制性障碍，以促进集体资产的有效利用。

（四）集体经济的管理问题亟待解决

由于传统农民合作制产权不明晰与利益的暴增，农村集体经济的日常管理问题日益暴露。部分村集体在"四荒地"、房产等资产管理过程中，合同不完善、程序不履行、分配不透明等问题比较严重，集体资产流失时有发生，成为村民反映强烈的突出问题。这在客观上也要求改革农村集体产权制度，建立健全集体经济组织的资产管理和收益分配机制。

二 集体经济产权改制经历阶段、采取的方式及初步效果

（一）改革历经的阶段①

北京市按照"先行试点、探索经验，扩大试点、积累经验，然后再全面铺开、推广经验"的工作思路，采取三步走战略。

1. 试点探索阶段

1993～2002年，以丰台区为试点探索经验。1993年，丰台区东罗园村试点改革，最初是将少量集体净资产的收益分配权量化到现集体经济组织成员；1995年南苑乡果园村试点，把量化给社员的份额变为所有权，可以继承和转让，这一阶段，股份量化对象只限定现有集体经济组织成员。2000～2002年，丰台区草桥、成寿寺和石榴庄村试点，对象囊括了转居、转工人员和其他脱离集体经济组织的人员，按照他们的投资和劳动贡献计算。改革初期，只是采取存量资产量化型股份合作制一种形式；2002年，集体经济产权制度改革推广到远郊区县，增加了土地股份合作型、农民投资入股型和资源加资本型等其他改革形式。2002年底，24个村完成改制，初步形成一套操作程序。

---

① 黄中廷：《从"共同共有"到"按份共有"的变革——北京市乡村集体经济产权制度改革的理论与实践探索》，《前线》2008年第6期。

2. 扩大试点阶段

2003~2007年，总结经验，研究完善配套政策，同时明确近郊全面推开、远郊扩大试点的方针。2004年以后，规范股权类别与人员的范围，特别是把人员扩大到16岁以下的未成年人。各区县都制定了一系列身份认定、资产处置的操作规程，拓展了改革模式。5年间，全市275个村完成改革工作。

3. 全面实施阶段

从2008年起至今，改革加速。在以往试点的基础上，北京市的集体资产产权制度改革形成了一套较为完整的改革程序，包括制订方案、资产核算与量化、股权设置、界定与管理、成立组织、登记注册等，各区县因地制宜、全面铺开，至2014年底，第一阶段的改制工作基本完成。

（二）集体经济产权改制的三种方式[①]

1. "存量资产量化"的方式

北京98%的村集体选择"存量资产量化"方式的村域股份合作制改革；妥善处理新中国成立初期合作社运动的老股金和原集体经济组织成员留置资产，在此基础上，将属于现集体经济组织的净资产划分为集体股和个人股。按北京农委相关文件规定，集体股份一般控制在30%左右（各区县有出入，例如密云县为20%）[②]，个人股份在70%左右；当然，也存在村集体资产高达98%与个人股90%以上的情况，一定程度上保留着乡镇企业时期"一村一制"的状态。这里要特别强调一下组成个人股的要素，各村略有出入，基本股、户籍股与劳龄股为各村普遍适用的股份。

（1）基本股：全体社员所有，含现本村农业户口人员与因国家占地转居

---

① 改革尚在进行之中，目前尚未形成同行的模式，各地都在探索之中。具体可参见李光熙《北京市农村集体经济组织产权制度改革模式与政策建议》，《首都经济论坛》2008年第4期。

② 北京各区县的具体情况可参见：关成华《关于农村集体经济产权制度改革的实践与思考》，《前线》2009年第2期；姚富清、郭殿祥《昌平区农村集体经济产权制度改革研究》，《北京农业职业学院学报》2006年第1期；李泽春《行百里者半九十——北京市海淀区农村集体经济产权制度改革调查》，《经济研究导刊》2013年第33期；方爱明、魏晓洁、王德海《城市化进程中农村集体经济产权制度变迁对策——以北京市朝阳区为例》，《农村经济》2012年第5期。

的人员，同时还包括二级士官以下的现役军人、服刑劳改人员。

（2）户籍股：为现有户籍村民所有。

（3）劳龄股：自 1955 年创立生产合作社以来，参与集体劳动的人的劳龄。

（4）土地承包经营权股：土地重新流转到股份经济合作社而参加股份化的村集体。

2. 山区的"资源＋资本"方式

北京西北部山区，一些村集体经济在实力较差、集体账内存量资产较少的情况下，为充分利用集体山场等自然资源，通过资源与社会资本结合的方式，探索乡村集体经济产权制度改革的途径。

3. 村民投资入股成立企业的方式

一些集体企业发展前景良好，又急需资金扩大生产的村，在个人集体资产入股的基础上，再按照自愿的原则，发动社员投资入股，组成新型社区集体经济组织。

（三）集体经济改制的初步效果

通过产权制度的改革，农村的集体资产基本实现由"共同共有"向"按份共有"的转变，创新了集体经济的运行机制，增加了农民的财产性收入，为城乡的一体化发展提供了体制机制的保障。

1. 明晰集体资产产权，创新农村集体经济运行机制

通过清产核资摸清了家底，此次改革界定了成员资格，明晰了集体和个人对集体资产的所有权、使用权、收益权、处置权。新型集体经济组织基本建立了股东代表大会、董事会、监事会的"三会"制度，形成了所有权、决策权、经营权、监督权"四权"统一协调的经营与制衡机制。

2. 有效保护农民对集体资产权益

此次改革依据"撤村不撤社"的理念，确保村民在城市化过程中对集体资产权益的连续性，有效增加了农民来自集体资产的收入，在保证集体经济组织成员的社会保障与城市居民接轨的基础上，为其转居后的基本生活提供了稳定的收入来源。

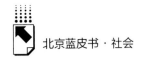

3. 为集体经济的发展奠定社会基础

此次产权制度秉着"资产变股权，农民当股东"的原则，既实现了社员的劳动联合，实行按劳分配；又实现了社员的资本联合，实行按生产要素分配，以一种良性的产权制度强化了村民与集体的团结力度，增强了村域作为社会共同体的密度与厚度。

4. 村务的民主管理得到加强

改革之后，新型集体经济组织在选举管理层和做出重大决策时，每位村民享有平等的选举权、被选举权和决策权。新型集体经济组织成员依据享有集体资产的份额，差别化地享有集体收益分配权；原集体经济组织成员凭借其投资和劳动贡献，享有集体资产份额，各得其所。先前产权不清引发的混乱与矛盾得到有效化解。

三　当前集体经济改制遗留的主要问题与对策

农村集体经济产权制度改革是乡村经济利益大规模的再调整，涉及千家万户农村的切身利益与整个农村社会的稳定，影响深远。就北京目前的改革状况而言，大体还存在以下问题。

1. "难点村落"的改革亟待破解

一是尚有 123 个村没有完成改革，主要是集体资产挂账、利益关系复杂、干群矛盾较大等历史遗留问题所致。二是一些集体经济实力较弱的村庄，没有可供量化的经营性净增产，所以只完成了清产核资、身份确认和劳龄统计，没有进行资产处置和股权量化。三是早期试点的一些村，由于当时政策不完善，集体股比例较高，个别高达 98.5%，还需要根据实际情况逐步回炉重铸。

2. 治理结构有待进一步完善

通过股份合作制改革形成的新型集体经济组织是一种全新的经济组织，运行规范没有前例可循。目前，一些合作社参照现代企业制度构建了治理结构，设立了股东代表大会、董事会和监事会等组织机构，但实际运行还存在监管缺位和制度失灵的问题；比较突出的包括以下两点。①集体股收益的处置权限不清。考虑到当前集体经济组织的决策机构与村党支部、村委会的交叉任职的现状，党政乃至个人的权力意志有可能扭曲集体经济组织作为市场主体的行动规则，甚至与之利益背道而驰，损害村民利益，引发矛盾。有鉴于此，文章认为，应当进一步细化集体股收益的权限，规定具体数额的资金与对应的处置主体，同时董事会还可以考虑引入独立董事，监事会也可以引入适当比例的村外专业人士等；②目前，股份经济合作社的股东代表大会的表决机制是"一人一票"，而非"一股一票"；随着股权的流转与利益意识的觉醒，公司化的经营机制与村民选举式的表格机制的矛盾会逐步显露；因此必须找到一种折算机制，建立一种融合社员平等与股权差异的混合表决机制。

3. 股份经济合作社的法律地位必须明确

按我国现行的《民法通则》，我国法定的法人包括四类：行政机关、事业单位、社会团体与企业。作为新时期的社会实体，农村股份经济合作社，一方面有营利性，需要进行市场竞争，确保集体资产的保值升值；另一方面具有福利性，要承担农村社会管理费用和社会保障费用的开支。即目前的农村股份经济合作社具有企业法人和社团法人双重性质，因此，简单地以企业法人或者社团法人规范都不妥。特别要指出的是，若农村集体经济组织登记为企业法人，其税费负担就有可能过重；据统计，营业税、所得税等税费综合税负超过30%，在集体资产权属变更登记时，还需缴纳超过资产总额13%的变更费用，集体资产股份分红收益还要缴纳20%的个人所得税。但在市场经济中，没有取得法人资格的经济组织很难利用法律武器来维护自己的合法经营利益，无法参与真正的市场竞争。简而言之，法人地位的缺失造成了新型集体经济组织法律性质认定的困难，直接导致组织登记管理不统一、投资主体地位不明确、税收优惠不能落实等经营难题，对其健康发展十分不利。因此，就需要在国家层面修订现行民法，设立"第五类法人"，把农村股份合作社、农民专业合作社、业主委员会等新型的经济与社会组织，归类为"社会企业"，承认其集合盈利与社会责任于一体的独特性质，并规定合理的权利义务。

4. 个人股的产权限度必须界定

社员的个人股权是否可以转让与继承？这是一个直接关系股份经济合作社成败的问题。本课题组在与昌平区某镇干部的一次座谈会上了解到，他们对这一问题也很忧虑。因为在完成集体资产的股权分割之后，个人股权的边界并没有得到清晰界定。如果股权可以转让与继承，在经过一段时间之后，本村集体资产的股权很有可能有相当一部分会流入非本村村民手中，村社集体的重大事务决策权也随之为村外人士所左右。对此问题，课题组到昌平南邵镇调研期间，一位村干部明确表示，这个问题他们也曾小范围讨论过，但目前的任务是完成改制，其余问题只能以后再说。但问题在于，因死亡等自然现象，这个问题不允许日后再说，一旦代际继承与私下转让形成气候，后续效应难以预计。未来有可能相当一部分造成持有股权者不在本村，相当一部分本村人不持有股份，为日后社会不稳定埋下祸患。有鉴于此，应当在目前继承转让现象尚未形成规模的阶段，以法律形式明确个人股权的有限性，明确个人股权不能转让与继承，只能由村集体按股东大会议定的价格回购。

5. 确保新增人口的权益

目前相当一部分村集体的改革没有考虑新增人口的权益。这主要涉及三类人群：①新嫁入的农业户籍妇女及新出生的农业户籍儿童；②在已整建制农转居的村，虽嫁入本村，但因受户口进京政策的影响，改制时未能取得成员身份的外地农业户籍妇女；③整建制转居但留有集体土地的村，当土地增值较多时，主张权益的原转居、转工人员。[①]

目前，北京市丰台、昌平、海淀等区县的乡村集体经济组织采取了股权固化的做法，实行"生不增、死不减"，个人股权可以继承及在集体经济组织内部进行转让。从长远来看，这一做法既容易引发因继承带来的股权外流问题，也不能解决上述三类人群的权益主张；更重要的是，随着没能取得股权或股权稀释严重的人员增多，可能直接影响到村域的社会和谐与政治稳定。文章认为，应当以法律形式明晰个人股的有限产权性质，确定新增人员的入社获股资格，并规定在一定期限和全村人口内按照统一标准重新计算分配股权。

参考文献

方爱明、魏晓洁、王德海：《城市化进程中农村集体经济产权制度变迁对策——以北京市朝阳区为例》，《农村经济》2012 年第 5 期。

---

① 王孝东：《关于深化农村集体经济产权制度改革几个重点问题的研究》，《北京农村经济》2014 年第 4 期。

黄中廷:《从"共同共有"到"按份共有"的变革——北京市乡村集体经济产权制度改革的理论与实践探索》,《前线》2008 年第 6 期。

李光熙:《北京市农村集体经济组织产权制度改革模式与政策建议》,《北京市经济管理干部学院学报》2008 年第 4 期。

李泽春:《行百里者半九十——北京市海淀区农村集体经济产权制度改革调查》,《经济研究导刊》2013 年第 33 期。

刘彦:《农村股份经济合作社法律问题研究——从北京市农村集体经济产权制度改革实践谈起》,《北方工业大学学报》2012 年第 2 期。

《马克思恩格斯全集》第 23 卷,人民出版社,1972,第 832 页。

农业部课题组:《推进农村集体经济组织产权制度改革》,《中国发展观察》2006 年第 12 期。

市人大常委会农村办公室:《北京市农村集体经济产权制度改革的问题与对策》,《北京人大》2013 年第 5 期。

王孝东:《关于深化农村集体经济产权制度改革几个重点问题的研究》,《北京农村经济》2014 年第 4 期。

姚富清、郭殿祥:《昌平区农村集体经济产权制度改革研究》,《北京农业职业学院学报》2006 年第 1 期。

北京农经网,http://www.bjnyzx.gov.cn/ywgz/zdgg/201501/t20150107_345791.html。

新华网,http://news.xinhuanet.com/2014-12/01/c_1113477031.htm。

农业信息网,http://www.agri.gov.cn/V20/ZX/qgxxlb_1/bj/201405/t20140523_3913351.htm。

B.25

北京企业信用体系建设研究

左京生*

摘　要： 文章分析了北京企业信用信息网四个显著特点，澄清了对企业信用体系建设的认识，分析了发展的需要：政府部门信用体系建设的理念需要提升；企业信用信息网需要完善；与企业信用相关的个人信用记录需要充实；政府部门协调监管、联合惩戒机制需要健全；促使企业诚信经营的市场约束效能需要强化。在此基础上提出推进企业信用体系建设的六条建议。

关键词： 企业　信用体系　信息网　市场化　北京

党的十八大提出"加强政务诚信、商务诚信、社会诚信和司法公信建设"，将诚信建设提到了新的高度。推进企业信用体系建设是贯彻十八大精神，构建诚信北京的重要内容，也是实现依法治市的必然要求。

一　积极推进企业信用体系建设取得显著成效

北京市企业信用体系建设起步早，2002 年市政府就颁布了我国第一部关于企业信用信息管理方面的地方政府规章，标志着北京市企业信用体系建设正式启动，也为企业信用体系建设奠定了法律基础。为贯彻落实《办法》，北京市在全国率先启动了企业信用信息网建设工程，为政府部门实现信息归集共享

---

* 左京生，北京市工商行政管理学会秘书长。

和公示搭建了平台。

2011 年，市政府颁布了《关于进一步加强企业信用监管推进企业信用体系建设的意见》，根据新形势的要求，对北京市信用信息平台建设、信用监管标准完善、信用信息应用等企业信用体系建设有关问题做出了新的规定。

2014 年，国务院印发了《社会信用体系建设规划纲要（2014～2020年)》，以及《企业信息公示暂行条例》，明确了行政机关信息归集和公示的义务，以及企业信息公示的义务，制定了企业年度报告、公示信息抽查、企业经营异常名录和严重违法企业名单（"黑名单"）等项制度，使北京企业信用体系建设获得了上位法支持。

2014 年，全面升级后的北京企业信用信息网提升到一个新的水平，具有以下四个显著特点。

1. 信息归集内容多

以往，信息网内容主要是企业登记基础信息，现在增加了企业股东、高级管理人员，以及商品质量检测、行政处罚等动态信息。

2. 信息归集范围大

目前，信用信息覆盖了全市近 160 万户市场主体，归集了全市 55 个政府部门的 94 大类 266 小类信息，信息总量接近 4000 万条。北京市有行政执法权的 47 个政府部门中 36 个部门（其余 11 个政府部门未做出行政处罚），以及两个中央直属部门（北京海关和北京出入境检验检疫局）提供了行政处罚信息共 32.16 万条，初步完成了行政处罚信息归集。市高等法院已将有刑事记录的 24773 人纳入企业法定代表人任职限制范围，4913 人纳入公司董事、监事、高管任职限制范围，47260 人纳入外国企业常驻代表机构首席代表或代表任职限制范围。企业信用信息网还链接了北京市家具协会、医药协会、室内装饰协会等行业协会的行业企业信用评定信息。

3. 信息应用范围广

截至 2014 年底，企业信用信息网向党政机关提供信息 548.38 万条，协助有关部门应用信用信息开展了税收征管、社保登记、报关企业资格审查、购房资格审核等工作。商业银行、经营性网站都将企业信用信息网作为核实贷款企业身份和网店注册人身份的重要渠道。企业信用信息在社会经济生活中发挥着越来越大的作用。

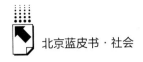

4. 信息网公众认可度高

企业信用信息网作为公众服务平台,已累计对社会提供查询 4.83 亿次。目前,日均查询量已接近 40 万户,2014 年查询量已达 1.2 亿户次,成为企业、社会组织和公民获取本市企业诚信状况的重要渠道。企业信用信息网还开发上线了企业信用信息查询移动客户端 APP 软件,为社会提供更加高效、互动的信息查询方式,客户端上线运行至今,下载量已突破 13500 次。升级后的企业信用信息网满足了全国互联互通一体化建设要求,综合服务能力已达到全国先进水平。

北京市企业信用体系建设虽然取得了一定成绩,但与建设诚信北京和人民群众的期待相比,还有一定差距。政府部门信用体系建设的理念需要提升;企业信用信息网需要完善;与企业信用相关的个人信用记录需要充实;政府部门协调监管、联合惩戒机制需要健全;促使企业诚信经营的市场约束效能需要强化。

二 推进企业信用体系建设需要明确的几点认识

(1)企业信用体系建设要发挥行政措施的约束和市场的约束两种约束作用。目前,失信惩戒的约束作用,主要是来自于行政措施的约束,失信惩戒的市场约束作用还很弱,而企业信用管理更大的约束效能恰恰来自于市场的约束。

(2)中国企业信用体系建设,必须是市场化运作与政府完善企业信用信息服务相结合。即政府要对各部门掌握的企业信用信息进行归集,并根据社会的需要,对信息进行整合并向社会公示,用以满足企业和消费者一般性信用信息查询,深度的信用报告,以及对企业的信用评级等仍然由信用服务机构完成。

(3)企业信用信息网建设目标要着眼于服务与管理相结合。以往,企业信用信息网建设目标主要定位在为政府部门管理服务,制约了企业信用信息的社会应用。

一是信息归集内容单一,主要局限于企业登记和许可信息等静态信息,更能反映企业诚信状况的企业经营行为信息明显不足。二是信息开放程度不够。

政府部门拥有的企业信用信息许多仍处于封闭或半封闭状态，未向社会放开。三是信息归集遇到困难。政府部门至今未能顺畅地大范围地实现企业信用信息的归集。四是信息整合方式与企业和消费者的查询需求不相符。

（4）企业信用体系建设需要多途径推进。在管理主体上，必须各行业管理部门、社会组织共同推进。在实现方式上也不是建立企业信用信息网的单一途径，必须是多途径多方式的推进。

三　推进企业信用体系建设的措施建议

（一）加快资源整合完善全市统一的信息平台

1. 实现政府部门之间大范围的信息共享

大范围的信息归集既是企业信用管理的基础又是难点。长时间以来，企业信用信息归集的方式一直是通过部门协商和交换，虽然取得了一定效果，但始终不能令人满意。应该建立统一的政府公共信用信息服务平台，各政府管理部门在行政审批或管理中生成的信息，实时上传至政府网数据库。通过这种整体解决方案，真正打破政府部门信息归集难的瓶颈，构建全市标准统一、信息流畅、互联互通的综合性服务平台，实现完全意义的政府部门信息共享共用。

2. 拓宽企业信用信息公示内容

2014年，企业信用信息网在公示相关政府管理部门的行政许可信息，部分行政处罚信息的基础上，将企业年报信息也列入公示内容。下一步要整合相关管理部门的企业信贷、纳税、合同履约、产品质量、消费服务等更能直接反映企业信用状况的信息。加强与司法部门的协作，着力归集合同侵权、商标侵权、失信被执行人等不良司法信息。要将符合要求的行业协会、商会的行业企业信用信息，纳入企业信用信息网。还要探索将投诉举报等能够直接反映企业信用状况的社会信息纳入企业信用信息网的条件和方式。

3. 根据企业和消费者的需要对信息进行应用性整合，满足个性化的查询需求

目前的企业信用信息网是按照信息的性质进行归集和整合，并不适合企业和消费者的需要。企业和消费者需要的是单个企业名下各类信用信息的归集。

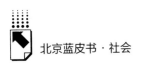

即使有了这样的信息整合也还不够，还只能算是半成品。消费者的需求一定是具体的，如消费者需要了解出国留学中介企业、房屋租赁中介企业的信用情况。为此，企业信用信息网还应该根据企业实际经营项目对信息进一步细分整合，形成最终服务产品。

（二）推动建立企业信用管理社会体系

企业信用信息应该尽可能地实现部门联网，形成地方综合性的信用信息网，发挥最大的社会效用。但实现这一目标，又必须顺应中国长期形成的行业管理的特性。为此，应该支持行业管理部门、行业协会建立各自的行业信用管理系统，这也将为进一步实现部门之间信用信息的归集和共享创造条件。还应支持行业协会制定信用自律规则，开展信用评价，表彰诚信企业，曝光和谴责失信企业。行业协会的信用评价信息只要符合统一的标准和规范，应该有条件地允许与政府企业信用信息网实现链接。

（三）整合社会管理资源形成失信惩戒社会制约机制

目前，失信惩戒基本是政府部门各自为政，妨碍企业信用管理效能的发挥。为此，各政府部门应协调共治，形成了一处违法、处处受限的联动机制。

1. 要扩大政府管理部门对企业信用信息的应用

要实现企业信用信息对政府管理部门的开放，为信用信息的应用提供基础条件。政府管理部门对信用信息的应用，必将提高信用管理的约束效能。

2. 要扩大企业信用评估报告的社会应用

可以制定相关政策措施，要求企业在资质申请、重大项目招投标，政府采购、土地交易以及银行大额贷款等事项时，提交信用评估机构出具的信用评估报告。

3. 实现失信惩戒社会制约

要加强管理部门间的协调，如在政府采购、企业上市、快速通关、银行信贷、工程投标等领域，联合相关管理部门对严重失信企业制定约束细则，加强管理部门间的协同，扩大失信惩戒的实施领域。企业信用失信惩戒只有形成社会制约机制，才能发挥最大的社会效用。

（四）实现企业信用与企业负责人个人信用相挂钩

企业负责人必须对企业的失信行为承担责任，以此提高企业信用管理的约束力。如企业负责人任职期间企业倒闭或被吊销或受到行政处罚，信息应该归集到个人名下。又如，企业虚假地址注册，年报信息虚假等，也可以客观记录在企业法定代表人及经办人个人信用信息中，加大其失信成本。

（五）开展多途径企业信用管理

企业信用信息网对不同规模不同类型的企业约束作用不同，对着眼于长期经营的企业约束作用大，但对小微企业约束力递减，而违法经营又主要是小微企业。因此，必须根据不同行业、不同规模企业的特点，开展多种形式的信用管理。如：应该支持市场主办单位对市场内经营户进行信用评定，并将评定结果直接张贴在经营户门楣上，实现诚信经营信息显性化，为消费者明明白白地消费提供信息支持。对4S店、美容美发店、农家乐、中介服务机构等，工商管理部门也都可以联合相关行业管理部门和行业协会开展诚信经营星级评定，促使企业加强诚信自律。

（六）加快信用立法完善企业信用体系建设法律保障

结合北京实际，积极推进企业信用相关法规的修改，制定配套的规范性文件，明确政府各部门、行业协会、企业在信用体系建设中的责任；完善信用信息的归集和公示标准、程序和范围；推动信用信息在行政许可、资质资格认定、监督管理，以及工程招投标、国有土地出让等领域的应用，使企业信用体系建设有章可循。

B.26

城市病与城市治理

李伟东[*]

摘　要：　北京市城市发展已经到了瓶颈期，正处于城市病高发的历史
关口。从社会治理转轨的角度来看，对城市病，尤其是特大
城市的城市病进行治理，焦点在于两个维度：一个维度是政
府治理，另一个维度是民众行为。政府治理在克服城市病过
程中的作用非常关键，在治理城市病过程中政府应当起到主
体作用。民众行为包括直接参与治理，如就城市病问题建言
献策，配合相关治理举措的落实等；民众对城市病治理的间
接参与，如监督政府治理政策落实、在日常生活中积极倡导
文明生活方式等，是克服城市病、提升城市文明的更根本的
途径。

关键词：　城市病　治理转型　公民参与　文明转型　北京

近年来，北京市以环境、交通问题为代表的城市病引起了社会各界的普遍
关注。根据环保部的统计结果，2014年空气质量相对较差的前10位城市中，
京津冀地区有8个城市赫然在列，说明京津冀环保形势已经相当严峻，"该区
域13个地级及以上城市空气质量平均达标天数为156天，比平均水平少85
天；重度及以上污染天数比例为17.0%，较74个城市的平均值高出11.4个百
分点。全国污染最重前20位中有11城、前10位中有8城在京津冀，区域内

---

　* 李伟东，北京市社会科学院，副研究员，研究方向为社区治理、社会记忆。

PM2.5 年均浓度平均超标 1.6 倍以上。"① 从全年达标天数来看，京津冀地区达标 156 天，远低于长三角的 254 天和珠三角的 298 天。恶劣的城市环境问题引起社会各界的关注，据报道，2015 年北京市两会期间，人代会收到的 191 件议案中，城乡建设和环境保护类共 67 件，占总数的 35%。②

引言：城市病与城市治理

北京市城市发展已经到了瓶颈期，正处于城市病高发的历史关口。城市病有不同的认定，有的学者把城市病界定为在一国城市化尚未完全实现的阶段中，因社会经济的发展和城市化进程的加快，由于城市系统存在缺陷而影响城市系统整体性运动所导致的对社会经济的负面效应（周加来，2004）。也有的学者根据其表现，认为城市病是快速城市化的结果，表现为人口膨胀、交通拥堵和城市贫困（陈哲：2012）；也有人认为：城市病是指伴随着城市发展或城市化进程，在城市内部产生的一系列经济、社会和环境问题，主要有城市环境质量的恶化、住宅和交通的拥挤、城市贫民区的出现和犯罪率上升等问题，其表现为基础设施短缺、生态环境恶化和贫困城区形成（张晖明：2000）。学者总结了城市病的成因：城市规模过大、城市结构不合理、城市建设存在盲目性、政府干预过度、资源分配失衡和农村劳动力过度转移（陈哲：2012）。

关于城市病的治理，也有不同的思路。从国外的发展经验来看，西方先进工业化国家都不同程度地受到城市病的困扰。以美国为例。19 世纪末 20 世纪初，美国由农业社会向工业、城市社会转型。急剧的社会转型导致了各种城市病的出现。美国民间社会改革和政府调控双管齐下，遏制了城市病恶化的趋势（张淑华：2007）。墨西哥城也曾经历城市病：过度城市化给墨西哥带来的不是繁荣，而是城市的畸形发展以及贫困、拥挤、环境破坏等诸多社会问题（中国社会科学院拉美城镇化研究课题组：2013）。老牌工业国家英国也饱受

---

① 《环保部公布 2014 年空气最差十城，京津冀占八席》，新华网，http：//www.sh.xinhuanet.com/2015–02/03/c_133966628.htm。

② 《人代会收到代表议案 191 件，1/3 关注城建环保》，千龙网，http：//beijing.qianlong.com/3825/2015/01/28/7744@10138018.htm。

城市病之苦。在商业化和工业化的驱动下，英国人口迅疾从农业区向工业区迁移，城镇人口急剧膨胀，引发了住房、就业、公共卫生、环境等城市病。英国以问题为先导，以渐进式、多管齐下的改革为特色，探索出极具特色的整治城市病的模式（李冈原：2003）。

近年来，城市病问题在我国也引起广泛关注，学术界也做出了自己的回答。有人提出：城市病是系统性的，需要系统性的治理方案。政府治理城市病可以通过城市规划、法律、经济、宣传教育等手段多方位来进行（张晖明：2000）。可见，早在十几年前，学术界就有对城市病比较完备的理解和认识。有学者描述了我国当前城镇化进程中出现的城市人口膨胀、交通拥挤、房价高企、城市就业难、教育医疗贵、城市环境污染等问题形成的"城市病"现象，指出"医治'城市病'必须坚持以人为本的科学理念，以新型城镇化发展和科学的城市规划减少'城市病'，以制度改革和城市体系的协调发展克服'城市病'，以有效的生态环境保护措施医治'城市病'"（向春玲：2014）。还有的学者分析了由人口拥挤、交通拥堵、环境污染、就业不足引起的城市病（曾长秋：2007）。

本文将从城市治理的角度，从政府和社会两个方面分析其不同的责任与参与方式，并分析探索治理城市病的过程对政府和民众不同的成长意义。

一 政府是城市病治理的主体

从社会治理转轨和文明转型的角度来看，对城市病，尤其是特大城市的城市病进行分析，焦点在于两个维度：一个维度是政府治理，城市病是一个城市问题积累的后果，积重难返的内在社会治理机制根源在于社会生产生活安排出现问题，比如能源结构过于依赖高污染的石化能源，工业企业空间布局不合理，城市功能规划不科学等，这些都与政府的治理有关。另一个维度是民众行为，城市病是城市运行出现问题的社会反映，而在城市运行过程中，每个城市市民作为社会生活的一个分子，其有意识或无意识地参与都会产生很大的社会后果，这个社会后果有可能超出了当事人的预料，成为社会效果外延的、有重大外部性的行为，从而在众人的合力下，加重了城市病的症状，如拥堵、污染等，所以研究城市病也要关注每个个体的行为方式选择和改进，这种行为方式在个体层面表现为文明修养或教养，某种行为方式扩大到群体、社会，则形成城市文明。故而，克服、战胜城市病也是一个个体乃至社会文明提升的过程。

社会治理转型包括治理方式转型和治理内容转型。在治理方式上，现代治理理论强调多元主体对治理行动的参与，在社会治理中，主要是社会组织和公民的参与。鉴于目前北京市和中国社会组织发育的现状，社会组织参与在实践上的地位相对还比较薄弱，下文将主要考察治理内容上的调整。在治理内容上，过去曾经片面追求经济增长的政府治理策略在应对环境问题时势必要做出相应的转变。鉴于政府在社会资源调动、话语权掌控等方面的压倒性优势，在各种可能的治理主体中，政府治理在克服城市病过程中的作用非常关键，在治理城市病过程中政府应当起到主体作用。发达国家大多经历了城市病的治理过程，从其治理经验中能获得很好的启示。美国 19 世纪末到 20 世纪 20 年代经历了高速城市化过程，同时也是其城市病酝酿、高发时期。美国政府尤其是联邦政府在治理城市病过程中发挥的作用值得效法。1950～1975 年间，日本的城市化水平由 37% 提升到接近 76%，高速城市化也带来城市住房、环境等一系列城市问题，通过一系列政策应对最终缓解了这些问题。英国、法国等欧洲发达国家也都不同程度地经历了城市治理的艰难期。总结起来，政府在城市病治理过程中主要有以下几种介入手段。

1. 规划引导

人口过度集中是诱发一系列城市问题的主要因素。大量人口导致住房需求增大，也对城市交通造成极大压力，还会稀释公共服务的人均投入量，从而产生住房拥挤、环境恶化、交通堵塞、公共服务不足等很多城市问题。为改善人口过度拥挤的状况，各国都采取了分散产业的做法，明确城市功能定位，把重型工业企业搬离城区。更重要的是做法是通过城市规划在特大城市周边创建卫星城，如伦敦、巴黎都在周边地区规划了多个卫星城，以疏散人口。卫星城社会经济自成体系，又通过快速交通系统与城市中心区相连，吸引了相关产业和人群，很好地缓解了城市人口压力。

2. 立法规范

城市公害、环境污染是城市病的典型特征。对这些问题的治理须以立法手段规范相关产业和行为。如曾长期受城市病困扰的英国就有此方面的实践。英

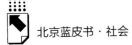

国首先通过立法手段限制有公害的污染企业在城市选址，从而避免相应的就业人口进入城市；其次是对交通出行进行引导，大力倡导绿色出行；再次是推广绿色能源，从污染源上进行治理。德国是城市问题相对较少的国家，城市环境、交通状况都保持着较高的水准，自然宜居，但是其如此成果却不是凭空获得的，美好的城市环境是海量的环境法规详细规范的结果，德国有多达8000部的环境法律法规（王炳：2012）。

3. 财政投入

城市治理是一个复杂的系统社会工程，区域开发规划、住房整治、交通改造、环境治理都需要大量的财政投入，这是政府应该承担起来的责任。如美国在城市发展的早期曾采取无为而治的办法，以自由主义的态度对待城市的发展，导致城市问题丛生，自20世纪30年代开始，美国政府开始加大对城市事务的干预力度，如成立"房主贷款公司"，为购房者提供贷款支持，从而改善了上百万家庭的居住条件。"二战"以后，美国政府更是通过城市更新计划，大力投入资金改造城市环境。

4. 城乡协调

城市病表现在城市，根源在于城乡关系。大城市天然的聚集效应会导致资源、机会的高度集中，在城市化过程中自然对人口有巨大的吸引力。城市对资源和人口畸形、过度吸纳的一个社会后果是农村的衰败，日本的发展历程就证明了这一点。美国的城市化过程伴随着工业化，同时也实现了农业现代化。与美国的城市化不同，日本城市化过程也经历了人口向城市的迁移，同时农村开始凋敝。这引起了日本政府的重视，开始加大对农村的投资，提高农村基础公共设施建设。日本对农村的投入力度很大，仅1999年就投入10910亿日元（高强：2002）。大量投资的结果是农村基础设施得到极大改善，为实现城乡一体化发展打下坚实基础。

以上所说的政府参与不仅限于城市地方政府，发达国家的治理经验也证明，中央政府的参与是解决很多城市问题的关键因素。就北京市来说，涉及环境、交通治理的问题都已经突破了一个城市议题的范围，应该把京津冀作为一个发展整体来考察的，这一点中央政府已经有了明确的认识，只不过具体的合作方式和各项措施的落实还需要时间磨合。

二 民众参与是城市病治理的关键

民众对城市病治理的参与分为直接参与和间接参与两种情况。

直接参与是民众就城市病问题建言献策，同时积极参与到政府的治理行动中，配合相关举措的落实，如绿色出行等。间接参与既包括对政府治理行动的监督，也包括在日常生活中积极倡导文明生活方式，为城市环境改善和文明进步做出贡献。民众的间接参与以自我提升为主，其社会效用就是城市的文明程度提高，从而不但改善城市精神面貌，也间接克服了城市病的负面后果。民众参与需要有以下保障。

1. 开放参与渠道

市民是城市的主人，城市政府应服务于市民的需要。为治理城市问题，城市的各项举措要有充分的民众参与作为保障。公民参与包括立法参与、决策参与、行动参与等。在城市治理过程中，各项法规的出台要充分听取公民的意见，各种类型的听证会是主要平台。在立法过程中，要有充分的前期论证，从而保证民意获得充分表达，并最终以法律的形式固定下来。城市政府的各种治理政策也要在形成前开放给市民充分知情、讨论，以保证公民对决策过程的参与。各项治理措施最终都要落实到相关的社会行动中，此时的公民参与就更加重要。无论是绿色出行、交通限行，还是水源保护、垃圾分类等，离开了千千万万公民的行动参与就无法真正实现。因为城市问题治理需要落实到市民的工作和生活中，为保障各项治理措施获得社会支持、得到切实执行，在逻辑上，要以保障公民知情权、讨论权为基础。如果没有了广泛的前期参与做前提，很难要求政令和法规获得通畅的执行。

2. 拓宽言论空间

言论是表达市民欲求的主要形式。通过对各类城市问题的广泛讨论才可望达成共识，并最终动员起广泛社会力量共谋城市治理。就北京市的环境问题而言，民间言论曾起到非常好的作用，尤其是在提高全社会对空气污染的关注度上，社会效果非常好。城市问题涉及每一个市民的生活品质，可谓与群众利益息息相关，具有极强的社会共识基础。环境问题面前没有例外和特权，是最基本的民生问题，也正因为此，广泛的讨论和参与才具备天然的合法性。在这个

意义上，城市问题治理既是一个政府为主的社会治理工程，也是一个关乎千家万户的人民战争。

3. 建立自我提升机制

市民参与城市问题讨论的目的不仅仅是出谋划策，在一定意义上也是唤醒其公民意识，使其担负起相应的责任。城市问题的发生以大规模城市化为背景，是社会经济发展到一定水平后才出现的"现代性"问题。解决这个问题不能简单理解为各种技术、政策工具的应用过程，而是一个社会自我提升的过程。这个过程的完成也就意味着城市文明初步建立，一个全新的城市社会获得了稳定的现代形态。基于此，城市病的治理暗含着文明转型的契机，如果治理失败，就会跌入"中等收入陷阱"，导致发展停滞、城市文明不彰。所以在这个社会过程中，市民的自我教育、自我提升与否也是决定治理成败的一个重要因素。这暗含着一系列适应现代城市文明的生活习惯的培养、生活方式的建立，比如绿色出行，垃圾处理，绿地、公共水源的养护等，其成败无不系于千千万万个体的日常生活行动，每一个市民的行动选择将决定城市生活的总体品质和面貌。从这个角度说，城市病的治理成败在于每个市民的日常行动策略和生活方式的转变，在于新市民的培育。

4. 创造积极的社会关系

城市病带来的显性后果是环境、交通、住房等社会问题，而比这些更深刻的隐性后果则是人的心理和情感危机。德国社会学大师西美尔早在近百年前就注意到大城市对人类精神生活的影响，预见到资本主义货币经济会造成人与人之间功利主义的、冷漠的社会关系。中国大城市病的发生也印证了盲目追求货币经济发展的消极社会后果，其中片面强调房地产开发对城市的影响最为惨烈。目前北京市的环境、交通等社会议题在政府和公众中引起的关注较多，而城市病更隐秘的侧面——人际关系的疏离则很少被注意到。从根本上来说，城市要成功完成现代化转型，最核心的议题是创造出新型的城市社会关系，对这个问题的解决和应对才是健康城市的表现。

北京市有大量的外来人口，既包括国内的移民，也包括十数万的入境人口。这些人群共同生活在城市空间里，他们之间的交往和互动是城市团结的基础。从目前北京市的社会现实来看，外来人口的城市融入问题不容乐观。尤其对新生代农民工来说，受到户口政策影响很难扎根；而受到劳动机会、住房成本等因素的影响，其在城市的疏离感越来越强烈，这对培育城市中各群体积极的社会关系都构成结构性障碍。建立新社会团结的难题不仅对于各类移民存在，即便是拥有北京户口的新北京人也同样感觉城市人际关系的冷漠。随着单位制解体建立起来的各类商品房小区极大改善了居民的居住条件，也改善了城市景观，但是商品房的邻里空间格局和缺乏凝聚力的社区事务引导，在各个居住社区的光鲜表面下，实际上多是人群的陌生、情感的冷淡。人际关系上的冷漠疏远虽然是大城市的通病，但社区层次的整合却可以努力营造，而这种人际关系的社区营造能否成功，则是古老农业文明向健康、和谐、现代的城市文明转型成败的标志。

三　结论

克服城市病的过程既是传统的集权型城市管理方式向现代的、合作性城市治理转型的过程，也是单位型城市空间与人际关系向现代公民型社会空间与人际关系转型的过程。通过探索解决各类城市问题，政府会更加了解自己在现代社会治理中的定位和责任，而城市市民也会通过参与和建言，学习到履行公民责任的技术和策略。从这个意义上来说，治理城市病既是当前经济社会发展的挑战，也是一个机遇。因为城市环境和交通治理议题的非政治性和协商后果的普惠性，能够为各种言路的开放创造最大限度的机会，同时也利于各方参与者寻求最大限度的共识。

参考文献

向春玲：《中国城镇化进程中的"城市病"及其治理》，《新疆师范大学学报》（哲学社会科学版）2014 年第 2 期。

曾长秋、赵剑芳：《我国现代化进程中的"城市病"及其治理》，《湖南城市学院学报》2007 年第 5 期。

李冈原：《英国城市病及其整治探析：兼谈英国城市化模式》，《杭州师范学院学报》（社会科学版）2003 年第 6 期。

张淑华：《美国社会转型时期的城市病及其治理》，《广西社会科学》2007 年第 8

期。

中国社会科学院拉美城镇化研究课题组:《墨西哥城的困局及补救措施》,《城市建设》2013 年第 9 期。

李林杰、申波:《日本城市化发展的经验借鉴与启示》,《日本问题研究》2007 年第 3 期。

车效梅:《德黑兰都市困境探析》,《世界历史》2007 年第 4 期。

张晖明:《城市系统的复杂性与城市病的综合治理》,《上海经济研究》2000 年第 5 期。

周加来:《城市病的界定、规律与防治》,《中国城市经济》2004 年第 2 期。

陈哲、刘学敏:《"城市病"的研究进展和评述》,《首都经贸大学学报》2012 年第 2 期。

高强:《日本美国城市化模式比较》,《经济纵横》2002 年第 3 期。

王炳:《德国城市的"平衡"》,《宁波经济》2012 年第 3 期。

Abstract

This report is a result of collective effort led by researchers of Beijing Academy of Social Sciences, with participation of scholars from Party and government institutions and universities in Beijing.

The report consists of five sections, namely, "summary report", "social structure", "social construction", "social governance" and "urban problems".

In the field of social construction, most of the indicators set by the 12th Five-Year Plan of social construction of Beijing were achieved; new initiatives have been put forth one after another in terms of social construction innovation; community governance has become a top priority; the treatment of big-city diseases has also been placed on the agenda of the government work; the plan for clean air has been implemented step by step; the transformation and adjustment of economic structure are yielding initial result. On the basis of summing up the recent-year achievement in social construction, this report analyses relevant issues that need to be addressed in the fields of social construction and social governance, and tentatively identifies several areas that should be focused on. It takes stock of the achievements in governance since the 12th Five-Year Plan, and envisions the prospect of social development and the tasks of governance.

In 2014, the labor relations remain generally stable in Beijing. New employment and average salary grew steadily, the coverage of social insurance further expanded, the registered unemployment and workplace accidents were kept within the indicators, the number of work disputes slightly deceased, and the rates of labor contract and collective contract signing went up smoothly.

The pressure imposed by big population remains high in Beijing. Effective evacuation of population from the overcrowded capital city depends on four pillars. The first is the macro-strategy. The second is the programming on the middle level. The third is the top-down design. The fourth consists of several ideas of implementation.

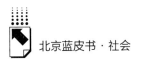

The community governance functions as the basis of social governance. Research shows that the community residents of Beijing have accumulated quite some unique experiences in community autonomy. Nevertheless, there are salient problems. Governance of different communities in urban and rural areas requires, on the basis of accurate assessment of the community resources, to understand the needs of the residents, to make specific analysis of the different communities and to propose thereby well-directed resolution.

Beijing receives a tremendous floating population who come from within and without China. In Chaoyang District, fruitful exploration has been made regarding the services for and administration of the foreigners, initially resulting in experience in the administration of residents with foreign nationality. As a cosmopolitan city, Hong Kong's experience in immigration management is worth consideration.

The municipal development of Beijing has come to a bottle neck and a historic juncture with highly frequent occurrences of urban diseases. From the perspective of the transformation of social governance and the transformation of civilization, the cure and treatment of urban diseases, especially the diseases of the mega-city, should focuses on two dimensions—the government administration and the behavior of the people.

Contents

I General Report

Abstract: This report holds that, since the initiation of the Twelfth Five-Year Plan, the Beijing municipality has achieved remarkable success in its social construction focused on the people's livelihood. The task that follows as a next step is to improve the quality of social governance. The quality of social governance mentioned here includes two aspects: the dimensions of governance and the level of governance. The former encompasses the people's livelihood, participation and equity; and the latter refers to different levels of governance on each dimension. The two aspects combined constitute a criterion for evaluation of the quality of social governance. During the Thirteenth Five-Year Plan period, the social governance consists of three tasks: in an atmosphere of everybody pursuing innovation, attention should be paid in an active manner to the diversity of the type and organization of communities in the area of social governance, new channel should be explored for cultivation of new forms of cooperative social organization, and mechanism innovation of social enterprises should be promoted. Meanwhile, against the background of coordinating the regional governance of Beijing, Tianjin and Hebei Province, attention should be paid to social problems arise from the process of deducting the Capital City's function, and no effort should be spared to achieve steadier and more sustainable effect of governance.

Keywords: Beijing; Social Governance; Equity; Participation

B II   Social Structure

B. 2   Reflections on the Strategy, Tactics, Idea of and Response to the Evacuation of Population from the Overcrowded Beijing

Yin Zhigang / 022

Abstract: Effective evacuation of population from the overcrowded Beijing depends on four pillars. The first is the macro-strategy taking into account the integrated development of Beijing, Tianjin and Hebei Province. The second is the programming on the middle level for the integration and coordination of the four functional districts within Beijing jurisdiction and the distinct but supplementary development within and without the jurisdiction. The third is the top-down design requires strengthening legal governance of population, management of big demo-geographic data, and facilitation of population outflow. The fourth consists of several ideas of implementation—building of sub-city center; optimizing the functions of core areas and their industrial structure; improving the programming of and construction on rural housing land; upgrading the speculation-oriented economy of makeshift building into large scale economy of quality building; revitalizing urban land and houses and premises; raising the cost of using or depleting irreplaceable resources, thereby raising the cost of operation and life in the core areas. Based on the four pillars, the forces of the government, market and society will be integrated and coordinated to carry out the evacuation of some functions, industries, organizations and population from the overcrowded capital city.

Keywords: Positioning of Beijing Municipal Function; Evacuation of Population Strategy Response

B. 3 Survey of Beijing Youth's Idea of and Need for Spouse Selection

Abstract: This paper focuses on mate selection and needs of Beijing youth. We used questionnaires, focus groups and deep interviews to study. Conclusions are: First, most young people in Beijing look forward to marriage, but they insist their standards of choosing spouse. Flawless standards and narrow selection spaces consult in being short of power while choosing spouse. Second, young people require independence during mate choice, but meanwhile they bear pressure from their parents and public opinion. They declare modern multiplicity in life, but they still approve traditional marriage thoughts. Third, mate selection and needs of Beijing young people differentiate in structure, which expresses in gender, age, urban-rural and education. In conclusion, the mate selection market of young people in Beijing is very narrow and limited; it's hard to meet someone and develop a good relationship. We should be more open to accept young people's independence during choosing spouse. Government and social organizations should construct effective platforms to help the youth. Public opinion should also lighten marriage pressure among young people in Beijing.

Keywords: Young People; Mate Selection; Mate Choice Needs

B. 4 Analysis and Report on the Status of Labor Relations in Beijing

Abstract: In 2014, the labor relations remain generally stable in Beijing. New employment and average salary grew steadily, the coverage of social insurance further expanded, the registered unemployment and workplace accidents were kept within the indicators, the number of work disputes slightly deceased, and the rates of labor contract and collective contract signing went up smoothly. Nonetheless, the employment of college students and work force diverted from rural areas underwent high pressure, salary gap remained wide, work disputes appeared in large amount, and the prevention and treatment of occupational diseases bore no optimistic view. In service, construction, electronics and high energy-consuming and high polluting industries, work disputes occurred frequently. Rural migrant workers, dispatched workers and non-agricultural worker transformed from agricultural workers lived relatively instable life. In the coming year, work disputes are estimated to occur in large amount. Particular attention should be paid to the adjustment of the non-core functions of the Capital city and the integration strategy of Beijing, Tianjin and Hebei Province, the impact of overall deepening of enterprise reform, urbanization and economic slowdown on the labor relations, in view of establishing and improving the early warning and coordination mechanism for labor relations.

Keywords: Labor Relations; Factor of Instability; Beijing

B. 5 Survey of the Second Generation of the Floating Population
in Beijing   *Lu Huilin, Guo Wenjie and Li Xuehong* / 064

Abstract: The Data from the fifth national population census show that migration of whole nuclear families has become the main form for the floating population who work in the city. This appears even more salient in Beijing. Based on the survey, this report conducts an in-depth analysis on the basic situation, family condition, study, after-school activities, integration into city life, their identification as city residents, their experience of life and the prospect of their future. The report describes the overall characteristics of that group who are so urbanized that they cannot return to where they are from. Meanwhile, the conflicts between the trend of their totally urbanizing and their identity as city residents with incomplete legal rights, result in challenges they have to face in terms of equality in education, identity, plan for future, etc. Through investigation and analysis, this report put forth some advices from the perspectives of equality in education, equality related to registered permanent residence, learning environment, psychological services, etc., to be consulted by the relevant departments in formulating social policies.

Keywords: the Second generation of the Floating Population; Integration into the City; City Resident with Incomplete Legal Rights; Beijing

B. 6   Survey on the Development Status of Women without Registered Permanent Residence in Beijing   *Chang Hongyan* / 085

Abstract: This report, combining qualitative and quantitative approaches, analyzes the age structure, occupational distribution, mindset, marital status of Women without Registered Permanent Residence in Beijing, the time when they arrived, the communities where they inhabit and the problems therein, their needs for services, etc., with a view to acquiring an objective understanding of their real status and the difficulties they face in their work and life, and the services they expect from the Women's Federation. From the perspective of the Federation's work, the report provides advices, aligned to distinct features of women without Registered Permanent Residence in Beijing, on how the Federation is to enhance its services and management for those women, so as to identify the Federation's manner and approaches to improve its management in service provision, to facilitate the balanced development of the population, and to provide guidance for orderly integration of the floating population into the Capital city.

Keywords: Women without Registered Permanent Residence in Beijing; the Women's Federation; Need for Services; Construction of Society; Beijing

B. 7   Investigation on Awareness of Gender Equality among College Students in Beijing   *Chen Ling* / 098

Abstract: Beijing women's federation put forward the subject of "investigation on awareness of gender equality among college students in Beijing". Women's Studies Center of Peking University was designated to carry it out in collaboration with Beijing Research Center of Women's affair and Women's Studies Institute of China. Relevant institutions and professors in 13 universities including Peking University and Tsinghua University were invited to act as supporting units. Investigation by questionnaire on the "awareness of gender equality among college students in Beijing" was designed to fairly objectively reflect the awareness of gender equality among college students in Beijing through empirical study, and to probe into factors affecting the awareness, so as to put forth countermeasures for better raising the college students' awareness of gender equality and the basic state policy, further promoting the basic state policy of gender equality and enhancing the improvement in public awareness of gender equality.

Keywords: Higher Education Awareness; Gender Equality; gender Education; Beijing

B Ⅲ Social Construction

B. 8 A Research on the Current Income and Related

Issues of Beijing Residents   *Li Yang* / 109

Abstract: In recent years, the income of citizens in Beijing increase stably, of which the structure appeared the shape of "olives" graphically and resources cover a wide range. The education and occupation have a main effect on the income. However, there is a gap between the levels of the income and GDP, people is divided into different groups for the income obviously in which poor-paid people are big-proportioned, and incomes from possessions and the business administration are in a lower proportion. For above all, it is necessary to keep prospering in economy, upon the basis of which to improve the income distribution, guarantee the education for all groups, increase the incomes especially from possessions and business administration, and to achieve the unity of the rural and urban areas, and the consistency of the locals and migrants.

Keywords: Income Assignment; Differentiation; Systematic Design; Equality

B. 9　Starting a Business: Policy and New Trend from the Perspective of Social Construction in Beijing　*Wang Linlan* / 120

Abstract: Promoting innovation and startup is significant not only for the bettering of the economic structure, but also for the development of social welfare in Beijing. In 2014, many new policies have been issued in the national and the municipal level, including the reform on the business registration policy and the plan on encouraging college students to start their own business, which manifest the orientation of promoting startups. In Beijing, innovation and new startups also bring changes to the provision of public welfare and residents' service, in the meantime, the community formation of the new businessmen has begun to reshape the way urban space is used. While supporting the marketization and specialization of startup-related service, the government should also pay attention to the need of the young immigrant talents who might be drawn by other cities and the local people who find it difficult to get employment, and enhance the sustainable development of new startups in all kinds which in turn reshape the social development.

Keywords: Starting a Business; Social Construction; Public Welfare; Community Formation; Beijing

B. 10　The Current Situations and Reflections on the Old-age Security in Beijing City　*Li Jinjuan* / 131

Abstract: With the aging of the population problem being increasingly serious, the government pays more attention to old-age security system. Based on both the achievements and difficulties of the current old-age security in Beijing, this article brings up the following countermeasures to improve Beijing old-age security: First of all, it is of much importance to rich the nursing care content which the elderly need variously now; Secondly, the coordinated operation of endowment of public policies should also be paid more attention; Thirdly, professional sustaining system should be

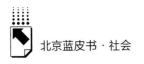
developed by such as experts intervention, professional personnel for the aged Educated, community workers trained regularly, endowment service organization cultivation and so on. Besides, it is also necessary to implement the long-term care insurance.

Keywords: the Old-age Security; Social Endowment Insurance; Professional Support; Long-term Care Insurance; Beijing

B. 11   An Examination of Beijing Public Medicare System Reform

from the Perspective of People's Livelihood   *Liu Yang* / 142

Abstract: The reform of medical-health care system in Beijing has achieved critical advancement. This report briefly reviewed the process and achievements of the reform, emphasizing the problems still survived the reform of public medical-health care system, or aroused by it. Through combining the public welfare considerations with the better use of market mechanism and inspiring the driving of relevant agents to further the reform, Beijing medical reform has taken the right direction and the proper strategy. In order to lay down the foundation of graded therapy system, it's important to insist on separating health care from medicine sale in the future, and to emphasize information construction in all levels of public medical-health care institutions. Ultimately, not the cure of, but the decreasing of disease, and the enhancing of healthy, should be the aim of public medical-health care system.

Keywords: the Reform of Medical-health Care System; Public Hospital Reform; Separating Health Care from Medicine Salt; Graded Therapy

B. 12   Floating Population Children's Compulsory Education:

Problems and Countermeasures

—*Taking Beijing City as an Example*   *Hu Yuping* / 159

Abstract: With the implementation of "two oriented" of the orinciple, Beijing has largely solved the problem of the migrant children's compulsory education. However, due to some reasons, the migrant children's compulsory education still exists some problems. Therefore, it is necessary to improve the education funding policy of floating population children and supporting measures, balance compulsory education resources, improve education planning and response capabilities, Adopt a more flexible school management mode, play the role of the school support and social support, improve public schools accept floating population children education adaptability.

Keywords: Floating Population; Immigrant Children; Compulsory Education; Beijing

B. 13 Social Governance and the Reform and Innovation of Social Organization Management System of the Capital

Li Xiaozhuang / 168

Abstract: Standing at the new beginning of the 21st century, social organizations of the capital are facing new policy opportunities and develop situation, which will have a brilliant future. While, we should be aware that in the new develop stage, the reform and innovation of social organization management system of the capital still faces that many old problems have not been fundamentally solved yet and it doesn't adapt to the goal of the capital developing to be a modern international metropolis and a world-wide city with Chinese characteristics. So, we should deepen the reform to accelerate the reform and innovation of social organization management system of the capital, and build a new develop way of social organization that fits for the capital characteristics.

Keywords: Social Governance; Social Organization; Management System; Reform and Innovation; Beijing

B. 14 Investigation and Research on the Grass-root Social Organization of Youth in Beijing   *Li Guowu, Sun Liqiang / 178*

Abstract: The vigorous development of Grass-root Social organizations of

343

Youth poses a great challenge to the youth work in the new era. Based on the empirical materials acquired through questionnaires and case interviews, this report depicts the group feature and participation in organization of the core members from the Grass-root Social organizations of Youth, and the development of the Grass-root Social organizations of Youth. Analysis is made to show the positive implication and potential problems in the establishment of and participation in the grass-root social organization by young people. In the end, initial reflection on policy is made concerning how to guide and foster the development of grass-root social organization of youth and how to build the ties between government and the youth organization.

Keywords: Grass-root; Social Organization; Youth Core Member; Group Feature Participation; Organization Social Governance

BⅣ   Social Governance

B. 15   Survey and Report on the Resident Autonomy in the Urban Communities of Beijing   *Zhang Jian* / 190

Abstract: This report presents an overview of the situation of the communities and neighborhood committees in the whole city. It summarizes six pieces of successful experiences in community resident autonomy, points out four major problems in community resident autonomy, and conducts analysis on the causes of the problems from the perspective of four aspects. In conclusion, it proposes countermeasures in terms of changing the understanding, improving the laws and regulations, straightening up the relations between the government departments and the autonomous organizations, expanding the participation of the community residents and enhancing the cooperation between the neighborhood committees and other community organizations.

Keywords: Community; Neighborhood Committee; Resident Autonomy; Resident Participation; Beijing

Abstract: Construction of the Indemnificatory houses, with public rental houses as the mainstay, is the chief initiative of Beijing city designed to provide housing to the low-income group. This report attempts to measure and assess the living conditions of the tenant families when they have moved in, and to propose advices for further improve the design, construction and management of the Indemnificatory houses, by using the concept of social ecology, and choosing a public rental housing Communities as a sample. The research reveals that the provision, leasing of and habitation in the Indemnificatory housing, have noticeably improved the housing conditions of the low-income groups who have become more satisfied with their life. But at the same time, problems arise concerning the malfunction of the administrative system, the rise of living cost, the disruption of social ties, the insufficient social support, etc. There exists even the possible trend of the contradictions between the commercial house owner and the Indemnificatory house tenants in the same community becoming contradictions between groups, which might lead to social exclusion that is in urgent need of adjustment and intervention through implementing roper service and administration policy.

Keywords: Social Ecology; Public Rental Housing Community; Deterioration of Relations; Loss of Benefit

Abstract: There are many problems in social governance of commercial houses community in Beijing: the governance of common owned parts; the monopoly of property management company; hard to establish and maintain owners committee; governance of huge communities. Therefore, we should clarity the ownership and management right of common owned parts. The standard of establishing owner

345

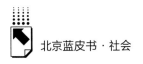
committee should also be lowered. The monopoly of property management company should be broken and the market should be introduced. Government should integrate the resources and afford a good platform.

Keywords: Commercial Houses; Community; Social Governance; Owner Committee; Beijing

B. 18　Spatial Pattern, *Danwei*'s Role and Governance Mechanism:
　　　—*A Study on Three Kinds of Residential Community in Beijing*
Wang Linlan, *Li Jinjuan* / 230

Abstract: Among all kinds of residential communities in Beijing, the one comprised of apartments provided by *Danwei* (work unit) is an important one, which has been given little notice in previous studies. In this article, the perspective of both space and *danwei*'s role is adopted to analyze the governance mechanism of this specific type, and the concept "basic common unit" is used to describe a single apartment building. This study finds that in the compound of single building affiliated to a single *danwei*, the spatial pattern of this basic common unit matches the single welfare providers, which makes the governance of it relatively easy; in the compound constructed by more than one *danwei*, multiple basic common units coexist with multiple welfare provider, which results in complicated pattern of linkage between the two; in a single building attached to multiple *danwei*, a tension has emerged between the spatial wholeness of the basic common unit and multiple care-takers, which brings difficulties to the governance of this unit. In order to improve the governance of a residential compound of *danwei*, it is necessary to analyze the subtype it belongs to, and pin down the rights and obligations of the owner of the public parts of the building.

Keywords: Residential Compound Constructed by *Danwei*; Community Governance; Spatial Pattern; *Danwei*'s Role; Basic Common Unit; Beijing

B. 19　Research on Renewal and Renovation of Historical

Cultural Area in Beijing

—*A Case Study of Dashilar District*　　*Li Alin*, *Bao Lufang* / 242

Abstract: Beijing has speeded up urban renewal with the development of urbanization. As an important historical area of the old cities, Dashilar is an important part of urban cultural diversity and long history in old Beijing. Based on the survey in Dashilar District, the paper analyses the present situation and problems of community structure in Dashilar, and attempts to put forward some new suggestions for urban renewal and renovation of Beijing historical cultural areas.

Keywords: Beijing; Old City Area; Dashilar District; Renewal and Renovation

B. 20　The Research of Rural Community

—*In the Case of Village L in Shunyi Districe*　*Cao Tingting* / 255

Abstract: In order to meet the needs of economic development and democracy-building, the government has paid attention to rural community development these years. It increased investment in infrastructure, public services, social security and rural construction has made significant progress. With the acceleration of urbanization, rural-urban integrated planning is facing new problems. How to choose governance mode according to local conditions, how to balance urbanization and rural sustainable development, how to improve the living situation of the peasant, these questions are the important topics of new rural construction. In this paper, we take L village of Shunyi District as an example, analysis of main difficulties in rural community governance and make suggestions from theory of social participation, democratic construction at the grass-roots level and so on.

Keywords: Rural Community; Public Service; Participation; Elite; Clan

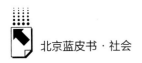
Ⅲ V   Urban Questions

B. 21   The Changes and Revelations of Hong Kong

Immigration Policy   *Feng Xiaoying / 267*

Abstract: This paper systematically sums up the changes in Hong Kong immigration policy from three aspects—the admittance policy, the welfare policy for the new immigrants, and the two disputes and relevant adjustments resulted from the identity of new immigrant. It points out that we should not look merely at the particularity of Hong Kong immigration policy, more important, we should cast our eyes on the relatively sound public services which are in common with those of the developed countries and territories, and the policy arrangements for legally adjusting the immigration policy according to local circumstances and specific targets. Thereby five points of revelation and consideration are proposed for Beijing to draw on the lessons and experience of the Hong Kong.

Keywords: Hong Kong; Change of Immigration Policy; Revelation and Consideration

B. 22   Initial Exploration of Beijing Mode of "Administration of

Residents with Foreign Nationality"   *Jin Jun / 282*

Abstract: As the globalization process continues, the population with foreign nationality expands rapidly, and their categories increase, pushing the services for and administration of the foreigners into a new phase. In Chaoyang District, fruitful exploration has been made regarding the services for and administration of the foreigners, initially resulting in experience in the administration of residents with foreign nationality. The administrative mechanism has shifted from "separate administration by departments" into "joined administration based on territoriality", the approach has shifted from "single-line administration" into "multi-line administration", and the conception of them has evolved from being "foreigner" to being "residents with foreign nationality".

Keywords: Floating Population; Administration and Service; Foreigners; Administration of Foreigners as Local Residents; Beijing

B. 23   Survey on the Housing Need in Beijing

—*Taking the Housing Need of the Talented Young People in the Technology Enterprises as an Example*   Liao Yangli / 293

Abstract: A major conundrum in dire need to be solved in Beijing is how to take advantage of the strength in technology and talented people in order to advance the efforts of building Zhongguancun into a technological innovation center of global influence. It is of great significance to attract, retain and make proper use of the talented people with technology expertise and to solve their problem in housing. This paper mainly targets at the talented young people working in the technology enterprises in Haidian District, by questionnaires and visits and interviews, conducts in-depth analysis into the talented young people's housing status and needs and existing problems, and attempts to put forth feasible measures and proposals for solving the housing problems facing the young talented people.

Keywords: Technology Enterprise; Talented Young People; Household; Beijing

B. 24   Study on Communal Economy Share Cooperative in Beijing

Pan Jianlei, Wang Xiaona / 307

Abstract: The current reformation of communal economy in rural area is another important change and explosion for the institution of property in China. Generally with share collaboration as its main form, this reformation resets the property right relation between the community and individual, divides their own right and duty. It aims at creating new institution of property, that is, combination of 'privately owned' and 'communal owned', thereby promoting the elements

349

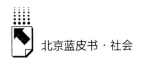
(e. g. land) into the market and establishing the standing mechanism for problems of agriculture, rural and farmers. Based on the current situation of share cooperatives in Beijing, this article makes a brief review of the history, specific form and initial effects of this reformation, analyses its problems, including the legal status, the right of new population, the flow and inheritance of share, the structure of governance, and gives some tentative suggestions.

Keywords: Right of Property; Reformation of Communal Economy; Share Cooperative

B. 25   Research on the Development of Enterprise

Creditability System in Beijing   *Zuo Jingsheng* / 318

Abstract: This paper makes an analysis of the four salient features of Beijing enterprise creditability system information network, clarifies relevant understandings about the development of enterprise creditability system information network, and analyses the needs for further development. The government needs to improve its ideas about building enterprise creditability system; the enterprise creditability system information network needs to be consolidated; creditability records related to enterprise creditability and personal creditability need to be expanded; government departments need to establish sound mechanism for coordinated regulation and joint punishment; market's regulating effect that fosters creditable enterprise operation needs to be strengthened. On that basis, six recommendations are proposed to promote the building of enterprise creditability system.

Keywords: Enterprise Creditability System; Information Network; Marketization

B. 26   Urban Diseases: City Governance and Transition

of Civilization   *Li Weidong* / 324

Abstract: The municipal development of Beijing has come to a bottle neck and a historic juncture with highly frequent occurrences of urban diseases. From the perspective of the transformation of social governance and the transformation of civilization, the cure and treatment of urban diseases, especially the diseases of the mega-city, should focuses on two dimensions—the government administration and the behavior of the people. The government plays a critical role as a leading entity in the process of overcoming urban diseases. The behavior of the people includes direct participation in the governance, such as put forth proposals on treatment of urban diseases, and cooperate in the implementation of relevant governance initiatives. The indirect participation of the people, including monitoring the government in its implementation of administrative policies and promoting civilized life styles in daily life, constitutes a more fundamental aspect in overcoming urban diseases and elevating urban civilization.

Keywords: Urban Disease; Transformation of Governance; Civil Participation; Transformation of Civilization

法 律 声 明

"皮书系列"（含蓝皮书、绿皮书、黄皮书）之品牌由社会科学文献出版社最早使用并持续至今，现已被中国图书市场所熟知。"皮书系列"的LOGO（　）与"经济蓝皮书""社会蓝皮书"均已在中华人民共和国国家工商行政管理总局商标局登记注册。"皮书系列"图书的注册商标专用权及封面设计、版式设计的著作权均为社会科学文献出版社所有。未经社会科学文献出版社书面授权许可，任何使用与"皮书系列"图书注册商标、封面设计、版式设计相同或者近似的文字、图形或其组合的行为均系侵权行为。

经作者授权，本书的专有出版权及信息网络传播权为社会科学文献出版社享有。未经社会科学文献出版社书面授权许可，任何就本书内容的复制、发行或以数字形式进行网络传播的行为均系侵权行为。

社会科学文献出版社将通过法律途径追究上述侵权行为的法律责任，维护自身合法权益。

欢迎社会各界人士对侵犯社会科学文献出版社上述权利的侵权行为进行举报。电话：010－59367121，电子邮箱：fawubu@ssap.cn。

社会科学文献出版社

权威报告·热点资讯·特色资源

皮书数据库
ANNUAL REPORT(YEARBOOK)
DATABASE

当代中国与世界发展高端智库平台

WWWPISHUCOMCN

皮书俱乐部会员可享受社会科学文献出版社其他相关免费增值服务,有任何疑问,均可与我们联系。

图书销售热线: 010-59367070/7028
图书服务QQ: 800045692
图书服务邮箱: duzhe@ssap.cn

数据库服务热线: 400-008-6695
数据库服务QQ: 24/5522410
数据库服务邮箱: database@ssap.cn

欢迎登录社会科学文献出版社官网
(www.ssap.com.cn)
和中国皮书网(www.pishu.cn)
了解更多信息

S 子库介绍
ub-Database Introduction

中国经济发展数据库

涵盖宏观经济、农业经济、工业经济、产业经济、财政金融、交通旅游、商业贸易、劳动经济、企业经济、房地产经济、城市经济、区域经济等领域，为用户实时了解经济运行态势、把握经济发展规律、洞察经济形势、做出经济决策提供参考和依据。

中国社会发展数据库

全面整合国内外有关中国社会发展的统计数据、深度分析报告、专家解读和热点资讯构建而成的专业学术数据库。涉及宗教、社会、人口、政治、外交、法律、文化、教育、体育、文学艺术、医药卫生、资源环境等多个领域。

中国行业发展数据库

以中国国民经济行业分类为依据，跟踪分析国民经济各行业市场运行状况和政策导向，提供行业发展最前沿的资讯，为用户投资、从业及各种经济决策提供理论基础和实践指导。内容涵盖农业，能源与矿产业，交通运输业，制造业，金融业，房地产业，租赁和商务服务业，科学研究，环境和公共设施管理，居民服务业，教育，卫生和社会保障，文化、体育和娱乐业等 100 余个行业。

中国区域发展数据库

以特定区域内的经济、社会、文化、法治、资源环境等领域的现状与发展情况进行分析和预测。涵盖中部、西部、东北、西北等地区，长三角、珠三角、黄三角、京津冀、环渤海、合肥经济圈、长株潭城市群、关中—天水经济区、海峡经济区等区域经济体和城市圈，北京、上海、浙江、河南、陕西等 34 个省份及中国台湾地区。

中国文化传媒数据库

包括文化事业、文化产业、宗教、群众文化、图书馆事业、博物馆事业、档案事业、语言文字、文学、历史地理、新闻传播、广播电视、出版事业、艺术、电影、娱乐等多个子库。

世界经济与国际政治数据库

以皮书系列中涉及世界经济与国际政治的研究成果为基础，全面整合国内外有关世界经济与国际政治的统计数据、深度分析报告、专家解读和热点资讯构建而成的专业学术数据库。包括世界经济、世界政治、世界文化、国际社会、国际关系、国际组织、区域发展、国别发展等多个子库。